“十四五”职业教育国家规划教材

U0648801

职业教育教学改革融合创新型教材·市场营销

Shangwu Liyi
Yu Zhichang Chushi

商务礼仪与职场处世

王常红 孟文燕 秦承敏 主编　　徐姗姗 凌晨静 游帆 副主编

东北财经大学出版社　大连
Dongbei University of Finance & Economics Press

图书在版编目（CIP）数据

商务礼仪与职场处世 / 王常红，孟文燕，秦承敏主编. —大连：东北财经大学出版社，2021.8（2024.1重印）

（职业教育教学改革融合创新型教材·市场营销）

ISBN 978-7-5654-4280-3

Ⅰ. 商… Ⅱ. ①王… ②孟… ③秦… Ⅲ. 商务–礼仪–高等职业教育–教材 Ⅳ. F718

中国版本图书馆CIP数据核字（2021）第149364号

东北财经大学出版社出版

（大连市黑石礁尖山街217号　邮政编码　116025）

网　　址：http://www.dufep.cn

读者信箱：dufep@dufe.edu.cn

大连天骄彩色印刷有限公司印刷　东北财经大学出版社发行

幅面尺寸：185mm×260mm　　字数：324千字　　印张：15

2021年8月第1版　　　　　　　2024年1月第3次印刷

责任编辑：张旭凤　王　娟　　　　责任校对：孙　越

封面设计：原　皓　　　　　　　　版式设计：冀贵收

定价：39.00元

"职业教育教学改革融合创新型教材·市场营销"

编写委员会

☆ 编写委员会主任

王晋卿

☆ 编写委员会副主任

马广水　　杨群祥　　杜明汉　　李宇红

☆ 编写委员会成员（以姓氏音序排列）

韩　英　　胡德华　　李红霞　　陆　霞

权小研　　孙金霞　　石　琼　　王　方

王丽丽　　王婉芳　　汪　峰　　汪贤武

徐汉文　　徐盈群　　殷智红

富媒体智能型教材出版说明

"财经高等职业教育富媒体智能型教材开发系统工程"入选国家新闻出版广电总局新闻出版改革发展项目库，并获得文化产业专项资金支持，是"国家文化产业资金支持媒体融合重大项目"。项目以"融通""融合""共建""共享"为特色，是东北财经大学出版社积极落实国家推动传统媒体与新媒体融合发展的重要举措之一。

"财济书院"智能教学互动平台是该工程项目建设成果之一。该平台通过系统、合理的架构设计，将教学资源与教学应用集成于一体，具有教学内容多元呈现、课堂教学实时交互、测试考评个性设置、用户学情高效分析等核心功能，是高校开展信息化教学的有力支撑和应用保障。

富媒体智能型教材是该工程项目建设成果之二。该类教材是我社供给侧结构性改革探索性策划的创新型产品，是一种新形态立体化教材。富媒体智能型教材秉持严谨的教学设计思想和先进的教材设计理念，为财经职业教育教与学、课程与教材的融通奠定了基础，较好地避免了传统教学模式和单一纸质教材容易出现的"两张皮"现象，有助于教学质量的提高和教学效果的提升。

从教材资源的呈现形式来说，富媒体智能型教材实现了传统纸质教材与数字技术的融合，通过二维码建立链接，将VR、微课、视频、动画、音频、图文和试题库等富媒体资源丰富呈现给用户；从教材内容的选取整合来说，其实现了职业教育与产业发展的融合，不仅注重专业教学内容与职业能力培养的有效对接，而且很好地解决了部分专业课程学与训、训与评的难题；从教材的教学使用过程来说，其实现了线下自主与线上互动的融合，学生可以在有网络支持的任何地方自主完成预习、巩固、复习等，教师可以在教学中灵活使用随堂点名、作业布置及批改、自测及组卷考试、成绩统计分析等平台辅助教学工具。

富媒体智能型教材设计新颖，一书一码，使用便捷。使用富媒体智能型教材的师生首先下载"财济书院"App或者进入"财济书院"（www.idufep.com）平台完成注册，然后登录"财济书院"输入教材封四学习卡中的激活码建立或找到班级和课程对应教材，就可以开启个性化教与学之旅。

"重塑教学空间，回归教学本源！""财济书院"平台不仅仅是出版社提供教学资源和服务的平台，更是出版社为作者和广大院校创设的一个自主选择和自主探究的教与学的空间，作者和广大院校师生既是这个空间的使用者和消费者，也是这个空间的创造者和建设者，在这里，出版社、作者、院校共建资源，共享回报，共创未来。

最后，感谢各位作者为支持项目建设所付出的辛劳和智慧，也欢迎广大院校在教学中积极使用富媒体智能型教材和"财济书院"平台，东北财经大学出版社愿意也必将陪伴广大职业教育工作者走向更加光明而美好的职教发展新阶段。

东北财经大学出版社

FOREWORDS

前言

　　"竞争、合作、共赢、和谐"是世界发展的主旋律，商务活动频繁、活跃是其重要特征。礼仪是国家之间、组织之间、人与人之间获得尊敬和喜爱，企业和个人取得事业成功的金钥匙。

　　礼仪文明作为中国传统文化的一个重要组成部分，对中国社会历史发展有着广泛而深远的影响，其内容十分丰富。在中国历史上，有讲究信义、礼貌待人、礼尚往来、礼义廉耻等优良的礼仪传统，这是必须予以继承和发扬的。了解礼仪、学习礼仪、实践礼仪，成为懂礼仪、讲文明、会交际的优秀职业人才，也是当代大学生的共同期待。

　　党的二十大报告号召传承中华优秀传统文化，不断提升国家文化软实力和中华文化影响力。编写团队成员认真学习并积极贯彻落实这一精神，并力求处理好"专业性""通用性""核心性"三重内涵，摆正发生心理学规律与教育心理学规律、"纵向组织结构"与"横向组织结构"等辩证关系，精心设计了6个项目17个任务，从礼仪认知、形象礼仪、职场礼仪、沟通礼仪、商务礼仪到涉外礼仪，从敲开礼仪之门到迈向国际舞台。

　　作为探索体现高等职业教育教学改革理念的创新型立体化教材，本教材具有以下鲜明特色：

1.符合新时代人才培养目标

　　本教材较好地适应了新时代职场既需要懂礼仪认知，也需要会礼仪技能和肯行为自律的务实人才培养目标，重构并优化了礼仪知识、礼仪能力和礼仪素质三重本位，依照任务目标、任务导入、知识储备、任务实施、任务评价、项目评价的设计循序渐进地展开。

2.全面贯彻立德树人方针

　　本教材全面落实立德树人的根本任务，行云流水般融入社会主义建设者和接班人应知应懂的做人做事基本道理、社会主义核心价值观的认知和要求、实现中华民族伟大复兴的理想和责任等思政元素。

3.积极"推进教育数字化"

党的二十大报告明确提出"推进教育数字化"。编写团队积极贯彻这一精神，牵手"智慧树"平台专业课程制作团队打磨出了丰富的富媒体资源，并在教材中通过二维码便捷呈现。这些资源包括微动画、微课堂、微示范、微演练、微测试等，可以更好地满足广大职业院校对混合式教学资源的需求。

4.综合运用多种教学方法

本教材运用了"项目式""工作导向式""学导式""互动式""案例式""问题式""讨论式"等教学方法，相辅相成。

5.创新虚拟人物教学设计

本教材设计了虚拟人物小白，并以小白同学的各种职场经历为线索，介绍了大学生、职场新人、职场达人、管理者4个主要角色需要掌握的职场商务礼仪和职场处世原则，从入职前需要掌握的形象礼仪、求职礼仪、面试礼仪，到入职后的"职场小白"阶段需要掌握的办公室礼仪、沟通礼仪，再到初具成熟态的职业能手阶段所需要掌握的商务礼仪，以及最后成为管理者对外洽谈业务时应具备的涉外礼仪。

6.编写体例设计丰富多样

本教材遵循"实用为主，适用为变"的原则，以"职场小白"礼仪提升路径为线索，结合职场中最常见的商务场景，进行情景示范，采用了知识拓展、业务链接、头脑风暴、情景模拟、角色扮演、实操演示、行为纠错等丰富多样的体例形式。

本教材由山东水利职业学院王常红、孟文燕、秦承敏担任主编，山东水利职业学院徐姗姗、凌晨静，华住集团人力资源副总监游帆担任副主编，山东水利职业学院厉小励、李航、高伟参编。具体分工如下：项目一、项目二由王常红、游帆编写，项目三、项目五由孟文燕编写，项目四由徐姗姗编写，项目六由凌晨静编写；厉小励、李航、高伟负责富媒体资源的制作；由秦承敏总纂定稿。本书可作为职业院校旅游大类、财经商贸大类各专业通用教材，也可供企事业单位、相关机构在职人员和社会人员培训及自学使用。

在编写过程中，我们借鉴和参考了大量国内外的相关教材、论著及网络资料，同时也得到了华住集团的大力支持，在此，谨向所有相关作者与单位表示诚挚的感谢。

由于作者水平有限，加上时间仓促，书中不足与疏漏在所难免，敬请广大读者不吝赐教，提出宝贵意见和建议，以便今后修订完善。

作者

2023 年 7 月

FOREWORDS

Contents

目 录

二维码教学资源目录

二维码教学资源目录

二维码教学资源目录

二维码教学资源目录

二维码教学资源目录

二维码教学资源目录

项目一 礼仪认知——敲开礼仪之门

职业院校是莘莘学子梦想启航、青春飞扬的地方，不少同学心怀成为商界精英的职业理想，大三学生小白就是其中的一员。小白和同学们即将走进校园服务中心参加活动，他们如何在社交活动中做到谈吐文雅、举止大方、彬彬有礼呢？让我们走进礼仪——敲开礼仪之门。

微动画 1-1

敲开礼仪
学习之门

任务一 礼仪的内涵与发展

【任务目标】

知识目标：

1.掌握礼仪的内涵。

2.了解中外礼仪的发展历程。

能力目标：

1.能正确认识礼仪的价值。

2.能正确审视礼仪规范和礼仪现象。

素质目标：

1.理解中华优秀传统礼仪文化中的思想精华和时代价值。

2.自觉传承中华文脉，富有中国心，饱含中国情。

【任务导入】

小白同学和小组成员即将进入校园服务中心进行为期四周的职业技能训练，他们要在校园服务中心真实地对客服务，初步锻炼自己的职场能力。

微课堂 1-1

礼仪认知

任务要求：小白同学和小组成员在"礼节、礼貌、仪容、仪表"等方面该做哪些准备呢？

【知识储备】

中华民族自古以来就非常崇尚礼仪，孔夫子曾说过："不学礼，无以立。"一个人要有所成就，就必须从"学礼"开始。礼仪是一个人乃至一个民族、一个国家文化修养和道德修养的外在表现形式，是做人的基本要求。

微演练 1-1

不要随意查
看、翻动别
人的私人物品

"微演练 1-1：不要随意查看、翻动别人的私人物品"的演练要求及参考评价见表 1-1：

表1-1　　　　　　"不要随意查看、翻动别人的私人物品"的演练要求及参考评价

演练项目	不要随意查看、翻动别人的私人物品	
演练准备	形体与礼仪实训室	
演练要求	掌握主人不在时的沟通原则和要领	
演练方法	1.将学生分组，每组5～6人，每人轮流扮演，根据情景设计对话 2.由教师指导，学生分组练习 3.小组内的成员依据创设的情境进行讨论，找出存在的问题	
演练评价	知识应用	1.掌握处理他人私人物品的方法 2.掌握处理他人私人物品的礼仪技巧
	能力提升	1.能够根据工作情境进行婉拒 2.能够按照规范通过恰当的方式达成目的
	素质培养	1.建立正确的审美观、价值观和人生观 2.提升个人修养 3.按照要求勇于实践
	成果展示	对待他人的私人物品，要懂得不要随意查看、翻动

一、礼仪的内涵

礼仪有三层含义：一是指谦恭有礼的言谈和举止；二是指教养和礼节；三是指仪式、习俗等。简单地说，礼，是向他人表示尊重；仪，是向他人表示尊重的具体形式。

现代礼仪泛指人们在社会交往活动过程中形成的应共同遵守的行为规范和准则，具体表现为礼节、礼貌、仪式、仪表等。

二、中国礼仪的起源与发展

中国具有五千年文明史，素有"礼仪之邦"之称，中国人也以彬彬有礼而著称于世。礼仪文明作为中国传统文化的一个重要组成部分，内容十分丰富，对中国社会历史发展起到了广泛而深远的影响。中国礼仪所涉及的范围十分广泛，几乎渗透于古代社会的各个方面，经历了萌芽时期、形成时期、变革时期、强化时期和现代礼仪时期五个阶段。

（一）礼仪的萌芽时期

礼仪的起源众说纷纭，原始社会是礼仪的萌芽时期。在原始社会早期（约旧石器时代）萌生了早期的礼仪。这个时期的礼仪较为简单和虔诚，不具有阶级性。其内容包括为祭天敬神而确定的一些祭典仪式，区别部族内部尊卑等级的礼制，明确血缘关系的婚嫁礼仪，在人们相互交往中为表示礼节和恭敬而规定的一些动作。

▶▶ 知识拓展1-1　　　礼仪的萌芽

据考证，距今约30 000年的山顶洞人就有了"礼"的观念和实践。他们已经知道打扮自己，用穿孔的兽齿、石珠作为装饰品，挂在脖子上来满足美的需要，也会缝制衣服以挡风御寒。一旦族人死了，他们会举行原始宗教仪式，在他们去世的族人身旁撒放赤铁矿粉，以祈求逝者起死回生，这是我国早期礼仪的萌芽。

（二）礼仪的形成时期

夏、商、西周三代（约前2070—前771），人类进入奴隶社会。统治阶级为了巩固

自己的统治地位，把原始的宗教礼仪发展成符合奴隶社会政治需要的礼制，礼仪被打上了阶级的烙印。在这一时期，中国形成了国家礼仪与制度，以及涉及社会生活多领域的礼仪规范和行为标准，如"五礼"（吉礼、凶礼、宾礼、嘉礼、军礼），还撰修了很多古代重要的礼仪典籍，如"三礼"（《周礼》《仪礼》《礼记》，被称为"礼经"）。

（三）礼仪的变革时期

春秋战国时期（前770—前221），学术界形成了百家争鸣的局面，以孔子、孟子、荀子为代表的诸子百家对礼仪规范进行了系统阐述。

▶▶　知识拓展 1-2　　　　春秋战国时期的礼仪规范

> 孔子对礼仪非常重视，《论语》中就有他要求人们用礼仪规范来约束自己的行为，他认为"不学礼，无以立"，要做到"非礼勿视，非礼勿听，非礼勿言，非礼勿动"。
>
> 孟子认为"恭敬之心，礼也"，曾说"无恻隐之心，非人也；无羞恶之心，非人也；无辞让之心，非人也；无是非之心，非人也"，把"礼"看作人的善性的发端之一。
>
> 孔子和孟子为儒家的代表人物，他们宣扬"礼教"，提倡以"修身、真诚"为本。
>
> 荀子认为"礼者，人道之极也"，把"礼"看作做人的根本目的和最高理想，"人无礼则不生，事无礼则不成，国无礼则不宁"。他认为"礼"既是目标、理想，又是行为过程。

（四）礼仪的强化时期

秦汉到清末（前221—1911）是礼仪得到强化的时期。在我国长达两千多年的封建社会，尽管在不同的朝代，礼仪文化具有不同的社会、政治、经济、文化特征，但却有一个共同点，就是一直为统治阶级所利用，礼仪成为维护封建社会等级秩序的工具。比如，西汉的思想家董仲舒提出"三纲五常"，"三纲"即君为臣纲、父为子纲、夫为妻纲，"五常"即仁、义、礼、智、信。这一时期礼仪的重要特点，就是尊君抑臣、尊夫抑妇、尊父抑子、尊神抑人。在漫长的历史演变过程中，它逐渐变成妨碍个性发展、阻挠平等交往、抑制思想自由的精神枷锁。

▶▶　知识拓展 1-3　　　　中国古代的礼仪故事

> 在封建社会，礼仪虽然是维护封建社会等级秩序的工具，但不可否认仍有许多讲究礼仪的佳话，反映了中华民族的传统美德与优良品质，如孔融让梨（礼让精神）、管鲍之交（交友之道）、廉蔺交欢（讲究礼让）、张良纳履（尊老敬贤）、程门立雪（尊敬老师）、三顾茅庐（待人以诚）等。这些故事流传千古，妇孺皆知，对现代人仍然具有很好的教育意义，对继承我国优良的礼仪传统，弘扬我国优良的礼仪风范，具有十分重要的作用。

（五）中国现代礼仪的发展

辛亥革命以后，由于受进步文化和平等思想的影响，我国旧的礼仪习俗和意识形态受到极大的冲击，符合、适应时代需要的礼仪被继承、发展、流传，而一些不必要的繁文缛节被抛弃并逐渐消失。

微演练 1-2

西餐中如何
食用餐前面包

随着社会的进步，我国与世界的交往日趋频繁，许多国际上较为通行的礼仪进入我国。在继承传统礼仪精华的基础上，融合国际上通用的礼仪形式、礼仪标准，构成了具有我国特色的现代礼仪，礼仪得到了新的完善和发展。

"微演练 1-2：西餐中如何食用餐前面包"的演练要求及参考评价见表 1-2：

表 1-2 "西餐中如何食用餐前面包"的演练要求及参考评价

演练项目		西餐中如何食用餐前面包
演练准备		西餐实训室
演练要求		着职业装，化职业妆
演练方法		1.将学生分组，每组 5 ~ 6 人 2.由教师指导，学生分组练习 3.小组内的成员依据创设的情境进行讨论，找到存在的问题
演练评价	知识应用	1.掌握西餐中食用餐前面包的礼仪规范 2.掌握西餐中食用餐前面包的注意事项
	能力提升	1.能够正确地运用西餐中食用餐前面包的礼仪 2.能够避免在西餐中食用餐前面包出现错误
	素质培养	1.建立正确的审美观 2.提高个人修养 3.按照礼仪要求勇于实践
	成果展示	会在西餐宴请场合正确地食用餐前面包

三、外国礼仪的形成和发展

西方的文明史，同样在很大程度上体现了人类对礼仪的追求及其演进。自从有了国家，就出现了独具特色的礼仪，并先后经历了古希腊、古罗马时期的礼仪，中世纪时期的礼仪，欧洲近代工业时期的礼仪，西方现代礼仪为代表的礼仪发展阶段。

（一）古希腊、古罗马时期

古希腊就有"优遇外侨"的制度和职司礼宾的"外侨官"。在古罗马，则有"礼待客卿法"。在古希腊的文献典籍如苏格拉底、柏拉图、亚里士多德等先哲的著述中，都有很多关于礼仪的论述。

（二）中世纪时期

中世纪更是古代礼仪发展的鼎盛时期。人类为了维持与发展血缘亲情以外的各种人际关系，避免格斗或战争，逐步形成了各种与格斗或战争有关的礼仪。例如，为了表示自己手里没有武器，让对方感觉到自己没有恶意而产生了"举手礼"，后来演进为握手。再如，为了表示自己的友好与尊重，愿在对方面前"丢盔卸甲"，于是产生了"脱帽礼"等。

（三）欧洲近代工业时期

这一时期，商品经济和贸易大规模发展，人际交往迅速增加且日趋频繁。人们比之前更需要调节和增进彼此间的关系，礼仪成了社会生活中不可或缺的一部分。这一时期，欧美的礼仪有了新的发展，从上层社会对遵循礼节的烦琐要求到 20 世纪中期对优美举止的赞赏，再到适应社会平等关系的比较简单的礼仪规则。

（四）西方现代发展时期

20 世纪中后期至今，西方现代礼仪发展得更加多姿多彩。国家有国家的礼制，民族有民族独特的礼仪习俗，各行各业也都有自己的礼仪规范。在长期国际交往的过程中，许多国家之间形成了通行通用的礼仪。有的国家和民族对不遵守礼仪规范者，还规定了一定的处罚规则，也有的国家已把礼仪作为公民就业前的"入门课"，被企业录用的大学毕业生，也必须先经过严格的礼仪训练，才能上岗工作。

≫ 头脑风暴 1-1　　一次特别的面试

某公司老总要雇一个连简历都没准备的小伙子到公司做事，人力资源经理觉得非常吃惊。老总说："其实，他带来了非常棒的介绍信。你看，他在进门前先蹭掉了脚上的泥土，进门后又先脱帽，随手关上了门，这说明他很懂礼貌，做事很仔细。当看到那位残疾老人时，他立即起身让座，这表明他心地善良，知道体贴别人。那本书是我故意放在地上的，其他的应试者都不屑一顾，只有他俯身捡起，放在桌上。当我和他交谈时，我发现他衣着整洁，头发梳得整整齐齐，指甲修得干干净净，谈吐温文尔雅，思维十分敏捷。怎么，难道你不认为这些礼节是极好的介绍信吗？"

（资料来源　佚名. 一次特别的面试［EB/OL］.［2020-11-19］. https://wenku.baidu.com/view/fb2df089ad45b307e87101f69e3143323968f5bf.html，有改编）

讨论：这位年轻人是如何应聘成功的呢？每个人都希望能够引起他人的关注并获得他人的好感。那么，如何才能做到这些呢？

无论在东方，还是在西方，礼仪的发展有很长的历史。现代礼仪是历史上各国及各民族礼仪的继承和发展，是人类社会进步的产物，体现着社会的要求与时代的精神。

礼仪蕴含着丰富的文化内涵，社会上讲文明懂礼貌的人越多，这个社会便越和谐、安定。如果我们每一个人都教养有素，礼貌待人，处事有节，我们的生活就会更多一些愉悦，而国家、社会会更多一些文明与进步。从这一点上讲，礼仪对社会有着政治和法律所起不到的作用。

"微演练 1-3：这样的职场坐姿对吗"的演练要求及参考评价见表 1-3：

表 1-3　　"这样的职场坐姿对吗"的演练要求及参考评价

演练项目	这样的职场坐姿对吗	
演练准备	形体与礼仪实训室	
演练要求	着职业装，化职业妆	
演练方法	1.将学生分组，每组 5～6 人 2.由教师指导，学生分组练习 3.小组内的成员依据创设的情境进行讨论，找出存在的问题	
演练评价	知识应用	1.掌握男士正确的坐姿规范 2.掌握女士正确的坐姿规范
	能力提升	1.男士能够按照规范采用正确的坐姿 2.女士能够按照规范采用正确的坐姿
	素质培养	1.建立正确的审美观 2.提升个人修养 3.按照礼仪要求勇于实践
	成果展示	在工作等场合表现出正确的坐姿

【任务实施】

实施描述：如果你是小白同学，请根据"任务导入"中创设的实际服务工作场景，做好"礼节、礼貌、仪式、仪表"等方面的准备。

实施准备：职业装等。

实施步骤：

1.学生以小组为单位，在教师的指导下进行"礼节、礼貌、仪式、仪表"等方面的基本练习。

2.以小组为单位进行中西方礼仪故事PK赛，选出每组最佳技能手。

【任务评价】

"中西方礼仪故事PK赛"考核评分标准见表1-4：

表1-4　　　　　　"中西方礼仪故事PK赛"考核评分标准

序号	考核内容	考核要点	分值	自评分	互评分	教师评分
1	礼节、礼貌、仪式、仪表	掌握基本的社交礼节、礼貌用语，仪表自然得体，符合仪式要求	30			
2	中国礼仪故事PK赛	能够提炼出故事中所蕴含的礼仪精神和礼仪规范，并演练出来	20			
3	西方礼仪故事PK赛	能够提炼出故事中所蕴含的礼仪精神和礼仪规范，并演练出来	20			
4	整体印象	具有较好卫生习惯，具有一定的社会交往能力，具备爱岗敬业精神和爱国情怀	30			
	总分		100			
	小组自评					
	小组互评					
	教师评价					
小组成员个人得分	姓名					
	得分					
说明	小组任务得分=小组自评分×20%+小组互评分×30%+教师评分×50%。小组成员个人得分由小组长和教师根据个人任务完成的情况分配分数					

任务二　礼仪的原则与作用

【任务目标】

知识目标：

1.了解礼仪的原则。

2.了解礼仪的作用。

能力目标：

1.能在社会交往中自觉遵守礼仪原则。

2.能够有效地进行人际沟通和协作。

素质目标：

1.健全专业精神、职业精神和工匠精神。

2.建立爱岗敬业、诚信友善的修养。

【任务导入】

小白同学在校园实训中心进行"客户服务实训"，第十天，她接到了一个电话。和往常的咨询电话不一样，这是一通来自客户的投诉电话。这位客户非常生气，原因是她在"6·18"大促当天从"校园微店"下了订单，而今天已经是6月26号了，竟然还没有发货。

任务要求：小白在与客户电话沟通的过程中应该遵循哪些礼仪的原则才能平息客户的怒火呢？

【知识储备】

一、礼仪的原则

在社会交往中，需要遵守的礼仪原则很多，主要包括尊重原则、遵守原则、自律原则、适度原则、真诚原则等。它们同等重要，缺一不可。掌握这些原则，将有助于学习礼仪、运用礼仪，增强人们对礼仪的认知和社交礼仪的规范化。

微示范 1-1

首次和他人见面的注意事项

"微示范 1-1：首次和他人见面的注意事项"的示范要求及描述见表 1-5：

表 1-5   "首次和他人见面的注意事项"的示范要求及描述

示范项目	首次和他人见面的注意事项
教学模式	教学做一体化
建议学时	0.5学时
教学地点	一体化实训室
项目描述	1.在工作中，以交往对象的职务相称，以示身份有别、敬意有加，这是一种最常见的称呼方法。现在人们用职务称呼的现象已相当普遍，目的是表示对对方的尊敬和礼貌 2.称呼时在对方的职务之前加上姓，如"张总"等

（一）尊重原则

在各种类型的人际交往中，要以相互尊重为前提，尊重对方，不损害对方利益，同时又保持自尊。正如孔子所说："礼者，敬人也。"敬人是礼仪的重点与核心。在对待他人的诸多做法中，最要紧的就是敬人之心长存，处处不能失敬于人，不伤害他人的尊严，更不能侮辱对方的人格。掌握了这一点，就等于掌握了礼仪的灵魂。

微演练 1-4

如何记住领导布置的工作

"微演练 1-4：如何记住领导布置的工作"的演练要求及参考评价见表 1-6：

表1-6 "如何记住领导布置的工作"的演练要求及参考评价

演练项目	如何记住领导布置的工作	
演练准备	模拟办公室	
演练要求	着职业装，化职业妆	
演练方法	1.将学生分组，每组5~6人 2.由教师指导，学生分组练习 3.小组内的成员依据创设的情境进行讨论，找出存在的问题	
演练评价	知识应用	1.掌握正确记住领导布置工作的方法 2.掌握记住领导布置工作的注意事项
	能力提升	1.能够正确地运用记住领导布置工作的方法 2.能够避免领导布置工作时记不住的尴尬
	素质培养	1.建立正确的价值观 2.一丝不苟、精益求精 3.按照礼仪要求勇于实践
	成果展示	在工作等情境正确记住领导布置的工作

▶▶ 业务链接1-1　　"尊重之美"

尊重上级是一种天职；

尊重同事是一种本分；

尊重下级是一种美德；

尊重客人是一种常识；

尊重对手是一种风度；

尊重所有人是一种教养。

（二）遵守原则

微示范1-2

递送物品的注意事项

礼仪作为行为规范和处事准则，不论身份高低、职位高低、财富多寡，个体都要自觉维护和遵守，以此来规范自己的言谈举止。如果违背了礼仪规范，会受到社会舆论的谴责，交际自然就难以成功。

"微示范1-2：递送物品的注意事项"的示范要求及描述见表1-7：

表1-7 "递送物品的注意事项"的示范要求及描述

示范项目	递送物品的注意事项
教学模式	教学做一体化
建议学时	0.5学时
教学地点	一体化实训室
项目描述	递、接物品，宜用双手，掌心向上。递交文件、图书、报纸、名片、商品等有文字或图片的物品，物品的正面朝向对方；递笔、刀、剪等尖利物品，物品尖利的一方朝向自己

"微演练1-5：这样为客人引路对吗"的演练要求及参考评价见表1-8：

表1-8　　　　　　　　"这样为客人引路对吗"的演练要求及参考评价

演练项目		这样为客人引路对吗
演练准备		形体与礼仪实训室
演练要求		着职业装，化职业妆
演练方法		1.将学生分组，每组5～6人 2.由教师指导，学生分组练习 3.小组内的成员依据创设的情境进行讨论，找出存在的问题
演练评价	知识应用	掌握正确为客人引路的规范
	能力提升	能够按照规范正确地为客人引路
	素质培养	1.尊重他人、礼貌待人 2.提升个人修养 3.按照礼仪要求勇于实践
	成果展示	在工作等情境正确地为客人引路

（三）自律原则

礼仪是人们在交际场合待人接物时必须遵守的行为规范，不仅约束着人们在交际场合的交流话语、行为举止，也是判断自己、衡量他人是否自律、敬人的一种尺度。做到严于律己、宽以待人，才能赢得别人的尊重与好感。

微演练1-5
这样为客人
引路对吗

>> **头脑风暴1-2**　　　被"吐"掉的大单

某医疗器械厂与供应商达成了引进大输液管生产线的协议，第二天就要签字了。可当这个厂的厂长陪同供应商参观车间的时候，习惯性地向墙角吐了一口痰，然后用鞋底去擦。这一幕让供应商彻夜难眠，他让联络人给那位厂长送去一封信："恕我直言，一个厂长的卫生习惯可以反映一个工厂的质量控制水平。况且，我们今后要生产的是用来治病的输液管。人命关天！请原谅我的不辞而别……"一项已基本谈成的项目，就这样被"吐"掉了。

（资料来源　佚名.被"吐"掉的大单［EB/OL］.［2019-08-16］. https：//www.docin.com/p-2242658908.html，有改编）

讨论：供应商认为厂长的个人形象代表组织形象，一口痰就"吐"掉了一个大单是不是有点小题大做？该如何养成良好的习惯呢？

（四）适度原则

人际交往中一定要把握适度性。在不同场合，对不同对象，应根据具体情况而使用相应的礼仪，不卑不亢，落落大方，把握好一定的分寸。凡事过犹不及，施礼过度或不足，都是失礼的表现。在与人交往时，既要彬彬有礼，又不能低三下四；既要热情大方，又不能轻浮谄谀，要自尊不要自负，要坦诚但不能粗鲁，要信人但不要轻信，要活泼但不能轻浮。

微示范1-3
欠身礼与
鞠躬礼

"微示范1-3：欠身礼与鞠躬礼"的示范要求及描述见表1-9：

表1-9 　　　　　　　　　　"欠身礼与鞠躬礼"的示范要求及描述

示范项目	这种欠身礼合乎规范吗
教学模式	教学做一体化
建议学时	0.5学时
教学地点	一体化实训室
项目描述	在目视被致意者的同时，全身或身体的上半部分微微前倾，表示对他人的恭敬

（五）真诚原则

交际礼仪的运用基于对他人的态度，如果心怀诚意与对方交往，那么行为自然而然地就会显示出对对方的关切与爱心。如果仅把礼仪作为一种道具和伪装，口是心非，言行不一，弄虚作假，投机取巧，或是当面一个样，背后一个样，有求于人时一个样，被人所求时又一个样，将礼仪等同于"厚黑学"，则是违背交际礼仪的基本原则的。"民无信不立"，与友交往，要言而有信。

真诚原则用在社交场合，尤其要注意两点：一是要守时，与人约定时间决不应拖延迟到；二是要守约，答应的事要说到做到，即"言必信，行必果"。

▶▶ 业务链接1-2　　　　东西方礼仪文化的差异

东方礼仪主要是亚洲国家等具有东方民族特点的礼仪文化。西方礼仪主要是欧洲、北美洲等地的礼仪文化。

1. 在表达形式方面

东方人以"让"为礼，凡事都要礼让三分，常显得谦逊和含蓄。西方礼仪强调实用，表达率直、坦诚。

2. 在面对他人夸奖时所采取的态度方面

面对他人的夸奖，中国人常常会使用"过奖了""惭愧""我还差得很远"等字眼，以此表示自己的谦虚；西方人面对别人真诚的赞美或赞扬，往往会用"谢谢"来表示接受对方的美意。

3. 在礼品馈赠方面

在中国，人际交往特别讲究礼数，重视礼尚往来，往往将礼品作为人际交往的媒介和桥梁。

西方人一般不轻易送礼给别人，一般情况下，既不送过于贵重的礼品，也不送廉价的物品，但却非常重视礼品的包装，讲究文化格调与艺术品位。

4. 在收受礼品方面

东方人在送礼时精心挑选，但在受礼人面前却谦虚而恭敬地说"微薄之礼不成敬意，请笑纳"之类的话。东方人在受礼时，通常会客气地推辞一番，接过礼物后，一般不当面拆看礼物，唯恐对方因礼物过轻或不尽如人意而难堪，或显得自己重利轻义，有失礼貌。

西方人送礼时，会直截了当地向受礼人说明："这是我精心为你挑选的礼物，希望你喜欢"，或者说"这是最好的礼物"之类的话。西方人一般不推辞别人的礼物，接受礼物时先对送礼者表示感谢，接过礼物后总是当面拆看礼物，并对礼物赞扬一番。

5.在对待隐私权方面

东方人注重群体，强调人际关系的和谐，邻里间相互关心、问寒问暖，富有人情味。

西方人强调个体拥有的自由，将个人尊严看得神圣不可侵犯。在西方，冒犯对方私属权利，是非常失礼的行为，因为西方人非常尊重别人的隐私权，同样也要求别人尊重自己的隐私权。

6.在时间观念方面

东方人时间管理相对自由，有时会改变原定时间或者调整先后顺序。西方人多数认为不尊重别人的时间是最大的不敬，时间观念较强，做事比较讲究效率。出门常记录日程和安排，有约会提前到达，至少会准时，且不随意改动。

西方人常将交往方是否遵守时间当作判断其工作是否负责、是否值得与其合作的重要依据，在他们看来这直接反映了一个人的形象和素质。西方人工作时间和业余时间区别分明，休假期间不接打电话谈论工作，甚至断绝非生活范畴的交往。

7.在对待血缘和亲情方面

东方人非常重视家族和血缘关系，"血浓于水"的传统观念根深蒂固，人际关系中最稳定的是血缘关系。

西方人独立意识强，将责任、义务分得很清楚，责任必须尽到，义务则取决于实际能力，强调个人自由，追求个人利益。

8.在对待"老"的态度方面

东西方礼仪在对待人的身份、地位、年龄上也有许多观念和表达上的差异。东方礼仪中一般是老者、尊者优先，做事讲究尊老敬老。

西方礼仪崇尚自由平等，对等级的强调没有东方那么突出。西方人独立意识强，不愿老，不服老，甚至忌讳"老"。

二、礼仪的作用

礼仪是人类社会文明发展的产物，是人们社会交际活动的共同准则。遵行礼仪是现代文明的重要组成部分，是人际交往的重要手段和途径。大到国家对外交往、展现民族风貌，小到个人参加社会交际活动、发展事业，礼仪都具有重要作用。

（一）提高个人修养

在人际交往中，礼仪是衡量一个人文明程度的准绳。其不仅反映着一个人的交际技巧与应变能力，而且反映着一个人的气质风度、阅历见识、道德情操、精神风貌。礼仪即教养，有道德才能高尚，有教养才能文明。

（二）沟通人际关系

通过社交活动，人们可以调节紧张的生活，增长见识，扩展信息，交流感情，融洽关系，广结良友。在人际交往中，交往双方只有按照礼仪的规范，有效地向交往对象表达自己的尊敬、善意和友好，彼此之间才能建立起好感和信任，人际交往才可以顺利进行和延续。

"微示范 1-4：乘车基本礼仪"的示范要求及描述见表 1-10：

表 1-10   "乘车基本礼仪"的示范要求及描述

示范项目	乘车基本礼仪
教学模式	教学做一体化
建议学时	0.5学时
教学地点	一体化实训室
项目描述	当主人或领导亲自驾车的时候，上座为副驾驶座，一般前排座为上，后排座次之，以右为尊，以左为卑。这种坐法体现了"尊重为上"的原则，体现了客人对开车者的尊重，表示平起平坐，亲密友善

（三）塑造良好形象

礼仪塑造形象的作用有两方面：一方面，在社会交往中，礼仪潜移默化地熏陶着人们的心灵，并引导人们不断地充实和完善自我。得体的服饰、优雅的举止、热情的问候、友善的目光、亲切的微笑、大方的谈吐等，可以体现出一个人外在美和内在美的统一，展现其良好的精神面貌；另一方面，在组织的相互交往中，良好的组织形象是任何组织都追求的目标，而组织形象的塑造也离不开礼仪为其提供重要支撑。

"微演练 1-6：面试落座时应遵循怎样的礼仪"的演练要求及参考评价见表 1-11：

表 1-11   "面试落座时应遵循怎样的礼仪"的演练要求及参考评价

演练项目	面试落座时应遵循怎样的礼仪	
演练准备	商务谈判室等	
演练要求	着职业装，化职业妆	
演练方法	1.将学生分组，每组5～6人 2.由教师指导，学生分组练习 3.小组内的成员依据创设的情境进行讨论，找到存在的问题	
演练评价	知识应用	掌握面试的落座礼仪
	能力提升	能够避免在面试过程中出现落座礼仪错误
	素质培养	1.建立正确的审美观、价值观、人生观 2.尊重他人、礼貌待人 3.激发学生专业热情，建立岗位情感
	成果展示	在面试情境中展现出正确的落座礼仪

>> 头脑风暴1-3　　　　塑造形象的奇才——罗杰·艾尔斯

美国著名的老资格政治公关专家——罗杰·艾尔斯，为美国总统竞选人效力了二十多个春秋，美国人称他为"利用媒介塑造形象的奇才"。

1968年，当尼克松总统同约翰逊竞争白宫宝座时，艾尔斯精心指导尼克松在一次电视竞选演讲中克服自卑心理，在赢得竞选方面取得了连尼克松也没想到的奇效。

1984年，里根参加总统竞选。起初公众对他的印象不佳，觉得他年龄大，又当过演员，有轻浮、年迈无力之感。但是，在政治公关顾问艾尔斯的协助下，在竞选讲演时，里根注意了服饰、发型与姿势，表现得庄重而经验丰富，样子看上去也非常健康，从而改变了公众对他的不佳印象，最后取得了成功。

1988年总统竞选，在8月份以前，美国民主党总统候选人杜卡基斯猛烈攻击布什是里根的影子，嘲笑他没有独立的政见与主张。当时布什的形象是灰溜溜的，全美的舆论都称赞杜卡基斯，在民意测验中，布什落后杜卡基斯十多个百分点。于是，布什请来了美国"利用媒介塑造形象"奇才罗杰·艾尔斯。艾尔斯从公共关系的角度指出了布什的两个不足：一是讲演不能引人入胜，比较呆板；二是姿势和动作不美，形象不佳，缺乏独立和新颖的魅力。这些缺点导致他给公众留下了他摆脱不了里根的影子的印象。艾尔斯帮助布什着重纠正尖细的声音、生硬的手势和不够灵活的手臂摆动，并让他讲话时要果断、自信，展现出强烈的自我表现意识，告知他只有这样的言谈举止才能成为千万人瞩目的中心。在1988年8月举行的共和党新奥尔良代表大会上，布什做了生动的、有吸引力的接受提名讲演，这几乎成了他同杜卡基斯较量的转折点。经过以后一系列的争夺，布什最终获得了胜利。

（资料来源　佚名. 塑造总统形象的专家［EB/OL］.［2020-05-18］.（https://wenku.baidu.com/view/bcc9d6886337ee06eff9aef8941ea76e59fa4a45.html，有改动）

讨论：罗杰·艾尔斯是如何利用媒介为总统塑造形象的？学习礼仪、运用礼仪，对人们更规范地设计个人形象有帮助吗？

（四）建设精神文明

礼仪是一个国家和民族文明程度的重要标志，在社会主义精神文明建设中，讲究礼节礼仪、注重礼貌是最基本的要求。通过礼仪教育，人们应该能够按照礼仪的规范约束自己的言行，纠正不正确的行为习惯，避免感情对立与矛盾冲突，建立和加强人与人之间相互尊重、友好合作的关系，使人际关系更加和谐，社会秩序更加有序，国民综合素质得到整体提高。

社会由个体组成，文明的社会需要文明的成员一起共建，文明的成员则必须用文明的思想来武装，靠文明的观念来教化。加强礼仪修养，可以使每位社会成员进一步强化文明意识，端正自身行为，从而促进整个国家和民族的文明程度得到提高。

【任务实施】

实施描述：请根据小白同学工作场景遇到的问题，为其设计解决方案。

实施准备：职业装、礼仪实训室等。

实施步骤：

1.学生以小组为单位，在教师的指导下进行践行礼仪原则的能力训练。

2.以小组为单位进行"解决方案"设计PK赛，选出每组最佳技能手。

【任务评价】

"解决方案"设计PK赛考核评分标准见表1-12：

表1-12　　　　　　　"解决方案"设计PK赛考核评分标准

序号	考核内容	考核要点	分值	自评分	互评分	教师评分
1	礼仪原则	掌握礼仪的基本原则，并能在工作场景中灵活运用	20			
2	"解决方案"设计PK赛	能够设计出合理的解决方案，并与客户建立良好的沟通，达到客户满意的程度	30			
3	应变能力	能根据与客户沟通中出现的突发问题灵机应变	20			
4	整体印象	沟通能力较强，掌握说话的艺术，具有一定的应变能力，爱岗敬业	30			
总分			100			
小组自评						
小组互评						
教师评价						
小组成员个人得分	姓名					
	得分					
说明	小组任务得分=小组自评分×20%+小组互评分×30%+教师评分×50%。小组成员个人得分由小组长和教师根据个人任务完成的情况分配分数					

项目微测试

一、不定项选择题

项目一 扫码测一测

1.被称为"礼经"的"三礼"是指（　　）。

A.《周礼》　B.《礼学》　　　　C.《礼记》　　　　　D.《仪礼》

2.现代礼仪泛指人们在社会交往活动过程中形成的应共同遵守的行为规范和准则，具体表现为（　　）。

A.礼节　　　　　　B.礼貌　　　　　　C.仪式　　　　　D.仪表

3.下列选项中，体现了尊重原则的本质的有（　　）。

A.尊重上级是一种天职　　　　　　　B.尊重同事是一种本分

C.尊重下级是一种美德　　　　　　　D.尊重客人是一种常识

4.礼仪的作用体现在（　　　）。

A.提高个人修养　　　B.沟通人际关系　　　C.塑造良好形象　　　D.建设精神文明

5."程门立雪"的历史典故体现的是（　　　　）。

A.讲究礼让　　　　　B.尊老敬贤　　　　　C.尊敬老师　　　　　D.待人以诚

二、判断题

1.春秋战国时期礼仪的重要特点是尊君抑臣、尊夫抑妇、尊父抑子、尊神抑人。

（　　　）

2.古罗马时期，为了让对方感觉到自己没有恶意产生了举手礼，后来演进为握手。

（　　　）

3.孟子认为"恭敬之心，礼也"。　　　　　　　　　　　　　　　　　（　　　）

4.孔子曾说："不学礼，无以立。"　　　　　　　　　　　　　　　　（　　　）

5.在对待他人的诸多做法中，最要紧的就是敬人之心长存，处处不能失敬于人，不伤害他人的尊严，更不能侮辱他人的人格。　　　　　　　　　　　　　（　　　）

三、思考题

1.简述中国礼仪的起源与发展过程。

2.简述西方礼仪的发展过程。

3.礼仪的原则有哪些？

四、实务题

修养是第一课

临近毕业实习，孟老师带领30名应届毕业生来到国家某部委实验室参观学习。全体学生坐在会议室里等待部长的到来。部长秘书给大家倒水，学生们表情木然地看着她忙活，其中一个还问了句："有绿茶吗？天太热了。"秘书回答说："抱歉，刚刚用完了。"李可同学看见后觉得有点儿别扭，心里嘀咕："人家给你水还挑三拣四。"轮到他时，他轻声说："谢谢，大热天的，辛苦了。"秘书抬头看了他一眼，满含着惊奇，虽然这是很普通的客气话，却是她今天听到的唯一一句。

门开了，部长走进来和大家打招呼，不知怎么回事，静悄悄的，没有一个人回应。李可左右看了看，犹犹豫豫地鼓了几下掌，同学们这才稀稀落落地跟着拍手，由于不齐，愈发显得零乱。部长挥了挥手说："欢迎同学们到这里来参观。平时这种事一般都是由办公室负责接待，因为我和你们孟老师是老同学，非常要好，所以这次我亲自来给大家讲一些有关情况。我看同学们好像都没有带笔记本。这样吧，王秘书，请你去拿一些我们部里印的纪念手册，我送给同学们作纪念。"接下来，更尴尬的事情发生了，大多数同学只是坐在那里接过手册，还有一位同学很随意地用一只手接过部长双手递过来的手册。部长脸色越来越难看，来到李可面前时，已经快要没有耐心了。就在这时，李可礼貌地站起来，身体微倾，双手接住手册，恭敬地说了一声："谢谢您！"部长闻听此言，不觉眼前一亮，伸手拍了拍他的肩膀问："你叫什么名字？"李可照实作答，部长微笑点头，回到自己的座位上。早已汗颜的孟老师看到此景，微微松了一口气。

　　两个月后，在实习分配表上，李可的去向栏里赫然写着国家某部委实验室。有几位颇感不满的学生找到孟老师抱怨："李可的学习成绩最多算是中等，凭什么选他而没选我们？"老师看了看这几张尚属稚嫩的脸，答道："人家点名来要的。其实你们的机会是完全一样的，你们的成绩甚至比李可还要好，但是除了学习专业知识之外，你们还需要学的东西太多了，修养是第一课。"

　　（资料来源　佚名．修养是第一课［EB／OL］．［2018-10-07］. https://www.doc88.com/p-1466458207120.html?r=1，有改动）

　　请问：（1）李可的学习成绩最多算是中等，为什么他被分配到了国家某部委实验室实习？

　　（2）请谈谈你对"修养是第一课"的理解。

项目评价

　　项目一的参考评价表见表1-13：

表1-13　　　　　　　　"礼仪认知——敲开礼仪之门"参考评价表

考核日期：				总评成绩：			
自测内容	序号	内容	完成情况		标准分	自评分	教师评分
			完成	未完成			
	1	掌握礼仪的内涵			10		
	2	掌握礼仪的原则			10		
	3	掌握礼仪的作用			10		
	4	掌握东西方礼仪文化的差异			20		
	5	掌握东西方现代礼仪的特点			20		
	6	自我管理			5		
	7	规范操作			5		
	8	爱岗敬业			5		
	9	团队协作			5		
	10	沟通表达			5		
	11	创新创造			5		

项目二　形象礼仪——塑造职业形象

　　我市即将举办"中华礼仪万里行活动",在指导教师的鼓励下,小白和同学准备参加此次活动礼仪服务志愿者的面试。为此,他们该如何塑造自己的形象?掌握仪容仪表礼仪的哪些基本知识呢?如果顺利通过了面试,他们又该如何展现自己优雅、文明的仪态,保持应有的风度去进行志愿者礼仪服务呢?

微动画 2-1

如何塑造
美好形象

任务一　仪容礼仪

【任务目标】

知识目标:

1.掌握仪容修饰的原则。

2.了解皮肤护理的要求。

能力目标:

1.掌握头发修饰、面部修饰的方法和技巧。

2.能进行适合工作环境的个人仪容修饰。

素质目标:

1.在日常工作与生活中有意识地维护自身形象。

2.提升审美品位,有针对性地修饰和美化仪容。

3.具有创新思维、较强的集体意识和团队合作精神。

【任务导入】

　　"中华礼仪万里行活动"即将在我市举行,小白和同学今天下午准备去面试此次活动的礼仪服务志愿者。

微动画 2-2

得体的形象
塑造

　　任务要求:小白和同学该如何修饰自己的头发和面部?如何化妆?要不要喷香水?香水喷洒在身体的哪个部位合适呢?

【知识储备】

微课堂 2-1

先入为主 魅
力四射——
头发及面部
修饰

　　仪容主要指一个人的容貌,由头发、面部以及人体所有未被服饰遮掩的部位,如手部、颈部等构成。仪容修饰即对个人的仪容、发型进行修整妆饰,达到整洁、大方、美观的效果。

一、仪容修饰的原则

（一）自然美化原则

化妆是为了修饰自己容貌的不足之处，使自己变得更加靓丽。因此化妆要真实、和谐、自然，避免人工修饰的痕迹过重。要突出自己的自然美，淡雅的妆容会给他人留下最持久的印象。

（二）整体协调原则

面部化妆，色彩搭配应浓淡适宜，还要注意与发型、发色、服装、饰物相协调。化妆后的形象要适合自己所从事的职业。

（三）化妆的"3W"原则

化妆的浓淡要根据不同的时间（When）、场合（Where）、具体做什么（What）来选择。白天工作期间一般以化淡妆为宜，夜晚娱乐时可随意。

二、头发的修饰

（一）清洗头发

清洗头发，除了要注意采用正确的方式方法之外，最重要的是要定期，并且坚持不懈，商务人员每周至少应当对自己的头发清洗两三次。

（二）修剪头发

与清洗头发一样，修剪头发同样需要定期进行。商务人员应当每半个月左右修剪一次自己的头发，至少也要确保每个月修剪一次头发。

（三）梳理头发

商务人士在下述情况下，应自觉梳理自己的头发：一是出门上班前；二是换装上岗前；三是摘下帽子时；四是其他有必要之时。

（四）长短适当

男士前发不覆额头，侧发不掩耳朵，后发不触衣领。前发不覆额头，是指自己前面的头发要在前额之上，即不允许留有刘海。侧发不掩耳朵，是指两侧的头发不要遮挡耳朵。后发不触衣领，是指脑后的头发不宜长至衬衫的衣领，免得将衣领弄脏。

微示范2-1

女士盘发

女士则不宜长于肩部，不宜挡住眼睛，不允许随意将其披散开来。

"微示范2-1：女士盘发"的示范要求及描述见表2-1：

表2-1   "女士盘发"的示范要求及描述

示范项目	女士盘发
教学模式	教学做一体化
建议学时	0.5学时
教学地点	一体化实训室
项目描述	女士在上岗之前，宜将超长的头发盘起来、束起来、编起来，或是置于工作帽之内，不允许在工作岗位上长发过肩、自然披散开来

（五）装饰要少

头上不宜戴有过分花哨的发饰，发饰应朴实无华，以深色为主。

（六）本色自然

不论男士还是女士，发色应自然，做到不追逐潮流，不染夸张颜色，体现淳朴、本分的自然美。

三、面部的修饰

（一）眼部

眼睛应无眼屎，无睡意，无充血，不斜视。眼镜端正、洁净明亮，与人谈话时不戴墨镜或有色眼镜。

（二）鼻部

鼻腔要随时保持干净，不要让鼻涕或别的东西充塞鼻孔，经常修剪长到鼻孔外的鼻毛，严禁鼻毛外现。

（三）口部

保持口腔清洁。要坚持每天早、晚两次刷牙。在会见客户之前忌食蒜、葱、韭菜、腐乳等让口腔发出刺鼻气味的食物。做到牙齿洁白，口无异味，嘴角无泡沫，会客时不嚼口香糖等。

男士胡须要刮干净或修理整齐，不留长胡子，不留八字胡或其他形状怪异的胡子。

（四）耳部

耳朵内外要干净，无耳屎。如果耳毛长得比较长，应该修剪一下。

（五）手部

出席重大场合之前应注意洗手，做到手上无汗渍、无异味、无异物。平时应该对手进行保养，女士不能涂抹彩色指甲油，要保持指甲自然清洁。不留长指甲，指甲长度以与指尖齐平为佳，一般不长于指尖，并保证指甲内无污垢。

微课堂2-2
浓妆淡抹总相宜——化职业妆

四、皮肤的护理

（一）男士

男士可以使用男用洗面奶或普通洗面奶，早晚认真清洗面部。可选择清爽的乳液或面霜滋润肌肤，色泽也要格外注意，自然色泽或略深于肌肤颜色的较为合适。

（二）女士

女士面部皮肤保养及护理在日常生活中至关重要。正确的生活态度、充足的睡眠、乐观的情绪、与人为善的心态，保持面部清洁，积极锻炼身体，适当自我按摩，这些都是日常生活中健肤美容的重要因素。

五、女士化妆

女士化妆的步骤和动作规范见表2-2。

表2-2 女士化妆的步骤和动作规范

动作步骤	① 洁面 → ② 打粉底 → ③ 修饰眉毛 → ④ 描眼影、眼线 ↓ ⑦ 喷香水 ← ⑥ 涂口红 ← ⑤ 涂腮红	
动作规范	步骤1	用洗面奶清洗面部，擦干后用少量的护肤乳液滋润皮肤
	步骤2	用粉扑蘸上粉底拍打在脸上，从里向外薄薄地拍一层，同时在脖子上拍一点，使其与面部协调，然后从上往下轻轻地扑一层干粉，以显得透明自然
	步骤3	画眉最好选用眉刷，蘸上眉粉，一点儿一点儿地刷上去。修饰眉毛的重点应放在眉长的1/3处
	步骤4	由眼角开始轻轻地涂上深色的眼影，较大范围地涂在上眼睑上，重点放在眼尾，在下眼睑的外1/3处也要描上眼影，然后用黑色眼线笔勾画出上下眼线
	步骤5	1.用刷子轻蘸腮红，一点儿一点儿地涂扫，涂的范围应高不过眉，低不过嘴角，内不超过眼长的1/2处 2.腮红的中心应在颧骨部位，刷腮红用腮红刷从颧骨处向四周扫匀，越来越淡，直到与底色自然相接 3.圆脸形的人，腮红的形状应是长条形，以减弱显胖的感觉；长脸形的人则要刷得宽些 4.腮红的颜色，皮肤较白的人，可选用淡而明快的浅桃红色、浅玫瑰红色，皮肤较黑的人，腮红可深一些、暗一些
	步骤6	1.用唇笔勾出唇线、唇形 2.口红的颜色要与自己的肤色、服装相配，不宜太深，在唇边涂深些，唇内涂浅些
	步骤7	1.正确使用香水的位置有两个：一是脉搏离皮肤比较近的地方，如手腕、耳根、颈侧、膝部、踝部等处；二是既不会污损面料，又容易扩散出香味的服装上的某些部位，如衣领、口袋、裙摆的内侧以及西装的插袋巾的下端 2.与他人相处时，自己身上的香味在1米以内能被对方闻到，不算是过量 3.在3米开外，香味依旧能被对方闻到，则是过量使用香水

微示范2-2

女士化妆

"微示范2-2：女士化妆"的示范要求及描述见表2-3：

表2-3 "女士化妆"的示范要求及描述

示范项目	女士化妆
教学模式	教学做一体化
建议学时	1学时
教学地点	一体化实训室
项目描述	1.掌握正确的化妆顺序与化妆技巧 2.掌握面颊、眉、眼与唇部的修饰方法 3.在工作岗位上应当化淡妆，淡妆上岗，简约、清丽、素雅，具有鲜明的立体感 4.恰到好处的妆容可以充分展现职业女性的风采与魅力 5.塑造感受美、表现美、鉴赏美、创造美的能力

》》 业务链接 2-1　　女士化妆的禁忌

1.忌离奇出众：荒诞、怪异、神秘的妆容不适合商务人员。

2.忌技法用错：化妆时，若技法出现了明显的差错，将会暴露自己在美容素质方面的不足。

3.忌残妆示人：残妆是指人在出汗之后或用餐之后妆容出现了残缺。出现残妆时，应及时到盥洗室补妆，否则长时间的脸部残妆会给人懒散、邋遢之感。

4.忌当众化妆：在公众场所修饰面目是失礼行为，既有碍于他人，也不尊重自己。

5.忌非议他人的妆容。

6.忌借用他人的化妆品：出于卫生和礼貌，不要去借用他人的化妆品。

"微演练 2-1：职场中正确的化妆礼仪"的演练要求及参考评价见表 2-4：

表 2-4　　　　　"职场中正确的化妆礼仪"的演练要求及参考评价

微演练 2-1

职场中正确的化妆礼仪

演练项目	职场中正确的化妆礼仪	
演练准备	形体与礼仪实训室、化妆等相关物品	
演练要求	着职业装	
演练方法	1.将学生分组，每组 5～6 人 2.由教师指导，学生分组练习 3.小组内的成员依据创设的情境进行讨论，找到存在的问题	
演练评价	知识应用	1.掌握职场中正确的补妆场合 2.掌握在不同场合补妆的含义
	能力提升	1.能够按照规范在正确的场合补妆 2.能够避免在错误的场合补妆和引起不必要的误会
	素质培养	1.建立正确的审美观、价值观和人生观 2.提升个人修养 3.按照要求勇于实践
	成果展示	1.会根据工作需要正确化妆 2.能选择合适的时机、地点补妆

在工作岗位上使用香水要遵循以下原则：第一，应选择适当类型的香水，如淡香型、微香型的香水；第二，使用香水的剂量不宜过大；第三，凡身上容易出汗的地方，如发际、腋窝、脊背、膝弯等处，均不可涂抹香水，否则汗味与香味混合掺杂在一起，易产生难闻的气味。

微演练 2-2

这样喷香水对吗

"微演练 2-2：这样喷香水对吗"的演练要求及参考评价见表 2-5：

表2-5 　　　　　　　　　"这样喷香水对吗"的演练要求及参考评价

演练项目	这样喷香水对吗	
演练准备	形体与礼仪实训室、香水等相关物品	
演练要求	着职业装，化职业妆	
演练方法	1.将学生分组，每组5～6人 2.由教师指导，学生分组练习 3.小组内的成员依据创设的情境进行讨论，找到存在的问题	
演练评价	知识应用	1.掌握正确使用香水的位置 2.掌握正确使用香水的距离 3.掌握使用香水的注意事项
	能力提升	1.能够按照规范正确地使用香水 2.能够避免过量使用香水
	素质培养	1.建立正确的审美观 2.尊重他人、礼貌待人 3.仪尚适宜 4.具有感受美、表现美、鉴赏美、创造美的能力
	成果展示	会在工作场合正确地使用香水

【任务实施】

实施描述：如果你是小白同学，请根据"任务导入"中创设的场景，选择一个合适的发型及妆容，同时练习化标准职业妆。

实施准备：皮套、洗面奶、粉底霜、眉粉眉刷、眼影、眼线笔、腮红、口红、香水等。

实施步骤：

1.学生以小组为单位，在教师的指导下进行面部修饰、头发修饰、皮肤护理、化职业妆等练习。

2.以小组为单位进行仪容修饰能力PK赛，选出每组最佳技能手。

【任务评价】

"仪容修饰"考核评分标准见表2-6：

表2-6 　　　　　　　　　　"仪容修饰"考核评分标准

序号	考核内容	考核要点	分值	自评分	互评分	教师评分
1	头发修饰	男士前发不覆额头，侧发不掩耳朵，后发不触衣领 女士掌握1～2种职场盘发	10			
2	面部修饰	眼部及口腔清洁，鼻腔及耳朵内外要干净，手上无汗渍、无异味，指甲长度适中，无有色指甲油	20			
3	皮肤护理	掌握男士、女士面部皮肤保养及护理方法	20			

续表

序号	考核内容	考核要点	分值	自评分	互评分	教师评分
4	化职业妆	掌握化职业妆的顺序和要点 掌握工作岗位上正确使用香水的原则	30			
5	整体印象	仪容修饰整体自然、协调、美观 具有良好的卫生习惯 具有一定的审美能力	20			
总分			100			
小组自评						
小组互评						
教师评价						
小组成员个人得分	姓名					
	得分					
说明		小组任务得分=小组自评分×20%+小组互评分×30%+教师评分×50%。小组成员个人得分由小组长和教师根据个人任务完成的情况分配分数				

任务二　仪表礼仪

【任务目标】

知识目标：

1.掌握着装的原则。

2.掌握男女职业装的着装规范。

能力目标：

1.具有符合职业形象的着装搭配技能。

2.能进行适合工作环境的个人仪表修饰。

素质目标：

1.在正式场合穿着打扮高雅、大方、得体。

2.避免在装束上弄巧成拙和失礼。

3.具有创新思维、较强的集体意识和团队合作精神。

【任务导入】

商务活动中除了要注意头发、面部的修饰外，着装搭配也是有讲究的。小白和同学正在做参加志愿者礼仪服务活动面试的着装准备。

任务要求：他们该如何进行着装搭配呢？男生要掌握哪些西装礼仪和搭配技巧？小白又该掌握哪些套裙礼仪和套裙的搭配呢？

【知识储备】

一个人的仪表，是其修养、文明程度的表现。古人认为，举止庄重，进退

微动画 2-3
着装礼仪认知

微课堂 2-3
气宇轩昂 风度翩翩——男士西装礼仪1

有礼，执事谨敬，文质彬彬，不仅能够保持个人的尊严，还有助于进德修业。古代思想家曾经拿禽兽的皮毛与人的仪表形象相比较，禽兽没有了皮毛，就不能为禽兽；人失去仪礼，也就不称为人了。

服饰是一个人仪表中非常重要的组成部分。英国伟大作家莎士比亚曾经说，一个人的穿着打扮就是他教养、品位、地位的最真实的写照。当今，在日常工作和交往中，尤其是在正规的场合，穿着打扮也越来越引起人们的重视。在这个意义上，服饰礼仪是人人都需要认真去考虑和面对的问题。

一、着装的原则

《弟子规》中有这样一则规范："冠必正，纽必结，袜与履，俱紧切"。这则规范，对现代人来说，仍是必要的。帽正纽结，鞋袜紧切，是仪表的基本要求。如果一个人衣冠不整，鞋袜不正，往往会使人产生反感，有谁会愿意亲近这样的人呢。当然，衣着打扮，必须符合职业、年龄、生理特征、所处的环境和交往对象的生活习俗，个体应当充分考虑这些因素后做出得体、大方的选择。

（一）TPO原则

T、P、O三个字母分别代表Time（时间）、Place（地点）、Object（交往对象）。它的含义是要求商务人士的着装及其具体款式应与着装的时间、地点、交往对象协调一致。

1.时间

时间主要是指穿戴服饰时应考虑时代性、季节性、早晚性。时代性是指服饰应顺应时代发展的主流和节奏，不可太超前，也不可太滞后；季节性是指服饰穿戴应考虑春、夏、秋、冬四季的气候环境，不可冬服夏穿，夏衣冬穿；早晚性是指服饰应根据每天的早、中、晚气温变化而调整。

2.地点

地点主要是指服饰穿戴要考虑不同国家、不同地区所处的地理位置、自然条件以及民族风俗习惯等。

3.交往对象

交往对象主要是指要根据不同的交往目的和交流场合选择服饰，给人留下良好的印象。不同场合的服饰搭配见表2-7：

表2-7　　　　　　　　　　　　不同场合的服饰搭配

场合	服饰搭配
公务场合	款式要庄重、保守、传统，可以选择制服、套装、套裙、工作服等
社交场合	如聚会、拜会、宴会、舞会、音乐会等，服装款式要典雅、时尚、个性化，可以选择时装、民族服装等
休闲场合	如居家、健身、旅游、娱乐等，服装款式要舒适、方便、自然，可以选择家居装、牛仔装、运动装等

（二）个性化原则

选择服装因人而异，服装选择的重点在于展示所长，遮掩所短，显现独特的个性魅力和最佳风貌。

（三）整洁原则

任何情况下，服饰都应该是整洁、干净的。衣服不能沾有污渍，不能有绽线的地方，更不能有破损，扣子等配件应齐全。

二、西装礼仪

男士西装礼仪如图2-1所示。

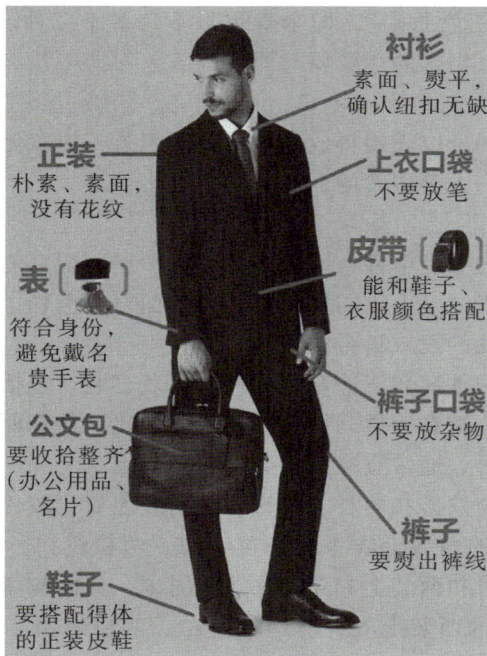

图2-1　男士西装礼仪

（图片来源　https://image.baidu.com/）

▶ **知识拓展2-1**　　商务人士的着装要求

作为职场中的人来说，衣着要与职业身份相符合，身上所穿的衣服，不仅代表了自己的品位，还代表着单位的形象，代表着对别人的尊重。在社交场合，衣着就是一封无言的介绍信，向交往对象传递着各种信息，对方可以从衣着上看出品位、个性，甚至职业状况。

著名影星索菲亚·罗兰就深有感触地说过："你的服装往往表明你是哪一类人物，它们代表着你的个性。一个和你会面的人往往自觉不自觉地根据你的衣着来判断你的为人。"

莎士比亚也说过："服装往往可以表现人格。"因此，从这个意义上来说，服装就不仅仅具有蔽体、遮盖、挡风、防雨、抗暑、御寒的作用，它可以美化人体，扬长避短，展示个性，体现人们的生活情趣。着装还具有反映社会分工、体现地位和身份差异的社会功用。

（一）西装的选择

1.面料

西装面料的选择应力求高档。纯毛、纯羊绒的面料以及高比例含毛、含羊绒的毛涤混纺面料，皆属于西装的高档面料。

2.色彩

西装的色彩力求庄重、正统，应当全身为一种颜色，首选藏蓝色，灰色或棕色也是不错的选择。黑色西装更适合在庄严、肃穆的礼仪性活动中穿着。

穿着西装应遵守"三色原则"，即全身色彩不宜多于三种。深色西装、白色衬衫、黑色鞋袜是较好的搭配，领带的色彩要与西装的颜色保持一致。

3.图案

男士出席正式商务场合应表现得成熟、稳重，西装一般以无图案为好，尤其不要选择绘有花、鸟、虫、鱼、人等图案的西装。

4.款式

西装有单件与套装之分。单件西装，即一件与裤子不配套的西装上衣，仅适用于非正式场合。西装套装，指的是上衣与裤子成套，其面料、色彩、款式一致，且风格上相互呼应，适用于商务交往的正式场合。

西装套装可以分为两件套和三件套。两件套西装套装，包括一衣和一裤。三件套西装套装，则包括一衣、一裤和一件马甲。三件套西装比两件套西装要更加正式。男士在参加高层次的商务活动时，通常宜穿三件套的西装套装。

西装上衣有单排扣与双排扣两种。单排扣的西装上衣比较传统，而双排扣的西装上衣则较为时尚。单排扣的西装上衣，有一粒纽扣、两粒纽扣、三粒纽扣三种。一粒纽扣、三粒纽扣这两种单排扣西装上衣穿起来比较时髦，而两粒纽扣的单排扣西装上衣则更为正统一些。双排扣的西装上衣，有两粒纽扣、四粒纽扣、六粒纽扣三种。两粒纽扣、六粒纽扣这两种款式的双排扣西装上衣为流行款式，而四粒纽扣的双排扣西装上衣则较传统。

系单排两粒扣式的西装上衣的纽扣时，讲究"扣上不扣下"，即只系上边那粒纽扣。系单排三粒扣式的西装上衣的纽扣时，正确的做法则有两种：第一种，只系中间那粒纽扣；第二种，系上面两粒纽扣。而系双排扣式的西装上衣的纽扣时，则可以系的纽扣一律都要系。

》》 业务链接 2-2　　　　穿西装的注意事项

穿西装时，一定要悉心呵护其原状。在公共场所，千万不要当众随心所欲地脱下西装上衣，更不能把它当作披风一样地披在肩上。随意将西装上衣的衣袖挽上去，极易给人以粗俗之感。随意卷起西裤的裤管，也是一种不符合礼仪的表现。

为保证西装在外观上不走样，应当在西装的口袋里少装东西，或者不装东西。对待上衣、马甲和裤子均应如此。

西装上衣左侧的外胸袋除可以插入一块用以装饰的真丝手帕，不可以再放置其他物品。内侧的胸袋，可用来别钢笔、放钱夹或名片夹。外侧下方的两只口袋，原则上不放任何东西。

　　西装马甲上的口袋多具装饰功能。除可以放置怀表之外，不宜再放别的东西。

　　西装裤子侧面的口袋最好只放纸巾、钥匙包或者零钱包。其后侧的两只口袋，则大都不放任何东西。

（二）西装的搭配

微课堂2-4

气宇轩昂 风度翩翩——男士西装礼仪2

1.衬衫

（1）面料

　　正装衬衫，主要以高支精纺的纯棉、纯毛制品为主。以棉、毛为主要成分的混纺衬衫，也可选择。

（2）色彩

　　正装衬衫，必须为单一色彩。在正式商务活动中，白色衬衫为男士的首选。除此之外，蓝色、灰色、棕色、黑色，也可以考虑。

（3）图案

　　正装衬衫，以无任何图案为佳。较细的竖条衬衫在一般性的商务活动中可以穿着。但是，不建议同时穿着竖条纹的西装。

（4）衣袖

　　正装衬衫必须为长袖衬衫。穿西装时，衬衫的袖口露出来1厘米左右为宜。男士在自己的办公室里，直接穿着长袖衬衫并打领带是可行的，但是如果是参加正式的活动，一定要穿上西装上衣。

（5）口袋

　　正装衬衫以无胸袋者为佳，有胸袋的衬衫也不要在胸袋内塞东西。

（6）衣摆

　　穿长袖衬衫时，不论是否穿外衣，均须将其下摆均匀而平整地掖进裤内。

（7）纽扣

　　穿西装打领带时，衬衫的所有纽扣都要一一系好。不打领带时，可以解开衬衫的领扣。

▶▶ **知识拓展2-2**　　　　内衣搭配

　　要想将一套西装穿得有"型"有"味"，除了衬衫与马甲，在西装上衣之内不要再穿其他任何衣物。在衬衫之内，不穿棉纺或毛织的背心、内衣。不穿衬衫而以T恤衫直接与西装搭配的穿法是不符合规范、不太正式的。

　　在冬季时，可以穿上一件与衬衫色彩相仿的薄型"V"领单色羊毛衫或羊绒衫。穿在衬衫之内的背心或内衣，应短于衬衫，领型以"U"领或"V"领为宜。内衣的领口不要暴露在衬衫的领口之外，内衣的袖管也切忌暴露在衬衫的袖口之外。

2.领带

（1）面料

领带面料首选真丝或者羊毛质地。

（2）色彩

领带有单色与多色之分。在商务活动中，蓝色、灰色、棕色、黑色、紫红色等单色领带都是十分理想的选择。领带的主色调应与西装套装的色彩一致。男士在正式场合中，切勿佩戴多于三种颜色的领带。同时，也应尽量少打浅色或色彩艳丽的领带。参加喜庆活动时，则可选择紫红色系的领带。

（3）图案

商务活动中佩戴的领带，主要是单色无图案的领带，或者是以条纹、圆点、方格等规则的几何形状为主要图案的领带。在涉外活动中，忌选带有斜条纹图案的领带。

（4）款式

领带款式的选择应注意四个要点：一是领带有箭头与平头之分。下端为箭头的领带，比较传统、正规，下端为平头的领带，比较时髦、随意。二是领带有宽窄之别。领带的宽窄最好与本人的胸围、西装上衣的衣领形成正比。三是忌用简易式领带。"一拉得"领带、"一挂得"领带等，均不适合在正式的商务活动中使用。四是慎用领结。领结宜与礼服、翼领衬衫搭配，主要适用于正式的社交场合。

（5）配饰

与领带配套使用的装饰性手帕，最好与领带的面料、色彩、图案完全相同或保持一致。

（6）质量

领带，必须具有良好的质量，外形美观、平整，无跳丝，无疵点，无线头，衬里为毛料，不变形，悬垂挺括，较为厚重。

（7）打法

在日常办公、开会或走访等执行公务的场合，以打领带为好。在参加宴会、舞会、音乐会时，为表示尊重主人，亦可打领带。在休闲场合，通常是不必打领带的。打领带，必须注意与之配套的服装。一般而言，穿西装套装是需要打领带的。穿单件西装时，领带则可打可不打。在非正式活动中穿西装马甲时，可以打领带。不穿西装的时候，如穿风衣、大衣、夹克、毛衣、短袖衬衫时，通常不宜打领带。

穿西装上衣与衬衫时，应将领带置于二者之间，并令其自然下垂。在西装上衣与衬衫之间加穿西装马甲或羊毛衫、羊绒衫时，应将领带置于西装马甲、羊毛衫、羊绒衫与衬衫之间。

打领带结的基本要求是，要令其挺括、端正，并且在外观上呈倒三角形，男士领带结的常用打法如图2-2所示。在正式场合露面时，务必提前收紧领带结。领带打好后，其下端的大箭头正好抵达皮带扣的上端。

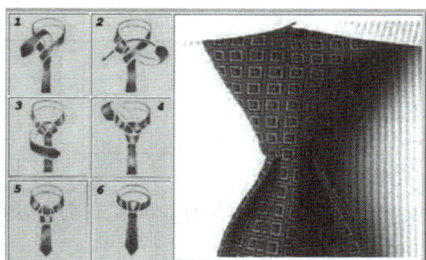

亚特王子结

温莎结

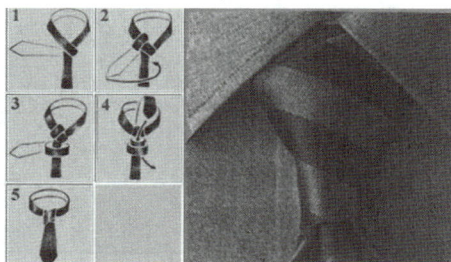

简式结

十字结

图2-2 男士领带结的常用打法

（图片来源 https://wenku.baidu.com/view/51e750a4afaad1f34693daef5ef7ba0d4a736d2f.html? fr=search-1_income1）

"微示范2-3：男士领带之平结打法"的示范要求及描述见表2-8：

表2-8 "男士领带之平结打法"的示范要求及描述

示范项目	男士领带之平结打法
教学模式	教学做一体化
建议学时	0.5学时
教学地点	一体化实训室
项目描述	1.右手握住宽的一端（下面称大端），左手握住窄的一端（下面称小端）。大端在前，小端在后，交叉叠放 2.将大端绕到小端之后 3.继续将大端在正面从右手边翻到左手边，成环 4.把大端翻到领带结之下，并从领口位置翻出 5.再将大端插入先前形成的环中，系紧

"微示范2-4：男士领带之温莎结打法"的示范要求及描述见表2-9。

微示范2-3

男士领带之
平结打法

微示范2-4

男士领带之
温莎结打法

3.袜子

穿西装、皮鞋宜搭配纯棉、纯毛袜子。以深色、单色为宜，最好是黑色，忌白色、花色。袜子务必一天一换，洗涤干净，无破洞、跳丝。袜子的长度，不宜低于自己的踝骨。

4.鞋子

与西装配套的鞋子，应是真皮皮鞋。深色、单色的牛皮鞋与西装最般配，首选黑色。在正式场合着装时，男士应遵守"三一定律"，即皮鞋的颜色与腰带、公文包的颜色一致，最好皆为黑色。

表 2-9　　　　　　　　　"男士领带之温莎结打法"的示范要求及描述

示范项目	男士领带之温莎结打法
教学模式	教学做一体化
建议学时	0.5学时
教学地点	一体化实训室
项目描述	1.宽的一端（下面称大端）在左，窄的一端（下面称小端）在右。大端在前，小端在后，呈交叉状 2.大端由内侧向上翻折，从领口三角区域抽出 3.继续将大端翻向左边，即大端绕小端旋转一圈 4.大端由内侧向右边翻折 5.右边同左边一样，绕小端旋转一圈 6.整理好骨架，拉紧 7.从正面向左翻折，成环 8.将大端从中区域内侧翻折出来 9.系紧领带结，完成

男士在正式场合所穿的皮鞋，应当没有任何的图案、装饰，系带皮鞋是最佳之选。

▶▶ 业务链接 2-3　　　　男士西装穿着十忌

一忌西裤短，标准的西裤长度为裤管盖住皮鞋；

二忌衬衫放在西裤外；

三忌衬衫领子太大，领脖间存在空隙；

四忌领带颜色刺目；

五忌领带太短，一般领带长度应是领带尖盖住皮带扣；

六忌不扣衬衫扣就佩戴领带；

七忌西装上衣袖子过长，应以比衬衫袖短1厘米左右为宜；

八忌西装的上衣、裤子口袋内鼓鼓囊囊；

九忌西装配运动鞋；

十忌皮鞋和鞋带颜色不协调。

5.其他饰品

（1）公文包

公文包面料以真皮为宜，黑色、棕色牛皮、羊皮制成的公文包，是最正统的选择。公文包不宜带有任何图案、文字，可选择手提式长方形公文包。

（2）皮带

皮带的颜色以黑色、棕色为首选，同时与所穿用的皮鞋、皮包的颜色保持一致。除商标之外，正式场合所使用的皮带应当没有任何图案，宜为光面，环扣一般应为金属制品，并且多为金色、银色或黑色。除商标之外，皮带环扣上不宜出现其他文字、图案。

皮带的宽度男女有别，男士皮带宽3厘米较为适宜。皮带的长度，应为系好之后长过皮带环扣10厘米左右。

系皮带时应注意三点：一是自右而左，皮带头应当自右而左；二是穿入襻带，系皮带时，应当认真将其穿入裤子上的每一个襻带之内；三是不挂他物，皮带上不宜挂放诸如手机、钥匙、打火机等其他任何物品。

（3）手表

商务活动中男士如果佩戴手表，最好佩戴款式简单的机械表。金色、银色、黑色的手表，是最理想的选择。手表上除数字、商标、厂名、品牌外，不应出现其他图案。

微课堂 2-5

庄重简洁 优雅干练——女士套裙礼仪

三、套裙礼仪

（一）套裙的选择

套裙，一般是指由一件女式西装上衣和一条半截裙所构成的两件套女装。上衣注重平整、挺括、贴身，较少使用饰物、花边进行点缀。裙子则应以窄裙为主，并且裙长不宜过短，以不短于膝盖以上15厘米为宜。

1.面料

套裙所选用的面料最好是纯天然质地的上乘面料，上衣、裙子以及背心等，应当选用同一种面料。在外观上，应匀称、平整、光洁、柔软、悬垂、挺括，不起皱、不起毛、不起球。

2.色彩

一套套裙的全部色彩至多不要超过两种。藏青、炭黑、烟灰、雪青、茶褐、土黄、紫红等稍冷些的色彩，都是职场女士可以考虑的。套裙的色彩可以不受单一色彩的限制。以两件套套裙为例，它的上衣与裙子可以是一种颜色，也可以采用上浅下深或上深下浅两种并不相同的颜色，使之形成鲜明的对比，强化留给他人的印象，还可以采用与套裙色彩不同的衬衫、领花、丝巾、胸针、围巾等衣饰来对其加以点缀。

3.图案

女士在正式场合穿着的套裙，可以不带有任何图案，也可以以格子、圆点、条纹为主要图案。套裙不应以花卉、宠物、人物、文字、符号等为主体图案。

4.点缀

套裙上可适当采用装饰扣、包边、蕾丝等进行点缀。套裙上的点缀宜少不宜多、宜精不宜糙、宜简不宜繁。

>> **业务链接 2-4**　　　**套裙的穿着**

在穿着套裙时，上衣的领子要完全翻好，衣袋的盖子要拉出来盖住衣袋；不允许将上衣披在身上或者搭在身上；裙子要穿着端正，上下对齐之处要对齐。

上衣的衣扣应全部系上，不允许将其部分或全部解开，更不允许当着别人的面随便将上衣脱下来。

不允许过分佩戴与个人身份无关的珠宝首饰。穿上套裙之后，站立姿态要又稳又正。不可以双腿叉开、东倒西歪、倚墙靠壁而立。就座以后，切勿双腿分开过大，或是跷起一条腿。

穿套裙走路时宜以小碎步疾行。行进之中，步子以轻、稳为佳。需要去取某物时，不要跷起脚尖或是俯身、探头去拿，避免暴露。

（二）套裙的搭配

1.衬衫

衬衫的面料要求轻薄而柔软，衬衫的色彩以单色为最佳之选，同时应与所穿套裙的色彩搭配得当，要么外深内浅，要么外浅内深，形成两者之间的深浅对比。

衬衫的下摆必须掖入裙腰之内，不得任其悬垂于外，或是将其在腰间打结。衬衫的纽扣要系好。除最上端一粒纽扣允许不系外，其他纽扣均不得随意解开。

2.内衣

内衣面料以纯棉、真丝等面料为佳。色彩可以是常规的白色、肉色，也可以是粉色、红色、紫色、棕色、蓝色、黑色。一套内衣最好同为一色，而且各个组成部分以单色为佳。与内衣一同穿着的套裙、衬衫，三者应厚薄有别，忌又薄又透或色彩反差大。

3.衬裙

衬裙须与套裙相配套。衬裙的款式应线条简单、穿着合身、大小适度，既不能长于外穿的套裙，也不能过于肥大。衬裙的色彩，宜为单色，如白色、肉色等，并与外面套裙的色彩相互协调。在一般情况下，衬裙上不宜出现任何图案。

4.鞋袜

与套裙配套的鞋子，以牛皮或羊皮制成的黑色高跟或半高跟的船型制式皮鞋为佳。

穿套裙时所穿的袜子宜为单色，可以是肉色、黑色、浅灰、浅棕等几种常见颜色。

穿套裙时，鞋、袜、裙三者之间的色彩要协调。鞋、裙的色彩必须深于或接近袜子的色彩。高筒袜与连裤袜，是套裙的标准搭配。中统袜、低统袜，不宜与套裙同时穿着。

5.围巾

适用于正式场合的围巾，可以没有任何图案，也可以选择带有典雅、庄重图案的。

6.其他饰品

佩戴饰品总的原则是"符合身份，以少为佳"，具体原则见表2-10：

表2-10　　　　　　　　　　　　　　饰品搭配的具体原则

项目	搭配原则
数量	佩戴饰品切忌过分炫耀、刻意堆砌。一般不超过三种，每种不多于两件
质色	佩戴两种或两种以上的首饰，应"同质同色"，即质地、色彩相同
佩戴	1.饰品的佩戴要和服装相协调。穿考究的服装时，要佩戴昂贵的饰品。服装轻盈飘逸，饰品也应玲珑精致 2.饰品的佩戴还应考虑季节、场合、环境等因素，如春秋季可选戴耳环、别针，夏季选择项链和手链，冬季则不宜选用太多的饰品 3.上班、运动或旅游时以不戴或少量佩戴饰品为好，在交际应酬的时候佩戴合适饰品，可以展示个性和品位
习俗	1.戒指通常戴在左手上，一般来说，拇指通常不戴戒指 2.戴在食指上，表示尚未恋爱，正在求偶；戴在中指上，表示已有意中人，正在恋爱；戴在无名指上，表示已正式订婚或已结婚；戴在小指上，表示是独身主义 3.在不少西方国家，未婚女子的戒指戴在右手而不是左手上。一般情况下，一只手上只戴一枚戒指。戴薄纱手套时戴戒指，应戴于其内

"微演练2-3：公共场合，女士如何优雅脱下外套"的演练要求及参考评价见表2-11：

微演练2-3

公共场合，
女士如何
优雅地脱下
外套

表2-11　　　"公共场合，女士如何优雅脱下外套"的演练要求及参考评价

演练项目	公共场合，女士如何优雅脱下外套	
演练准备	形体与礼仪实训室、职业装等相关物品	
演练要求	着职业装，化职业妆	
演练方法	1.将学生分组，每组5~6人 2.由教师指导，学生分组练习 3.小组内的成员依据创设的情境进行讨论，找到存在的问题	
演练评价	知识应用	1.掌握女士仪表礼仪的相关礼仪规范 2.掌握公共场合女士优雅脱下外套的规范
	能力提升	1.能够按照规范在公共场合优雅脱下外套 2.能够避免在公共场合脱下外套时出现错误
	素质培养	1.建立正确的审美观、价值观和人生观 2.提升个人修养 3.按照要求勇于实践
	成果展示	会在公共场合优雅地脱下外套

【任务实施】

实施描述：如果你是小白同学，请根据"任务导入"中创设的场景，为其选择合适的套裙款式和套裙的搭配，也为男同学选出合适的西装款式与配饰。

实施准备：西装、领带、衬衫、皮带、公文包、套裙、丝巾等。

实施步骤：

1.学生以小组为单位，在教师的指导下进行西装礼仪、领带系法、套裙礼仪等练习，熟练掌握商务人士的着装要求。

2.以小组为单位进行仪表修饰能力PK赛，选出每组最佳技能手。

【任务评价】

仪表修饰考核评分标准见表2-12：

表2-12　　　　　　　　　　　仪表修饰考核评分标准

序号	考核内容	考核要点	分值	自评分	互评分	教师评分
1	西装穿搭	能根据场合正确地选择西装款式，并掌握西装穿着的正确方法	20			
2	衬衫整理	能根据场合正确地选择衬衫，并掌握衬衫穿着的正确方法	20			
3	领带	掌握领带的常用打法	20			

序号	考核内容	考核要点	分值	自评分	互评分	教师评分
4	套裙穿搭	能根据场合正确地选择套裙款式，并掌握套裙穿着的注意事项	20			
5	整体印象	仪表修饰整体自然、协调、美观，具有良好的卫生习惯，具有一定的审美能力，具有较强的集体意识和团队合作精神	20			
总分			100			
小组自评						
小组互评						
教师评价						
小组成员个人得分	姓名					
	得分					
说明	小组任务得分=小组自评分×20%+小组互评分×30%+教师评分×50%。小组成员个人得分由小组长和教师根据个人任务完成的情况分配分数					

任务三　仪态礼仪

【任务目标】

知识目标：

1.掌握站姿、坐姿、走姿、下蹲姿礼仪。

2.掌握手势的运用和表情的控制。

能力目标：

1.修炼个人仪态，能做到正确地站、坐、走、蹲。

2.能够恰当地使用手势、运用目光和微笑。

素质目标：

1.培养良好的仪态礼仪素养。

2.在工作岗位上展现自己优雅、文明的仪态，保持应有的风度。

3.具有创新思维、较强的集体意识和团队合作精神。

【任务导入】

微课堂2-6

行如风 站如松——站姿礼仪

　　小白和同学已经顺利通过了志愿者面试，在接下来的一周时间，她即将投入志愿者礼仪服务，她期望竭尽所能地让每一位参与活动的客人感受到最优质的服务。

　　任务要求：小白和同学该如何展现自己优雅、文明的个人仪态呢？该怎样使用手势、运用友善的目光和微笑给每一位客人留下难忘的回忆呢？

【知识储备】

仪态，是人的姿势、举止和动作的样子。不同国家、不同民族以及不同的社会历史背景，对不同阶层、不同群体的仪态都有不同标准或不同要求。

孔子说："君子不重则不威，学则不固"。这是因为，只有庄重才有威严。否则，即使学习了，也不能巩固。具体来说，要求做到"站如松，坐如钟，行如风，卧如弓"，就是站要正，坐要稳，行动利索，侧身而睡。在公众场合举止不可轻浮，不可亵，应该庄重、谨慎而从容，做到"非礼勿视，非礼勿听，非礼勿言，非礼勿动"，处处合乎礼仪规范。

站姿、坐姿、走姿、蹲姿构成人的基本举止和姿态。人们的面部表情、体态变化、坐卧、行走、举手投足都可以传达思想感情。仪态是表现一个人涵养的一面镜子，也是构成一个人外在美好的主要因素。端庄、大方的站姿、坐姿，自信的走姿是气质与风度的典范。

一、站姿礼仪

（一）标准站姿

标准站姿的要求为：

（1）抬头，头部平稳，双目向前平视，嘴唇微闭，下颌微收，面带微笑，平和自然。

（2）双肩放松，稍向下沉，身体有向上的感觉，呼吸自然。

（3）躯干挺直，收腹，挺胸，立腰。

（4）双臂放松，自然下垂于身体两侧，手指自然弯曲。

（5）双腿并拢站直，两脚跟靠紧，脚尖分开呈60度，男子站立时，双脚可分开，但不能超过肩宽。

（6）身体重心放在两腿中间，防止重心偏左或偏右。

（7）穿礼服或是旗袍，双脚并列，但前后稍稍分开，可以一只脚为重心站立。

（8）身立直，右手搭在左手上，置于腹部，两腿并拢，脚跟靠紧，脚掌分开呈V字形。

（9）身立直，右手搭在左手上，置于腹部，两腿分开，两脚平行比肩宽略窄一点。

（二）男士和女士站姿

1.男士站姿

男士站姿要稳健，身体挺拔，两腿分开，两脚平行，以20厘米为宜，或站成V字型。男士常用的站姿有腹前握指式、背后握指式、自然下垂式。腹前握指式是双手叠放在丹田处，右手握左手，两脚分开，与肩同宽，收腹挺胸，腰背挺直，背后握指式是将两手叠放在背后，自然下垂式则是双臂自然下垂，手指自然弯曲。

正确、健美的站姿会给人以挺拔笔直、舒展俊美、庄重大方、精力充沛、信心十足、积极向上的印象。男士标准站姿之一如图2-3所示。

图2-3　男士标准站姿

2.女士站姿

职场女性要特别注意自己的站姿，优雅挺拔的站姿不仅会展现出女性优美的身段，还能突显女性的气质，基本要求是站姿要柔美，以体现女性轻盈、妩媚、娴静、典雅的韵味。

女士站姿主要有前腹式、丁字步式、自然式。前腹式要求身体挺拔站立，收腹提臀，腰背挺直，头部摆正，下颌微扬，双眼平视，两脚尖略展开，右手握左手，手指自然并拢，大拇指交叉，右手握放在左手四指的部位上，轻贴在腹前，如图2-4所示。丁字步式要求右脚后撤，左脚脚跟顶在右脚足弓处，腰背挺直，右手握左手，这种站姿可以巧妙掩饰O形腿女士的不足，并使腿和脚看起来更加纤细。女士着礼服或旗袍时，可让双脚之间前后距离约5厘米，以一只脚为重心。

图2-4　女士前腹式站姿

"微示范2-5：男士和女士站姿礼仪"的示范要求及描述见表2-13：

微示范2-5

男士和女士
站姿礼仪

表2-13　　　　　　　"男士和女士站姿礼仪"的示范要求及描述

示范项目	男士和女士站姿礼仪
教学模式	教学做一体化
建议学时	0.5学时
教学地点	一体化实训室
项目描述	1.男士站姿要稳健，身体站直，两腿分开，两脚平行，以20厘米为宜或站成V字形 2.女士站姿基本要求是站姿要柔美，以体现女性轻盈、妩媚、娴静、典雅的韵味。女性主要站姿有前腹式、丁字步式、自然式

（三）不雅站姿

不论男女，站姿有三忌：一是忌歪头、缩颈、耸肩、含胸、塌腰、撅臀；二是忌身躯歪斜、弯腰驼背、趴伏倚靠、手位失当（如抱在脑后、手托下巴、插入衣兜）、腿位不雅（双腿分开太宽、双腿扭在一起、双腿弯曲、一腿高抬、双腿抖动等）、脚位欠妥（"人"字式、蹬踩式、独脚式等）；三是忌下意识地做小动作，如摆弄笔、打火机、香烟盒等，玩弄衣带、发辫或咬手指甲等，既会给人以缺乏自信和教养的感觉，也有失仪表的庄重。

（四）训练方法

利用每天的空闲时间练习20分钟左右，可以收获挺拔的身姿和优雅的气质。站姿训练方法见表2-14：

表2-14　　　　　　　　　站姿训练方法

训练方法	操作规范
贴墙法	使后脑、双肩、臀部、双脚跟部紧贴墙壁，让头、肩、臀、腿之间纵向连成直线
贴背法	两人背对背相贴，部位要求同上，在肩背部放置纸板，保证纸板不掉落
顶书法	头顶最好先放一个小圆环，再平放书本，颈伸直，收下颌，挺上身至书不掉为宜

站姿会依时间、地点、场合的不同而有所变化，但不论何种站姿，多是改变脚部姿势或角度，身体仍需保持挺直，使站姿自然、轻松、优美。

微课堂2-7

轻盈优美 从
容稳健——
坐姿、走姿、
蹲姿礼仪

二、坐姿礼仪

坐姿是一种静态美，是人们在社交应酬中使用最多的姿势。坐姿是展现气质和风度的重要形式，文雅、端庄的坐姿，会给人以沉着、稳重、冷静的感觉。

（一）正确坐姿

1.入座轻稳

入座后上身自然挺直，挺胸，双膝自然并拢，双腿自然弯曲，双肩平整放松，双臂自然弯曲，双手自然放在双腿上或椅子、沙发扶手上，掌心向下。头正，嘴角微闭，下颌微收，双目平视，面容平和、自然。

2.双手的摆法

坐时，双手可以平放在双膝上，也可以叠放后放在一条腿的中前部或者身体一侧的扶手上，掌心向下，还可以一只手放在扶手上，另一只手仍放在腿上。

3.双腿的摆法

坐时，双腿可采取的姿势包括标准式、侧腿式、重叠式、前交叉式。

（二）男士和女士坐姿

男士和女士标准坐姿如图2-5、图2-6所示。男士应坐满椅子的2/3，女士应坐满椅子的1/2。不要靠着椅背，休息时可轻轻靠着椅背。根据所坐椅子的高低调整坐姿，双脚可正放或侧放，并拢或交叠。女士的双膝应并拢，任何时候都不分开。双手可自然弯曲放在膝盖或大腿上。如果坐在有扶手的沙发上，男士可将双手分别搭在扶手上，而女士，最好只搭一边扶手，以显示高雅。离座时，要自然、平稳。

图2-5 男士标准坐姿　　　　图2-6 女士标准坐姿

"微示范2-6：男士和女士坐姿礼仪"的示范要求及描述见表2-15：

表2-15 "男士和女士坐姿礼仪"的示范要求及描述

示范项目	男士和女士坐姿礼仪
教学模式	教学做一体化
建议学时	0.5学时
教学地点	一体化实训室
项目描述	1.男士应坐满椅子的2/3，女士应坐满椅子的1/2。不要靠着椅背，休息时可轻轻靠着椅背 2.根据所坐椅子的高低调整坐姿，双脚可正放或侧放，并拢或交叠 3.女士的双膝应并拢，任何时候都不分开 4.双手可自然弯曲放在膝盖或大腿上

（三）不雅坐姿

常见不雅的坐姿主要有：

（1）与人交谈时，双腿不停地抖动甚至鞋跟离开脚跟地晃动。

（2）坐姿不符合环境要求，如与职位高者、长者交谈时叠腿。

（3）双脚搭到椅子、沙发、桌子上。

（4）叠腿即跷二郎腿。

（5）坐下后脚尖相对，或者双腿拉开成八字形，或者将腿伸得很远。

三、走姿礼仪

走姿是一种动态美，是站姿的延续。走路是最引人注目的肢体语言，最能表现一个人的风度和活力，走姿优美，可增添一个人的魅力。在商务场合，职场男女都要注重稳重与干练，应该有意识地对自己的走姿进行调整，以保持轻盈、从容、稳健的姿态。

（一）基本规范

1.头正

以站姿为基础，双目平视前方。

2.肩平

双肩平稳，双臂自然下垂并有节奏地前后摆动。

3.手臂稳

手臂摆幅为35厘米左右，双臂外开不超过20度。

4.步位直

行走时，两只脚行走的轨迹为直线。

5.步幅适当

一般来说，男士与女士的步幅大小是不同的，女士应该是自己一脚的长度，男士则以一脚半为宜。

6.步速稳健

行走时保持一定的步速，并有一定的节奏感。

7.重心稍前倾

跨出的步子应是脚跟先着地，膝盖不弯曲，脚腕和膝盖要灵活，富有弹性，不可过于僵直。

（二）男士走姿

1.步位

男士行走时，两脚内侧轨迹应在一条直线上。

2.步幅

男士步幅以一脚半距离为宜。

3.步速

职场中以每分钟110步左右为宜。

（三）女士走姿

1.步位

女士行走时，以直线型、柳叶型步位为宜，双脚重心始终在一条直线上。

2.步幅

一般以自己的一脚长为宜。穿旗袍、西裙、高跟鞋时步幅应小些。

3.步速

职场中以每分钟120步左右为宜。

"微示范2-7：女士走姿礼仪"的示范要求及描述见表2-16：

表2-16 "女士走姿礼仪"的示范要求及描述

示范项目	女士走姿礼仪
教学模式	教学做一体化
建议学时	0.5学时
教学地点	一体化实训室
项目描述	1.步位：女士行走时，以直线型、柳叶型步位为宜，两脚重心始终在一条直线上 2.步幅：一般以自己的一脚长为宜。穿旗袍、西裙、高跟鞋时步幅应小些 3.步速：职场中以每分钟120步左右为宜

（四）不雅走姿

常见不雅走姿主要有：

（1）前倾性走姿，即头和上半身明显前倾，腰部和臀部后跟上来。

（2）弯腰驼背、摇头晃脑、晃肩、身体松垮、无精打采、摆胯扭腰。

（3）走姿呈内外八字。

（4）边行走边吸烟、吃零食、吹口哨、整理衣服、双手插于裤兜中，背着手左顾右盼。

（5）横冲直撞、与人抢道。

四、蹲姿礼仪

蹲是由站立姿势转变为两腿弯曲、身体高度下降的姿势。在日常生活中，人们对掉在地上的东西，一般是习惯性弯腰或蹲下将其捡起来。但是，商务人士对掉在地上的东西，不能随便弯腰下蹲，一定要注意自己的蹲姿礼仪。

（一）蹲姿基本规范

下蹲捡物时，应自然、得体、大方，不遮遮掩掩。下蹲时，两腿合力支撑身体，避免滑倒，使头、胸、膝在一条线上，一脚在前、一脚在后，前脚全部着地，后脚脚掌着地，臀部向下，高侧腿朝向有人的一方，尽量使蹲姿优美。

（二）男士和女士蹲姿

男士和女士标准蹲姿如图2-7、图2-8所示：

图2-7 男士标准蹲姿

图2-8 女士标准蹲姿

"微示范2-8：男士蹲姿礼仪"的示范要求及描述见表2-17：

微示范2-8

表2-17　　　　　　　　　　　　"男士蹲姿礼仪"的示范要求及描述

示范项目	男士蹲姿礼仪
教学模式	教学做一体化
建议学时	0.5学时
教学地点	一体化实训室
项目描述	职场男士一般常用高低式。下蹲时右脚在前，左脚稍后，两腿用力下蹲。右脚全脚着地，小腿基本垂直于地面，左脚脚跟提起，脚掌着地。左膝低于右膝，左膝内侧靠于向右小腿内侧，形成右膝高左膝低的姿态，臀部向下，基本上以左腿支撑身体

男士蹲姿礼仪

（三）不雅蹲姿

常见不雅蹲姿主要有：

（1）弯腰捡拾物品时，两腿叉开，臀部向后撅起。

（2）双腿敞开而蹲，面对他人或背对他人而蹲。

（3）下蹲时未注意内衣"不露、不透"。

微课堂2-8

传情达意 微笑有度——手势、表情礼仪

五、手势礼仪

手势是最具有表现力的一种"体态语言"，是人际交往中一种传情达意的方式。

（一）垂放

垂放是基本的手姿，即双手自然下垂，掌心向内，叠放或相握于腹前，或者双手伸直下垂，掌心向内，分别贴于两腿外侧。

（二）背手

背手时手要伸到身后，双手相握，同时昂首挺胸。

（三）鼓掌

鼓掌是表示欢迎、祝贺、支持的一种手部姿势。右手掌心向下，有节奏地拍击掌心向上的左掌。左手较被动，右手较主动。必要时，应起身站立鼓掌。

（四）夸奖

夸奖的手势主要用于表扬他人。伸出右手，跷起拇指，指尖向上，指腹面向被夸奖的人。应注意的是，将右手拇指竖起来反向指向别人，意味着自大和藐视，将拇指指向自己的鼻尖，是自高自大、不可一世的意思。

（五）指示

指示的手势是指用以引导来宾、指示方向的手势。勿用单个手指指示方位。

不管是哪种手势，都要注意手势的使用频率和幅度。与他人交谈时，手势不宜单调重复，也不能做得太多、幅度过大，要给人一种优雅、含蓄和彬彬有礼的感觉。谈到自己的时候，不要用大拇指指向自己的鼻头，应用右手放于自己的左胸，那样才会显得端庄、大方、可信。谈到他人的时候，不要用手指指点他人，清点人数时，应使用右手，掌心与地面约呈45度，切忌手心向下，使用手指指向他人。请他人做某事时，应掌心向上，手指伸开且自然并拢，以肘关节为轴，指向目标，同时上身稍向前倾，以示敬重，切忌伸出食指来指点。

六、表情

表情是情绪主观体验的外在表现形式。在与人交往中，恰当地运用表情来传情达意能够起到良好的沟通作用。

（一）微笑

微笑是人与人之间最短的距离。当与陌生的客户相遇时，温暖的微笑和友善的表情，能驱逐陌生感，使陌生人之间的距离立刻被拉近。在商业行为中，微笑能缓解或消除陌生客户内心的抵触或拒绝心理，进而有利于进一步合作。

》》 业务链接2-5   微笑有"度"

商务人员在工作中要拿捏好微笑的度。微笑有一度微笑、二度微笑、三度微笑之分。一度微笑：只动嘴角肌；二度微笑：嘴角肌、颧骨肌同时运动；三度微笑：嘴角肌、颧骨肌与括纹肌同时运动。

"三米六齿"国际微笑原则，是指当别人在离你3米远时就可以看到你标准的迷人微笑，此时应表情亲切，嘴角微微上翘，露出上齿的6颗牙齿。注意保持牙齿的清洁以表示尊重。

可以采用口型练习法，训练微笑表情，如图2-9所示。拿一根筷子，用牙齿轻轻横向咬住它。心里默念普通话的"一"字；注意脸部笑肌抬高、嘴角上扬，不要露出牙龈。记住这时面部和嘴部的形状，这个口型就是合适的"微笑"。相同的动作反复几次，直到感觉自然为止。

图2-9 微笑训练

"微示范2-9：微笑有度"的示范要求及描述见表2-18：

微示范2-9

微笑有度

表2-18　　　　　　　　　　　　"微笑有度"的示范要求及描述

示范项目	微笑有度
教学模式	教学做一体化
建议学时	0.5学时
教学地点	一体化实训室
项目描述	商务人员在工作中要拿捏好微笑的度。微笑有一度微笑、二度微笑、三度微笑之分。一度微笑：只动嘴角肌；二度微笑：嘴角肌、颧骨肌同时运动；三度微笑：嘴角肌、颧骨肌与括纹肌同时运动。微笑服务标准以露出上齿6颗牙齿为宜

（二）眼神

眼睛是心灵的窗户。人们可以用不同的眼神来表达不同的思想感情。眼神交流要注意以下事项，见表2-19：

表2-19　　　　　　　　　　　　眼神交流的注意事项

内容	注意事项
注视时间的长短	视线接触对方脸部的时间应占全部谈话时间的30%～60%。低于这个平均值，双方的交谈往往不愉快，交谈的结果也往往缺乏信任，被接受程度不高
角度	与对方交谈时，保持平视的角度会令人感觉平等、亲切，应避免斜视、俯视对方。用目光注视对方时，应是自然、稳重、柔和的，而不能死死盯住对方某一部位
对视的处理	出现双方目光对视的情况，不必惊慌，也不必躲闪，应自然地对视1～3秒钟，然后缓缓移开。一接触对方目光就慌忙移开的做法是拘谨、小气的表现，会影响谈话的正常进行，引起对方的猜疑，也是很不礼貌的

"微示范2-10：眼神交流中注视区的选择"的示范要求及描述见表2-20：

微示范2-10

眼神交流中
注视区的选择

表2-20　　　　　　　　"眼神交流中注视区的选择"的示范要求及描述

示范项目	眼神交流中注视区的选择
教学模式	教学做一体化
建议学时	0.5学时
教学地点	一体化实训室
项目描述	1.公务注视区间，是指在进行业务治谈、商务谈判、布置任务等谈话时采用的注视区间。这一区间的范围一般是以两眼为底线、以前额上部为顶点所连接成的三角区域 2.社交注视区间，是指人们在普通的社交场合中采用的注视区间。其范围是以两眼为上限、以下颚为顶点所连接成的倒三角区域。 3.亲密注视区间，是指具有亲密关系的人在交谈时采用的注视区间。其主要是对方的双眼、嘴部等

>> 头脑风暴 2-1　　　空姐的微笑

　　飞机起飞前，一位乘客请空姐给他倒一杯水吃药，空姐很有礼貌地说："先生，为了您的安全，请稍等片刻，等飞机进入平衡飞行后，我会立刻把水给您送过来，好吗？"

　　十五分钟后，飞机早已进入平衡飞行状态。突然，乘客服务铃急促地响了起来，空姐猛然意识到：糟了，由于太忙，她忘记给那位乘客倒水了。当空姐来到客舱，看见按响服务铃的果然是刚才那位乘客，她小心翼翼地把水送到那位乘客眼前，微笑着说："先生，实在对不起，由于我的疏忽，延误了您吃药的时间，我感到非常抱歉。"这位乘客抬起左手，指着手表说道："怎么回事，有你这样服务的吗？你看看，都过了多久了？"无论她怎么解释，这位挑剔的乘客都不肯原谅她的疏忽。空姐手里端着水，心里既内疚又有点儿委屈。

　　接下来的飞行途中，为了弥补自己的过失，每次去客舱给乘客服务时，空姐都会特意走到那位乘客面前，面带微笑地询问他是否需要水或者别的什么帮助，然而，那位乘客余怒未消，摆出不合作的样子，并不理会空姐。

　　临到目的地前，那位乘客要求空姐把留言本给他送过去，很显然，他要投诉这名空姐，此时空姐心里很委屈，但是仍然不失职业道德，显得非常有礼貌，而且面带微笑地说道："先生，请允许我再次向您表示真诚的歉意，无论您提出什么意见，我都会欣然接受您的批评！"那位乘客脸色一紧，嘴巴准备说什么，可是没有开口，他接过留言本，开始在本子上写了起来。

　　等到飞机安全降落，所有的乘客陆续离开后，空姐本以为这下完了，没想到，等她打开留言本，却惊奇地发现，那位乘客在本子上写下的并不是投诉信，相反，这是一封热情洋溢的表扬信。

　　（资料来源　佚名. 空姐的微笑［EB/OL］.［2017-09-20］. http：//ishare.iask.sina.com.cn/f/354BgMz95zl.html，有改动）

　　讨论：是什么使得这位挑剔的乘客最终放弃了投诉呢？

【任务实施】

　　实施描述：请根据小白同学的服务场景，为她选择合适的站姿、走姿、蹲姿，以及恰当的指示手势、目光和表情。

　　实施准备：职业装、训练室。

　　实施步骤：

　　1.学生以小组为单位，在教师的指导下进行站姿、走姿、蹲姿，以及指示手势、目光、表情等练习，熟练掌握职场中的仪态礼仪规范。

　　2.以小组为单位进行仪态展示能力PK赛，选出每组最佳技能手。

【任务评价】

　　仪态修饰考核评分标准见表2-21：

表2-21　　　　　　　　　仪态修饰考核评分标准

序号	考核内容	考核要点	分值	自评分	互评分	教师评分
1	站姿	掌握男士、女士标准站姿的要领	20			
2	走姿	掌握男士、女士标准走姿的要领	20			
3	蹲姿	掌握男士、女士标准蹲姿的要领	20			
4	手势、表情、目光	能根据场合正确地运用服务手势，目光友善，表情自然，掌握"三米六齿"国际微笑原则	20			
5	整体印象	自然、自信、端庄、大方、适度，具有较强的集体意识和团队合作精神	20			
	总分		100			
小组自评						
小组互评						
教师评价						
小组成员个人得分	姓名					
	得分					
说明	小组任务得分=小组自评分×20%+小组互评分×30%+教师评分×50%。小组成员个人得分由小组长和教师根据个人任务完成的情况分配分数					

项目微测试

一、不定项选择题

1.下列各项中，穿西装时不是必要搭配的一项是（　　　）。

A.穿衬衣　　　　　B.打领带　　　　　C.穿皮鞋　　　　　D.配领带夹

2.人与人交往时，目光的交流具有重要的作用。关于目光在不同场合的使用，下列各项中，不正确的有（　　　）。

A.视线接触对方脸部的时间应占全部谈话时间的85%以上

B.与对方交谈时，保持平视的角度会令人感觉平等、亲切，应避免斜视、俯视对方

C.用目光注视对方时，应是自然、稳重、柔和的，而不能死死盯住对方某一部位

D.出现双方目光对视的情况不必躲闪，对视1~3秒钟，然后移开

3.构成人的基本举止和姿态的是（　　　）。

A.站姿　　　　　B.坐姿　　　　　C.走姿　　　　　D.蹲姿

4.男士系皮带时需要注意的事项有（　　　）。

A.自右而左，皮带头应当自右而左

B.系皮带时，应当认真将其穿入裤子上的每一个襻带之内

C.不挂他物

D.只能系真皮皮带

5.在工作岗位上使用香水应遵循的原则有（　　）。

A.男士香水味道浓烈于女士香水

B.使用香水的剂量不宜过大

C.凡身上容易出汗的地方不可涂抹香水

D.应选择适当类型的香水，如淡香型、微香型的香水

二、判断题

1.穿西装打领带时，衬衫的所有纽扣都要一一系好。　　　　　　　　　（　　）

2.TPO原则是要求商务人士的着装及其具体款式应与着装的时间、地点、交往对象协调一致。　　　　　　　　　　　　　　　　　　　　　　　　　　　　（　　）

3.系单排两粒扣式的西装上衣纽扣时，讲究"扣下不扣上"。　　　　（　　）

4.黑色西装更适合在庄严、肃穆的礼仪性活动中穿着。　　　　　　　（　　）

5.女性主要站姿有前腹式、丁字步式、自然式。　　　　　　　　　　（　　）

三、思考题

1.女士化妆的步骤是什么？

2.简要阐述男士的正确站姿。

3.简要阐述男士和女士正确的蹲姿。

四、实务题

浓妆淡抹总相宜

方芳，某高校酒店管理专业高才生，毕业后就职于一家外资酒店管理公司做HR。为适应工作需要，上班时，她毅然放弃了"清纯少女妆"，化起了整洁、漂亮、端庄的"白领丽人妆"：不脱色粉底液，修饰自然、稍带棱角的眉毛，与服装色系搭配的灰度高、偏浅色的眼影，紧贴睫毛根部描画的灰棕色眼线，黑色自然型睫毛，再加上自然的唇型和略显浓艳的唇色。虽化了妆，却好似没有化妆，整个妆容清爽自然，尽显自信、成熟、干练的气质。

但在公休日，她又给自己来了一个大变脸，化起了久违的"青春少女妆"：粉蓝或粉绿、粉红、粉黄、粉白等颜色的眼影，彩色系列的睫毛膏和眼线，粉红或粉橘的腮红，自然系的唇彩或唇釉，看上去娇嫩欲滴，鲜亮淡雅，整个身心都倍感轻松。

心情好，自然工作效率就高。一年来，方芳以自己得体的外在形象、勤奋的工作态度和骄人的业绩表现，赢得了公司同仁的好评。

（资料来源　佚名．浓妆淡抹总相宜［EB/OL］．［2019-04-16］．https://wenku.baidu.com/view/14eb05c1ce84b9d528ea81c758f5f61fb636282f.html，有改动）

请问：（1）俗话说，"穿衣打扮，各有所爱"。意思是喜欢穿什么样的衣服是自己的事情，与他人没有关联。那么，方芳有必要在不同的时间化不同的妆容吗？

（2）试分析"青春少女妆"和"白领丽人妆"的不同之处并加以实践。

项目评价

项目二的参考评价表见表2-22：

表2-22 "形象礼仪——塑造职业形象"参考评价表

	考核日期：		总评成绩：				
	序号	内容	完成情况		标准分	自评分	教师评分
			完成	未完成			
自测内容	1	掌握头发修饰的要求			5		
	2	掌握面部修饰的要求			5		
	3	掌握皮肤护理的方法			5		
	4	掌握化妆的方法			5		
	5	掌握西装（套裙）选择的规范			10		
	6	掌握西装（套裙）搭配的规范			10		
	7	具有正确的站姿			5		
	8	具有正确的坐姿			5		
	9	具有正确的走姿			5		
	10	具有正确的蹲姿			5		
	11	具有正确的手势			5		
	12	具有正确的表情			5		
	13	自我管理			5		
	14	规范操作			5		
	15	爱岗敬业			5		
	16	团队协作			5		
	17	沟通表达			5		
	18	创新创造			5		

项目三 职场礼仪——突破职场重围

山东跨界国际贸易有限公司是一家国内知名的商务公司，是商界精英汇聚之地。小白和他的同学希望加入这个公司，成为其中的一员。作为应届毕业生，小白和他的同学即将进行求职、面试，开始职场生涯，他们该如何塑造自己的职场形象，掌握哪些职场礼仪呢？

任务一 求职礼仪

【任务目标】

知识目标：

1.掌握求职准备和求职礼仪。

2.掌握简历的作用和内容。

能力目标：

1.能展现良好的求职礼仪。

2.能正确制作有效的简历。

素质目标：

1.塑造大方、得体的求职形象。

2.具有与时俱进的择业观念。

【任务导入】

小白和他的同学满怀梦想，即将参加山东跨界国际贸易有限公司的招聘活动。在激烈的面试竞争中，他们希望能给面试官留下良好的第一印象。

任务要求：小白等同学应该做好哪些求职准备？如何制作求职简历？需要掌握哪些求职礼仪？

【知识储备】

求职是每一个从业者进入社会的第一步。求职礼仪是求职者整体素质的重要表现，反映了求职者的修养程度，对于求职者能否实现意愿，能否被理想单位录用起着重要作用。具有良好的礼仪修养，能给人以亲近感、信任感，能使求职活动进展顺利，为求职成功打下基础。

一、求职准备

(一) 对应聘职位的准备

求职者在求职前需要做详细的准备工作，如对准备应聘职位所需能力的了解、对自身能力的评估、对自身的优势和劣势的分析、对主要竞争对手的了解等。

(二) 确定好求职的渠道

求职者需要明确本人是通过网上求职还是通过传统渠道求职，或是通过两种方式结合求职，又或是通过自荐的方式去求职，这需要根据个人的实际情况决定。

(三) 选择适当的就业目标

求职者还应注意，不要盲目或者过于理想主义，适当调整自己的就业期望值，不可存在攀比心理。同时也要克服胆怯心理，树立自信心，勇于接受挑战。

▶▶ 业务链接 3-1 　　　　求职技巧

1. 知己知彼

求职者对用人单位的性质、工作环境、业务范围、发展前景和招聘岗位的职责及所需的专业知识、技能等要有一个全面的了解，同时还应该尽可能地了解面试的方式、过程、时间安排以及面试考官的有关情况，搜集尽可能多的资料。

2. 正确评价自我

求职者要自信地应对面试，就必须对自己有一个清醒的认识。了解自己的特点和能力，明确自己的工作目标和期望，确定与自己的个性、爱好相符的工作环境，熟悉与应聘岗位相关的专业知识、技能。

3. 准备自我介绍

面试前还要准备一个简短的自我介绍，包括本人的优点、特长，所具备的专业知识、专业技能和胜任应聘岗位的能力等。

4. 反复模拟练习

求职者在求职前可先进行模拟练习，根据应聘岗位的性质和要求自拟模拟题，试着提出问题和回答问题，体验面试的氛围，检查自己的不足。

5. 充分准备资料

求职时要带好招聘单位的有关资料，以备随时查阅。要带上简历和获得的各种奖励证书等。同时还要携带相关证件，以备招聘单位查阅。所有材料要排列整齐，心中有数，以免求职中需要的时候手忙脚乱，给面试官留下不好的印象。

6. 做好心理准备

求职前要调节好心态，要自信、乐观、镇静，不要过多关注面试对自己的重要性和利益关系，以免出现焦虑、害怕等精神紧张的状态，使应有的水平和能力不能正常表现和发挥而导致失败。

7. 保持最佳面貌

求职时要求衣着装扮整洁、大方、得体，既符合职业形象要求，又能体现自身的气质特点。尽可能提前到达求职地点，熟悉求职环境，为求职成功奠定基础。

二、求职礼仪

（一）遵时守信

求职者应遵时守信，不要迟到或毁约。如果有客观原因不能如约按时到场，应事先打电话通知对方。如果已经迟到，应主动陈述原因，宜表达简洁。

（二）放松心情

求职者可能会产生一定的紧张情绪，因为紧张而出现心跳加快、面红耳赤等，因此要善于控制自己的呼吸节奏，努力调节，达到最佳状态。

（三）以礼相待

进入求职公司后，应彬彬有礼对待公司的每位员工，不要旁若无人、随心所欲、目中无人，没有礼貌会给人留下不好的第一印象。

（四）入室敲门

进入求职场所的时候，即使房门是虚掩的，也应先敲门，用右手中指的第二指关节轻轻地敲三下，注意敲门声的大小和敲门的速度，得到面试官允许后再轻轻地推门进入。

（五）微笑示人

在进入求职场所后，应面带微笑环视一下四周，以眼神向所有面试官表达致意。

（六）莫先伸手

进入求职场所，应该行握手之礼，但要注意应是面试官先伸手，求职者右手热情相握，切勿贸然伸手与对方握手。应聘者如果拒绝或忽视握手，则是失礼。

（七）请才入座

求职者不要自己坐下，应等面试官请自己就座时再入座，并且要表示感谢，坐在指定的座位上。

（八）递物大方

求职时必须带上个人简历、证件、介绍信或推荐信等。应用双手呈递这些资料给面试官，表现得谦逊大方。

>> 头脑风暴 3-1　　　　小刘求职成功

即将大学毕业的小刘是一个幸运儿，因为他是全班同学中第一个成功找到工作的。

小刘是市场营销专业大四学生。新年伊始，已进入大学最后实习阶段的他，和众多同学一样开始寻找工作。在人才市场大型招聘会上，他选择了某大型商场品牌家电的销售岗位。为了应聘成功，他利用招聘会前的一周时间，对该品牌的家电产品做了细致的市场调查，从市场份额、产品性能到竞争对手等各方面的情况都做了详细了解，并提供了一份翔实的市场调研报告。最后，他击败了众多竞聘者，成功被录用。

小刘针对目标公司和岗位，结合自己的专业知识，提供了市场调研报告，从而证明了自己的能力。用人单位最希望的就是招聘到的人能实实在在地工作，给单位创造价值。

（资料来源　佚名. 大学生成功就业的事例［EB/OL］.［2020-06-11］. http://www.pinlue.com/article/2020/06/1105/5010710843754.html，有改动）

讨论：小刘成功找到工作的主要原因是什么？

≫ 业务链接 3-2 求职礼仪的禁忌

1. 听清题目及要求，保持轻松自如，遇事冷静；
2. 忌答题没有逻辑性、思路不清，没有考虑雇主的需求，没有表现出自己的能力；
3. 忌不拘小节、手势过多；
4. 忌任意插话、妄加评论、随意评价其他同类公司；
5. 忌使用方言，与对方争辩；
6. 忌对工作没有热情，回答简单、机械；
7. 忌与对方有抵触情绪。

微课堂 3-2

超凡脱俗 面
面俱到——
求职简历制作

三、求职的简历制作

简历是用于求职的书面交流材料，向雇主表明求职者拥有的能够满足工作要求的经历、技能、资质、态度和自信。成功的简历是一件营销武器，能够确保求职者顺利得到面试机会。

微动画 3-3

求职简历的
作用

（一）简历的作用

1. 说明求职者个人的基本情况

简历首先应简明扼要地介绍自己，重点是介绍与求职岗位有关的学历、经历、成就等，让招聘单位对自己产生兴趣。

2. 说明求职者申请的具体工作岗位

用人单位往往为多个岗位招聘人才，因此求职者要写清楚自己应聘的工作岗位。如果不知道对方需要什么样的人才，可以说明自己希望申请哪一类工作岗位。

微动画 3-4

简历模板的
分析

3. 说明求职者胜任某项工作的条件

简历的核心部分主要是求职者的知识、技能和经验，突出适合所求职业的特长和个性，不落俗套，起到吸引和打动招聘单位的目的。

（二）简历的内容

简历的基本项目包括封面、个人概况、教育背景、专业能力、英语水平、社会实践/项目经验、职务与奖励、自我评价、证明材料等，见表3-1：

表3-1　　简历中的基本项目

序号	项目	具体内容
1	封面	姓名、应聘职位、联系方式（详细地址、邮政编码、联系电话、E-mail、QQ、微信）
2	个人概况	姓名、性别、民族、出生日期、籍贯、政治面貌
3	教育背景	毕业院校及专业，在专业方面具有哪些知识，主要的专业课程及成绩，是否获得过奖学金
4	专业能力	在专业方面具有哪些能力，如办公软件应用能力、交际能力、团队协作能力等，获得过哪些职业证书等

续表

5	英语水平	获得的英语证书，如 CET4/CET6、托福、大学生英语竞赛、英语演讲比赛等
6	社会实践/项目经验	与专业相关的职业技能锻炼，参加的社会实践、项目开发、兼职等，以及是否获奖
7	职务与奖励	大学期间担任的职务，组织过的活动，在校期间获得过的奖励，如优秀学生干部、优秀学生、优秀团员等
8	自我评价	要求客观公正，不夸张、不造作
9	证明材料	附上有关材料或文件，包括毕业证书、学位证书、职业资格证书、获奖证书、学校的推荐信、科研成果、发表的文章等

　　总之，简历应该文字简明、主题突出、措辞恳切、适度自信、富有个性、针对性强、整洁美观、杜绝错别字。

▶▶ 知识拓展 3-1　　名企喜欢的简历

　　首先，简历内容必须真实，这一点非常重要。如果用人单位发现求职者简历有造假的现象，求职者的人品就会受到质疑，求职者可能无法找到好的工作。

　　其次，求职者在申请大公司的职位时，一定要在简历的醒目处，明确表述自己希望工作的"目标城市"、"目标部门"以及"目标岗位"；然后从专业、技能、经验、兴趣等方面分析自己申请目标职位的理由。绝对忌讳眉毛胡子一把抓，对职位没有明确目标的申请者，是最容易被淘汰的对象。

　　最后，简历不仅要简单还要厚实，简单是指求职者把自己的特点放在简历最突出的位置，让筛选简历的人很方便从简历中总结提炼出求职者的特点；厚实是指简历内容要丰富，传递的信息量要大，应聘者要把自己的教育背景、工作经验、能力优势都表达清楚。

　　另外一个容易被忽视的问题是简历的重复使用。有些求职者为了省事，将一份简历投递到不同的公司去应聘不同的工作岗位，这种行为把求职者不认真、不重视的做事态度表现得淋漓尽致。公司不相同，企业文化有差异，所以应聘不同的公司，一定要用不同的简历，而且不是简单地变更一下原来的简历，必须根据所应聘的公司，重新制作简历。

【任务实施】

　　实施描述：请根据小白同学的实际求职场景进行求职准备，同时练习求职礼仪、简历制作。

　　实施准备：职业装、化妆用品、简历等。

　　实施步骤：

1.学生以小组为单位，在教师的指导下进行求职礼仪、简历制作练习。

2.以小组为单位进行求职礼仪能力 PK 赛，选出每组最佳技能手。

【任务评价】

求职礼仪考核评分标准见表3-2：

表3-2　　　　　　　　　　　　　　　求职礼仪考核评分标准

序号	考核内容	考核要点	分值	自评分	互评分	教师评分
1	求职准备	知己知彼、正确评价自我、反复模拟练习、充分准备资料、保持最佳面貌	20			
2	求职礼仪	遵时守信、放松心情、以礼相等、入室敲门、微笑示人、莫先伸手、请才入座、递物大方	30			
3	简历制作	简历中的基本项目：封面、个人概况、教育背景、专业能力、英语水平、社会实践/项目经验、职务与奖励、自我评价、证明材料	30			
4	整体印象	求职准备充分，求职礼仪恰当，简历制作合适，能够展现出一定的职业感和专业度	20			
总分			100			
小组自评						
小组互评						
教师评价						
小组成员个人得分	姓名					
	得分					
说明	小组任务得分=小组自评分×20%+小组互评分×30%+教师评分×50%。小组成员个人得分由小组长和教师根据个人任务完成的情况分配分数					

任务二　面试礼仪

【任务目标】

知识目标：

1.掌握面试的仪表礼仪要求。

2.掌握面试的仪态礼仪要求。

3.掌握面试的言谈礼仪要求。

能力目标：

1.能在面试中展现良好的仪表礼仪。

2.能在面试中展现良好的举止仪态。

3.能在面试中展现良好的言谈礼仪。

素质目标：

1.塑造大方、得体的面试形象。

2.具有平等公正、诚信友善的社会主义核心价值观。

【任务导入】

小白和他的同学满怀期待，终于接到了山东跨界国际贸易有限公司的面试通知。为了顺利通过面试，面试前，他们要进行仪表、仪态、言谈等方面的准备。

任务要求：小白和他的同学该如何进行面试的着装搭配？面试中该有怎样的举止仪态？又有哪些言谈礼仪需要注意呢？

【知识储备】

面试是步入职场的第一关，面试场景如图3-1所示。在面试中，面试官通过仪表、举止、言谈等方面了解求职者。因此求职者在面试时一定要遵循职业场合的礼仪规范，以良好的个人形象，给用人单位留下深刻印象。

图 3-1　面试场景

（图片来源　https://www.sohu.com/a/412792687_99998387?_trans_=000014_bdss_dknfqjy）

一、仪表礼仪

面试是面对面的交流，面试考官会根据对应聘者的印象进行打分，这种打分某种程度上会带有一定的主观评价。仪表礼仪是否得体是一个人素质修养的直接体现。仪表得体，会给考官留下好印象，有利于提高面试的成功率。

（一）男士的仪表礼仪

男士应着西装，西装的颜色应偏深色，不可穿白色西装，不可着便装、夹克、牛仔服和燕尾服等服装。西装内应着浅色衬衫，佩戴亮色领带，以增加时尚感。应穿皮鞋，以黑色皮鞋为佳，可以选择不系带的皮鞋，忌穿款式过于另类的鞋子。应穿黑色袜子，与西裤、皮鞋、皮带统一，忌穿白色袜子。

男士的头发长度不应超过耳朵，不可留长发。应剃须、剪短手指甲，指甲里不应留有污垢。如果皮肤不好，可以涂抹护肤品保养皮肤。男士不应佩戴项链、手链、耳环等饰品，但可以佩戴手表。

（二）女士的仪表礼仪

微动画 3-5
如何准备
面试的形象

女士一般应着西装、套裙，这是最通用、最稳妥的着装。一套剪裁合体的西装、套裙和一件色彩相宜的衬衫以及搭配适当的饰品，会使人看起来优雅和自信。不要穿太紧、太透和太露的衣服；不要穿领口过低的衣服；不要穿超短裙或超短裤。

夏天不要穿颜色太鲜艳或太紧的内衣，给人不庄重、轻佻之感。鞋子选择的原则是整体协调，颜色和款式应与服装相匹配。中跟鞋是最佳选择，既稳固又能体现职业女性的尊严，不要穿长而尖的高跟鞋。袜子不能脱丝，最好准备一双丝袜放在包里，以便脱丝时及时更换。

微动画 3-6
面试需要注意
的仪态礼仪

女士的头发以直发为佳，束在脑后为宜，也可自然披在肩上，不应染烫过分夸张的发型和颜色。化妆既为自尊，也为尊重他人。女士可以化淡妆，眼影不要涂红色或黑色等颜色过于浓重的色彩，唇膏可以提亮肤色，但不要过分艳丽。

很多女士有戴项链、耳环、手链的习惯。在面试时，不戴手链为宜，可以戴项链和耳环，但是款式不宜夸张，尤其是不宜戴过长、过大、颜色过于鲜艳的耳环。

二、仪态礼仪

（一）应聘者的举止礼仪

应聘者应举止大方，自然优雅，从容不迫，显示良好的风度。走进面试房间时，应聘者应昂首挺胸、精神饱满，不要含胸驼背、无精打采。进入面试房间后，应聘者应面带真诚自然的微笑，如果有多位面试官，应微笑环视一下，用眼神向所有人致意。

微示范 3-1
面试进门的
礼仪

"微示范 3-1：面试进门的礼仪"的示范要求及描述见表 3-3：

表 3-3　　　　　"面试进门的礼仪"的示范要求及描述

示范项目	面试进门的礼仪
教学模式	教学做一体化
建议学时	0.5学时
教学地点	一体化实训室
项目描述	面试进门时，无论门是开着的还是关着的，都要先敲门，得到允许后再进入，进入后走到面试官前鞠躬

面试时，应聘者应和面试官保持一定的距离，不适当的距离会使对方感到不舒服。如果应聘的人多，招聘单位一般会预先准备好面试房间，把应聘者的座位安排好。当应聘者进入面试房间后，不要随意挪动座位。有的应聘者喜欢向前挪动座位，表现亲密，

这是失礼的行为。

（二）应聘者的仪态礼仪

应聘者要等面试考官请你就座时再入座。考官没有请你就座之前，应聘者不要急于自己坐下。考官请你入座之后，应聘者应该表示感谢，并稳健、自信地走到考官指定的位子上落座。坐姿以坐满椅子的2/3为宜，不要坐满，不要紧贴着椅背。应保持上身挺直，身体略向前倾，这样可以集中精神回答考官的提问，不会过于放松。不要双腿毫无顾忌地往前伸直、不停地抖动双脚或者跷二郎腿，女士切忌张开双腿。

微示范 3-2

面试中的握手礼

"微示范3-2：面试中的握手礼"的示范要求及描述见表3-4：

表3-4　　　　　　　　　"面试中的握手礼"的示范要求及描述

示范项目	面试中的握手礼
教学模式	教学做一体化
建议学时	0.5学时
教学地点	一体化实训室
项目描述	握手时的原则是尊者优先，即尊者先伸手。面试场合，面试官是绝对的尊者，只有面试官伸手你才可以伸手，面试官伸手时，你应该马上伸手

在交谈过程中，应聘者要注视考官，如果有多个考官，要把目光转向正在问话的考官，神情专注，表示自己在认真地听其讲话，但不要一直紧盯着对方，更不要躲闪对方的目光，不要把目光聚集于对方身体的某个部位，尤其是异性之间，更应注意。

面试时手势不宜过多，需要时适度配合。应有意识的克制，避免过多的小动作，不要乱挠头发、抠鼻子和耳朵，这可能会被理解成在面试前没有做好个人卫生；不要用手捂嘴说话，这是紧张的表现；不要折纸、转笔，这会分散对方的注意力，而且显得不严肃。

微演练 3-1

面试结束的礼仪

"微演练3-1：面试结束的礼仪"的演练要求及参考评价见表3-5：

表3-5　　　　　　　　　"面试结束的礼仪"的演练要求及参考评价

演练项目		面试结束的礼仪
演练准备		商务谈判室等
演练要求		着职业装，化职业妆
演练方法		1.将学生分组，每组5~6人 2.由教师指导，学生分组练习 3.小组内的成员依据创设的情境进行讨论，找到存在的问题
演练评价	知识应用	掌握面试结束离开的礼仪
	能力提升	能够避免出现在面试结束离开时的礼仪错误
	素质培养	1.建立正确的审美观、价值观、人生观 2.尊重他人、礼貌待人 3.激发学生的专业热情，建立岗位情感
	成果展示	在面试中展现出正确的面试结束离开的礼仪

三、言谈礼仪

（一）恭敬平和、不卑不亢

面试中要营造一个愉快和谐的交谈气氛，应聘者应保持恭敬平和、不卑不亢的心态，既不妄自菲薄，又不狂妄自大。有的应聘者面试时产生恐惧心理，因为紧张而心跳加快、面红耳赤，导致思维紊乱、词不达意、出现差错，痛失良机；有的应聘者，自恃高学历，或者有能力、有经验，面试时傲慢不羁、盛气凌人，表现出无所谓的样子，因为这些不理智和不礼貌的行为，错失好的工作机会。有的应聘者因为犹豫不决的态度，令主考官感觉其自信不足，怀疑其工作作风和实际能力，从而丧失工作机会。

"微演练 3-2：面试时的自我介绍"的演练要求及参考评价见表 3-6：

表 3-6 　　　　 "面试时的自我介绍"的演练要求及参考评价

演练项目	面试时的自我介绍	
演练准备	商务谈判室等	
演练要求	着职业装，化职业妆	
演练方法	1.将学生分组，每组 5～6 人 2.由教师指导，学生分组练习 3.小组内的成员依据创设的情境进行讨论，找到存在的问题	
演练评价	知识应用	掌握面试时自我介绍的礼仪
	能力提升	能够避免在面试过程中出现自我介绍的礼仪错误
	素质培养	1.建立正确的审美观、价值观、人生观 2.尊重他人、礼貌待人 3.激发学生的专业热情，建立岗位情感
	成果展示	在面试过程中展现出正确的自我介绍的礼仪

（二）语气谦和，语速合理

应聘者与考官交谈时，应随时注意语气谦和，不要用低人一等的语气，也不要傲气十足。称呼对方时，使用尊称"您"。讲话时使用礼貌用语，避免语言粗俗不敬和口头禅。发音清晰、语速合理，语速太慢会显得求职者缺乏朝气，语速太快则暴露出紧张或急躁的性格，缺乏稳重。音调适中，声音太低给人不自信之感，太高则给人咄咄逼人之感。不要用方言、土语和简称，以免对方难以听懂。

（三）逻辑清晰、表达准确

应聘者与考官交谈时，语言表达要逻辑清晰、层次分明、重点突出，不要拖泥带水、轻重不分。语言要简洁有力，少用虚词、感叹词。要突出个人的优点和特长，以事实说话，有相当的可信度。当不能回答某一问题时，应如实告诉对方，不要含糊其词。

如果应聘者与面试考官的意见有分歧，要委婉地表达，或者巧妙地避开，谈论其他的问题，切忌反问面试官，这是很不礼貌的。

"微演练 3-3：面试官问你的职业规划是什么"的演练要求及参考评价见表 3-7：

表 3-7 "面试官问你的职业规划是什么"的演练要求及参考评价

演练项目		面试官问你的职业规划是什么
演练准备		商务谈判室等
演练要求		着职业装，化职业妆
演练方法		1.将学生分组，每组 5～6 人 2.由教师指导，学生分组练习 3.小组内的成员依据创设的情境进行讨论，找到存在的问题
演练评价	知识应用	掌握面试过程中回答问题的技巧
	能力提升	能够避免在面试过程中出现回答错误
	素质培养	1.建立正确的审美观、价值观、人生观 2.尊重他人、礼貌待人 3.激发学生的专业热情，建立岗位情感
	成果展示	在面试过程中正确和技巧性地回答问题

（四）其他事项

面试的时候，一般情况下应聘者不要主动提出工资待遇的问题，否则会给考官留下只重视物质报酬的印象。在面试谈话接近尾声的时候，如果考官对应聘者满意，会主动提及这个问题。

>> 头脑风暴 3-2　　招聘总经理助理

某大公司招聘总经理助理，由总经理亲自面试。第一个应聘者是小钱，总经理一见到小钱就说："咱们好像在一次研讨会上见过，我还读过你发表的文章，很赞赏你所提出的关于拓展市场的观点。"小钱一愣，知道总经理认错人了，但转念一想，既然总经理对那个人那么有好感，不如将错就错，对我肯定有好处，于是就接着总经理的话说："对，对。我对那次研讨会也记忆犹新，我提出的观点能对贵公司有帮助，我感到很高兴。"

第二个来应聘的是小高，总经理对他说了同样的话。小高想真是天助我也，他认错人了，于是说："我对您也非常敬佩，您在那次研讨会上是最受关注的对象。"

第三个来应聘的是小孙。总经理再次说了同样的话，但小孙一听就站起来说："总经理先生，对不起，您认错人了。我从来没有参加过那样的研讨会，也没有提出过拓展市场的观点。"总经理一听就笑了，说："小伙子，请坐下。我要招聘的就是你这样的人。你被录用了。"

（资料来源　佚名. 求职礼仪（三）[EB/OL].［2020-05-20］. http://www.pinlue.com/article/2020/05/2000/4210563434601.html，有改动）

讨论：为什么小孙被录用了？面试时的言谈应该注意哪些原则呢？

>> 业务链接3-3　　面试后的礼仪

1.表达感谢

面试结束并不意味着求职过程的结束，面试后表达感谢是一个十分重要的环节。对于应聘者来说，为了加深招聘人员对自己的印象，提高自己求职成功的可能性，面试后的两三天内，最好给主考官打个电话或写封信表示感谢。感谢电话要简短，最好不要超过3分钟。感谢信也要简洁，最好不超过一页。

感谢电话或感谢信的开头应该先介绍应聘者的姓名和简单情况，然后提及面试时间，并对招聘人员表示感谢。重点表明对该公司、该职位的兴趣，增加一些对求职成功有用的事实内容，一定要避免给招聘人员留下不良印象；最后要表示出自己的能力能够胜任公司要求。

2.不要急于打听面试结果

一般情况下，面试官们会在面试结束后进行讨论和投票，然后送人力资源部门汇总，最后确定录用人选。一般一周之内都会给予答复，求职者在这段时间内一定要耐心等候消息，不要急于打听面试结果，否则会给面试官造成急不可耐的印象。

3.查询结果

一般来说，如果在面试一周后或在允诺的时间期限并未收到对方的答复，应该打电话给招聘单位人力资源部门，询问面试结果，并做好接受各种结果的准备。

4.调整心态

不要把以前的面试放在心里，如果向多家公司递交了简历并得到多次面试机会，则必须暂时把上次的面试过程放下，整理好心情，全身心地投入到下一家公司的面试，并做好面试前的一切准备。

【任务实施】

微课堂3-5

妙语连珠 突出重围——面试回答技巧

实施描述：请根据小白和同学们参加面试的场景，为男、女同学分别选择合适的服饰搭配，模拟演练正确的仪态礼仪、言谈礼仪。

实施准备：职业装、商务谈判室等。

实施步骤：

1.学生以小组为单位，在教师的指导下进行面试中须具备的仪表礼仪、仪态礼仪、言谈礼仪等练习，熟练掌握各项礼仪的要求。

2.以小组为单位进行面试礼仪能力PK赛，选出每组最佳技能手。

【任务评价】

面试礼仪考核评分标准见表3-8：

表3-8 面试礼仪考核评分标准

序号	考核内容	考核要点	分值	自评分	互评分	教师评分
1	仪表礼仪	男士西装、衬衫、皮鞋、袜子穿着得体，仪容修饰适宜，饰品佩戴正确；女士西装、套裙、鞋子、袜子穿着得体，仪容修饰适宜，饰品佩戴正确	20			
2	仪态礼仪	举止大方，自然优雅，从容不迫，显示良好的风度	30			
3	言谈礼仪	保持恭敬平和的心态，语气谦和，语言表达要逻辑清晰，层次分明、重点突出	30			
4	整体印象	仪表修饰整体自然、协调美观，举止言谈自然、自信、端庄、大方、适度，展现出一定的职业感和专业度	20			
总分			100			
小组自评						
小组互评						
教师评价						
小组成员个人得分	姓名					
	得分					
说明		小组任务得分=小组自评分×20%+小组互评分×30%+教师评分×50%。小组成员个人得分由小组长和教师根据个人任务完成的情况分配分数				

任务三　办公室礼仪

【任务目标】

知识目标：

1.掌握办公室的环境礼仪要求。

2.掌握办公室工作人员的形象、言谈礼仪要求。

3.掌握办公室的接待、用餐礼仪要求。

4.掌握办公室同事相处的礼仪要求。

能力目标：

1.能够维持办公室的良好环境。

2.能在办公室中展现良好的仪表、仪容、举止、言谈礼仪。

3.能在办公室中展现良好的接待、用餐礼仪。

4.能在办公室中与同事融洽相处，保持良好关系。

素质目标：

1.塑造大方得体的办公室仪表、仪容、举止、言谈、接待、用餐形象。

2.具有爱岗敬业、文明和谐的社会主义核心价值观。

【任务导入】

微动画 3-10

办公室礼仪认知

小白和他的同学如愿以偿，入职山东跨界贸易有限公司。他们踌躇满志，要施展才华实现抱负。不过作为职场新人，他们将要面临诸多的办公室礼仪问题。

任务要求：小白等同学应该遵守哪些办公室的环境布置、个人的仪表仪容、举止、言谈、接待、用餐、同事相处的礼仪呢？他们能做好吗？

【知识储备】

办公室是处理日常公务，进行商务接待、交往的重要场所（如图3-2所示）。办公室的布置、装饰，办公室人员表现出的礼仪，在很大程度上体现了企业的团队精神和氛围，代表着企业的形象，所以应当注重办公室环境和办公室礼仪。

图 3-2　办公室环境

（图片来源　http://finance.sosd.com.cn/financeshow-138273.html）

一、办公室环境礼仪

微课堂 3-6

舒适惬意 幸福工作——办公室环境礼仪

办公室是企业的门面，能够形成人们对企业的第一印象。办公室的环境应该严肃、整洁、高雅、安全。

（一）办公室的布置

1.鲜明的标志

办公室应有鲜明的标志，在对外的门旁挂上一个醒目、美观的标牌，这也是企业形象的标志。

2.办公桌的摆放

办公桌应放在房间内采光条件较好、正对门口的地方，与窗户保持1.5～2米的距离。如果是人数众多的办公室，可以采用隔板，把各个工作人员的办公区域分隔开来，以保持各自工作区域的独立，保证彼此的办公不受影响，提高工作效率。

3.文件柜的摆放

文件柜的摆放应以有利于工作为原则，通常情况下，应靠墙角放置，也可以在离工作人员较近的地方放置，以便随时查找资料，整理、存放文件。文件应及时按类按月归档，装订整理好后，放入文件柜。文件柜内的文件要及时清理，建立目录，使之系统化、条理化。重要的文件、账目现金、支票等应及时放入保险柜中，以防遗失和被盗。所有公务文件和票据，不得私自带出办公室。

4.电话的摆放

电话的摆放应便于接听，一般放在办公桌或写字台的左前方，这样可以用左手拿起话筒，右手按键或执笔记录。

5.适当地装饰美化

办公室既是工作的地方，也是社交的场所，不应一味地追求豪华，应注重色彩选择恰当，保持空气清新。根据企业的形象、经营宗旨、工作性质和办公室的空间大小，可以选择企业的徽标等有特殊意义的照片、风景画、名人字画、盆景等作为办公室装饰，以创造优雅、和谐、轻松、浓厚的企业文化气息，使主客心情愉快地交流信息和情感。

（二）办公室的卫生

办公室应保持整洁。地面、走廊应定期打扫，门窗、玻璃、办公桌应擦洗干净。办公桌桌面上主要摆放与工作有关的资料和必要的办公用品、文具。为方便办公，可以准备多种笔具，笔具应放进笔筒而不是散放在桌上，非办公用品不外露，不应将太多的家人照片、杂志、报纸、餐具、皮包等物品放在桌面上。下班离开办公室之前，应清点、收拾文件和办公用品，归档或锁好，桌面保持整齐。

》》 业务链接3-4　　　办公室其他环境礼仪

1.树立公共观念。商务人士应具有公共观念，使用公共设施的时候应注意爱护，不要随意毁坏或者敲打公共设施，不在办公家具和公共设施上乱写、乱画、乱贴，不在工作中处理私人事情，不要将办公用品挪为私用。

2.注重他人隐私。在征得许可前不要随便使用他人的物品。不论使用的是同事的用品还是办公用品，用完之后应归还并表示感谢。当他人在办公中输入密码时应自觉将视线移开。不翻看不属于自己负责范围内的材料及保密信息。

3.注意节约水电。饮水时使用个人水杯，减少一次性水杯的使用。下班离开办公室前，应关闭所用机器的电源，最后离开办公室的人员应关好电灯、室内电闸及门窗。

二、办公室形象礼仪

（一）服饰礼仪

1.制服

办公室工作人员必须仪表仪容端庄、整洁。对于服装，有的企业要求统一穿着制服，体现严谨、高效的工作作风，加深客人对公司、企业的视觉印象。员工应严格执行企业的着装规定。

2.职业装

如果没有规定，自行着装要以办公室是正式公开场合为原则，注意服装的搭配。无论是男士、女士，上班时都应按照规范穿着职业装，不能随意。男士最适合穿黑、灰、蓝三色的西服套装。衬衫无论是什么颜色，衬衫的领子与袖口要干净、整洁。佩戴领带，注意与西装、衬衫颜色相配，领带不要有污渍、破损或歪斜松弛。女士最好穿西装套裙、连衣裙或长裙，应穿透明的长筒丝袜。鞋面保持清洁，不得破损。佩戴饰品应适当，不要佩戴过多的或与公司整体工作气氛不符的夸张饰品。

（二）仪容礼仪

办公室工作人员的头发应经常清洗，做到无异味，无头皮屑，头发梳理应整齐美观。不论何种发型，必须注意整齐，符合整个公司的形象和工作气氛。男士应留短发，头发前边不过眉毛，两边不过鬓角，不蓄长发和留奇怪的发型。胡须应经常修剪，不要留胡须。女士长发应挽起，尽量不要留披肩发，刘海不过眉毛。口腔保持清洁，上班前不喝酒或吃有异味的食品。指甲应注意经常修剪，不要太长，女士如果涂指甲油应尽量用浅色。女士在工作时间应保持适当、得体的淡妆，给人以清新健康的感觉，不要浓妆艳抹，不宜使用香味浓烈的香水。

》》 **业务链接 3-5** 仪表仪容礼仪禁忌

商务人员在办公室打扮得太过休闲，会给人感觉不够专业，也显得不够庄重。男士不应穿花衬衣、运动服、拖鞋。女士着装颜色不要太鲜艳、太花哨，不宜穿得太暴露，不宜穿过透、过紧的服装或超短裙。

有些职场女士过于注重自身的形象，将镜子和化妆品摆满自己的办公桌，时不时照镜子、补妆。在公共场合照镜子和补妆是一种无礼的表现，给人"工作能力低下"的感觉，所以应在盥洗室内调整妆容。

（三）举止礼仪

办公室工作人员的举止应稳重、自然、大方、有风度，给人留下正直、积极、自信的好印象。

1.站姿礼仪

脖颈伸直，腰背挺直，两臂自然下垂，不耸肩，两脚脚跟着地，脚尖略张开，身体重心在两脚中间，头微向下，使人看清你的面容。会见客户或出席仪式时，或在上级面前，不得把手交叉抱在胸前。

2.坐姿礼仪

坐姿端正，把双腿平行放好，不得傲慢地把腿向前伸或向后伸，或俯视前方。移动椅子的位置时，先把椅子放在应放的地方，然后再入座。

3.走姿礼仪

走路应放轻脚步，在通道和走廊里不要一边走一边大声说话，也不要唱歌或吹口哨，更不要与同事追打。在通道、走廊里遇到上司或客户应礼让，不要抢于对方而先行。

4.递物礼仪

递交文件时，应将正面、文字朝向对方。如果是笔，应将笔尖朝向自己；如果是刀子或剪刀等利器，也应将刀尖朝向自己。

"微演练3-4：递合同的礼仪"的演练要求及参考评价见表3-9：

微演练3-4

递合同的礼仪

表3-9　　　　　　　"递合同的礼仪"的演练要求及参考评价

演练项目		递合同的礼仪
演练准备		商务谈判室等
演练要求		着职业装，化职业妆
演练方法		1.将学生分组，每组5～6人 2.由教师指导，学生分组练习 3.小组内的成员依据创设的情境进行讨论，找到存在的问题
演练评价	知识应用	掌握正确的递物礼仪
	能力提升	能够避免在办公室出现递物的礼仪错误
	素质培养	1.建立正确的审美观、价值观、人生观 2.尊重他人、礼貌待人 3.激发学生的专业热情，建立岗位情感
	成果展示	在办公室展现出正确的递物礼仪

5.出入房间礼仪

无论是进出办公大楼还是办公室，都应用手轻推、轻拉、轻关门，不要大力、粗暴，开关门的声音要轻。进入他人的房间应先敲门，敲门时一般有节奏地敲两三下即可，听到应答再进。

如果与他人一起进入房间，应态度谦和、讲究顺序。如果是同级、同辈，应互相谦让，走在前边的人开门后应为后面的人拉门，最后进入者应主动关门。如果是尊长、客人，应视门的具体情况随机应变，具体如下：

（1）朝里开的门

如果门是朝里开的，应先入内拉住门，侧身再请尊长或客人进入。

（2）朝外开的门

如果门是朝外开的，应打开门，请尊长、客人先进。

（3）旋转式大门

如果是旋转式大门，应先迅速过去，在另一边等候。

微演练3-5

进出办公室
的礼仪

无论进出哪一类的门，在接待引领时，一定要 "手""口"并用且动作到位，即运用手势规范，同时说 "您请""请走这边""请各位小心"等提示语。

"微演练3-5：进出办公室的礼仪"的演练要求及参考评价见表3-10：

表3-10　　　　"进出办公室的礼仪"的演练要求及参考评价

演练项目	进出办公室的礼仪	
演练准备	办公室、办公所需物品等	
演练要求	着职业装，化职业妆，携带办公物品	
演练方法	1.将学生分组，每组5~6人 2.由教师指导，学生分组练习 3.小组内的成员依据创设的情境进行讨论，找出存在的问题	
演练评价	知识应用	掌握出入办公室的礼仪
	能力提升	能够避免在出入办公室时出现礼仪错误
	素质培养	1.建立正确的审美观、价值观、人生观 2.尊重他人、礼貌待人 3.激发学生的专业热情，初植岗位情感
	成果展示	在出入办公室时展现出正确的礼仪

▶▶ **知识拓展3-2**　　　　上下级之间的办公室礼仪

1.进入领导房间有礼。在办公时间里，如果上级领导召见，应停止手中进行的工作，立即前往，并注意敲门、掩门、走姿、站姿、坐姿、递接文件等举止要文雅大方、彬彬有礼。

2.汇报工作注意言辞。汇报工作时，应注意语言清晰、精炼，语调、音量适中，不应在上级领导面前随意评论同事的优劣是非。

3.礼貌交谈。与上级领导交谈时，不能随便插话。待交谈完毕，得到允许后，方可起身告辞，并轻轻带上门。

三、办公室言谈礼仪

（一）主动问候他人

在办公场所，无论遇到什么人，都应面带微笑，主动问候。不要"只看高不看低"，只跟领导打招呼。在电梯里应注意礼貌，对来访者礼让、点头示意。

进入办公室之前，应整理好仪表仪容。进入办公室后，主动和早到的同事或领导打招呼。如果对方在工作，可以对注意到自己的人用手势和微笑表示问候；如果对方正在讲话，要稍等静候，不要中途插话。如果有急事要打断，也要找到机会，而且要说："对不起，打断你们的谈话。"交谈时注视对方，保持微笑，专注地聆听。

（二）注意语言文明

在办公时间应保持安静，交流问题应起身走近，声音以不影响其他人为宜。不要大声讲话，不要大声笑谈，更不要闲聊，在办公室、走廊不要大声呼喊。

在办公室，应注意语言文明，与同事开玩笑应适度，不要恶语伤人，不非议团队及个人，更不在背后议论领导和同事。

当有来访者时，应将自己当成办公室的主人去接待，说："您好，我能帮您做些什么吗？"礼貌地对待来访的客人，对其他同事的客人也应积极热情，不要冷漠、推脱、不加理睬。

（三）热情送客

谈完事情后应热情送客。如果是很熟的朋友，也要起身送到办公室门口。一般客人则要送到电梯口，目送客人进了电梯，门完全关上，再转身离开。重要客人，应帮客人开车门，待客人上车后，关好车门，目送对方离开再返回。

（四）忌迟到早退

不管是上班还是开会，如果确实有事需要迟到、早退，应在前一天或更早地提出，不要临时才说。

（五）不当众炫耀

老板喜欢精明强干的员工，但即使专业技术过硬，在职场中也应小心谨慎，不应在办公室里当众炫耀自己。

▶▶ 知识拓展3-3　　　办公室言谈礼仪禁忌

不要扎堆聊天，不要围坐玩闹，以及高声谈笑、大声喧哗，否则会给人粗俗、无聊、不文明的感觉，也给企业形象造成较坏影响。

不要不打招呼就突然闯入别人的办公室，应先打电话或面对面约一下。打断别人的谈话，希望他能停下来并注意自己是不礼貌的行为。

不要将工作和个人生活混在一起，如果必须在工作中处理私人事情，要留到午间休息时，不要在工作时安排朋友到办公室拜访。

不要偷听别人讲话。切忌停下手中的工作，去听同事私下谈话或者打电话，此时有可能的话暂且回避。

不要把不良情绪带到办公室，情绪不好时，要学会控制不与别人发生冲突；不要在办公室里做感情冲动的事；不要在办公室里随便找人倾诉，办公室不是诉说心事的地方。

四、办公室接待礼仪

（一）电话礼仪

电话铃响三声之内接听。接听电话时首先应问候，问候时情绪饱满，然后自报家门，外线报公司，内线报部门。如果接听电话晚了应向客人道歉，电话交谈时应注意倾听，并时不时地说些"嗯""是""对""好"之类的短语，并且配合肢体动作如微笑、点头。讲话的声音不要过大，声调不要太高，话筒嘴的距离不要太近。

如果是转接电话，应请对方等待并且尽快转接。如果是代听电话，应主动

微动画3-12

办公室接待
礼仪认知

微课堂3-8

迎来送往　热
情周到——
办公接待礼仪

询问对方是否需要留言或转告，留言应准确记录，并重复确认留言。

挂断电话时应询问对方还有什么需要，表示尊重，如果没有就与对方道别，感谢来电，并等对方先挂电话。

（二）介绍礼仪

1.介绍的原则

介绍的原则是将级别低的人介绍给级别高的人，将年轻的人介绍给年长的人，将未婚的人介绍给已婚的人，将男士介绍给女士，将本国人介绍给外国人。

2.来客介绍方法

客人来的时候，如果需要为主客双方介绍，中间人应先把主人介绍给客人，然后再把客人介绍给主人。如果客人多于一人，则要按照其尊卑顺序介绍。中间人在介绍之前，应了解双方的关系，明白双方最需要知道什么，不要因为短短的说明而弄错了对方的身份地位。如果对介绍对象的身份存有疑虑，应先向当事人请示或请教，确定对方需要用什么身份来介绍。

（三）握手礼仪

握手时应脊背挺直，目视对方，不弯腰低头，大方热情，不卑不亢。同性之间，应地位高或年纪长的人先向地位低或年纪轻的人伸手，异性之间应女士先向男士伸手。

（四）名片礼仪

递名片时，应用双手拇指和食指执名片两角，让文字正面朝向对方。接名片时要用双手，并认真看一遍上面的内容。如果接下来与对方谈话，应将名片放在桌子上，不要将名片收起来，并使名片不被其他东西压起来。参加会议时，应在会前或会后交换名片，不要在会中擅自与别人交换名片。

"微示范3-3：递名片的正确方式"的示范要求及描述见表3-11：

表3-11　　　　　　　　　　"递名片的正确方式"的示范要求及描述

示范项目	递名片的正确方式
教学模式	教学做一体化
建议学时	0.5学时
教学地点	一体化实训室
项目描述	大家都喜欢有礼貌的人。递名片的时候，双手奉上名片，名片的正面朝向对方，这样会获得对方的好感

>> 业务链接3-6　　　接待礼仪禁忌

公共设施的使用应分场合、分用途，不要用办公电话聊私人的事情，不要大声接听私人电话，这样会影响到他人的工作，招致他人的反感。

工作时不要摆弄手机，发私人信息、看信息、玩游戏。

开会时手机应关机或设为静音模式。当有人在做报告时，如果手机铃声响起，会议会受到干扰，不但对做报告的人是不尊重的，而且对其他人也是不尊重的。

不要挤占工作时间。工作时使用电脑软件聊天，去超市买东西，午餐提前、午休延长、下班提早等，都是挤占了工作时间，来访者见不到要找的人，经常要等待，不仅延误工作，也影响企业的形象。

五、办公室用餐礼仪

1.不宜在办公室用餐

一般来说，商务人员不宜在办公室用餐，菜肴的味道散发出来，会影响办公室的空气质量，给来访者留下不好的印象。

2.用餐后要及时清理

如需在办公室用餐，尽量不食用带有强烈味道的食品。及时清洗干净餐具，如果使用一次性餐具，用完应立刻扔掉，不要长时间摆在桌子或茶几上。开了口的饮料罐长时间摆在桌上有损办公室雅观，如果不想马上扔掉，或者想等会儿再喝，应放在不被人注意的地方，以免损害办公环境和公司形象。

3.不吃零食

尽量不在上班时间吃零食，如果因特殊情况要吃，也不要吃带汤汁、咀嚼时声音大、有强烈味道的食物。零食吃完包装袋不要随意乱扔，以免影响办公室环境卫生。

微演练3-6

办公室有哪些基本礼仪

"微演练3-6：办公室有哪些基本礼仪"的演练要求及参考评价见表3-12：

表3-12　　　　　"办公室有哪些基本礼仪"的演练要求及参考评价

演练项目		办公室有哪些基本礼仪
演练准备		办公室、办公所需物品等
演练要求		着职业装，化职业妆，携带办公物品
演练方法		1.将学生分组，每组5~6人 2.由教师指导，学生分组练习 3.小组内的成员依据创设的情境进行讨论，找到存在的问题
演练评价	知识应用	掌握办公室的礼仪
	能力提升	能够避免在办公室出现礼仪错误
	素质培养	1.建立正确的审美观、价值观、人生观 2.尊重他人、礼貌待人 3.激发学生的专业热情，初植岗位情感
	成果展示	办公室基本礼仪规范

》》业务链接3-7　　办公室用餐禁忌

1.在办公室用餐，时间不要太长。时间长会影响到同事工作，也可能影响来访的客人。
2.嘴里含有食物时，不要贸然讲话。他人嘴含食物时，最好等他人吞咽完再讲话。
3.食物掉在地上，应马上捡起扔掉，用餐后应将桌面和地板清理干净。
4.餐后不要用手擦嘴，应用餐巾纸擦拭。

微动画 3-13
该如何处理职场中的人际关系

微课堂 3-9
宽以待人 团结协作——办公室相处礼仪

微演练 3-7
职场中该不该说"悄悄话"

六、办公室同事相处礼仪

（一）真诚合作

同事之间属于互帮互助的关系，俗话说"一个好汉三个帮"，只有真诚合作才能共同进步。

（二）同甘共苦

同事遇到困难，应主动问询，力所能及的事情尽力帮忙，这样会增进双方之间的感情，使关系更加融洽。

（三）公平竞争

同事之间竞争是正常的，有助于共同成长，但是应公平竞争，不要做小动作，做损人不利己的事情。

（四）宽以待人

同事之间长时间相处，一时的错误在所难免。如果出现错误，应主动向对方道歉，征得对方的谅解。对于双方的误会应主动向对方说明，不要小肚鸡肠、耿耿于怀。

"微演练3-7：职场中该不该说'悄悄话'"的演练要求及参考评价见表3-13：

表3-13　　"职场中该不该说'悄悄话'"的演练要求及参考评价

演练项目	职场中该不该说"悄悄话"	
演练准备	办公室、办公所需物品等	
演练要求	着职业装，化职业妆，携带办公所需物品	
演练方法	1.将学生分组，每组5～6人 2.由教师指导，学生分组练习 3.小组内的成员依据创设的情境进行讨论，找到存在的问题	
演练评价	知识应用	掌握办公室同事相处礼仪
	能力提升	1.能够避免在办公室中出现言谈礼仪错误 2.能够避免办公室同事相处中出现礼仪错误
	素质培养	1.建立正确的审美观、价值观、人生观 2.尊重他人、礼貌待人 3.激发学生的专业热情，初植岗位情感
	成果展示	1.在办公室中展现出正确的言谈礼仪 2.在办公室中展现出正确的同事相处礼仪

【任务实施】

实施描述：请根据小白所在的办公室工作场景，创造良好的办公室环境，模拟演练正确的办公室仪表仪容礼仪、举止礼仪、言谈礼仪、接待礼仪、用餐礼仪、同事相处礼仪。

实施准备：职业装、办公室等。

实施步骤：

1.学生以小组为单位，在教师的指导下进行办公室环境礼仪、仪表仪容礼仪、举止礼仪、言谈礼仪、接待礼仪、用餐礼仪、同事相处礼仪等练习，熟练掌握办公室礼仪的要求。

2.以小组为单位进行办公室礼仪展示PK赛，选出每组最佳技能手。

【任务评价】

办公室礼仪考核评分标准见表3-14：

表3-14　　　　　　　　　　　　　办公室礼仪考核评分标准

序号	考核内容	考核要点	分值	自评分	互评分	教师评分
1	办公室环境礼仪	符合办公室环境礼仪的要求	10			
2	办公室仪表仪容礼仪	符合办公室仪表仪容礼仪的要求	15			
3	办公室举止礼仪	符合办公室举止礼仪的要求	15			
4	办公室言谈礼仪	符合办公室言谈礼仪的要求	15			
5	办公室接待礼仪	符合办公室接待礼仪的要求	15			
6	办公室用餐礼仪	符合办公室用餐礼仪的要求	10			
7	办公室同事相处礼仪	符合办公室同事相处礼仪的要求	10			
8	整体印象	办公室环境美观、物品摆放合理，办公室人员各项礼仪符合要求，展现出优秀的职业感和专业度	10			
总分			100			
小组自评						
小组互评						
教师评价						
小组成员个人得分	姓名					
	得分					
说明	小组任务得分=小组自评分×20%+小组互评分×30%+教师评分×50%。小组成员个人得分由小组长和教师根据个人任务完成的情况分配分数					

项目微测试

项目三
[二维码]
扫码测一测

一、不定项选择题

1.求职准备阶段的工作主要包括（　　）。

A.准备个人资料　　　　　　　　B.自我形象设计

C.准备合适的服装　　　　　　　D.设计个人简历

2.求职者的自我形象设计必须重视仪表修饰，要做到（　　），给面试官留下良好的第一印象。

A.整洁　　　　　　B.庄重　　　　　　C.正规　　　　　　D.另类

3.参加面试时通常讲究准时赴约，下列各项做法不妥当的是（　　）。

A.资料准备齐全　　　　　　　　B.礼貌进门

C.按时到达　　　　　　　　　　D.等候时随意与别人交谈

4.在求职交谈中需要引起注意的是（　　）。

A.以下都不对　　　　　　　　　B.注意交谈时的语速、语气及谈话主题

C.注意倾听面试官的谈话　　　　D.注意口齿清晰，语言简练易懂

5.同事之间相处应注意（　　）。

A.平等相处，同事之间应保持一种平等礼貌的合作关系，尽量做到相互包容和体谅

B.自己出现失误应主动向对方道歉，双方出现误会在对方没有先解释的情况下不应主动说明

C.向同事借钱应迅速归还，可以不打借条

D.不在背后议论同事，不说不利于团结的话，不损害他人的名誉

二、判断题

1.写求职信应遵循"适度推销"原则，具体而言就是对外资企业可以多一些"自夸"，对国内企业应多一些谦虚。（　　）

2.求职者在进入面试室前，应检查自己的装束，理清思路，放松心情，然后轻敲房门。（　　）

3.面试时可以提前半小时去，先与招聘单位的前台人员或普通的工作人员等交流一下，以便熟悉环境。（　　）

4.在面试结束时，应该对主试官说"拜托您了""请多关照"等语言，以增加自己被录用的可能性。（　　）

5.在面试结束后若接到人事部门的电话通知自己没有被录用，应该礼貌地感谢对方给自己面试的机会。（　　）

6.在工作交往中，语言要礼貌，要多用"您好""请""谢谢""对不起""再见"等礼貌用语。（　　）

7.找人时，应先敲门，得到允许后方可入内，退出时要道谢并轻轻将门关上。（　　）

8.去别的办公室拜访要注意礼貌，经过许可，方可入内。切莫乱动别人的东西，最好坐在指定的位置上。逗留时间不应太长，以免影响他人工作。（　　）

三、思考题

1.求职的准备包括什么？

2.求职的礼仪有哪些？

3.办公室言谈礼仪的主要内容是什么？

四、实务题

某公司办公室人员的座位安排有些特殊，进门的玄关旁边有一个座位，是财务人员刘女士的座位。公司新来的大学毕业生小张，每次进门首先看到刘女士，不打招呼，不点头，直瞪瞪看一眼就走进去了，可能认为刘女士只是前台的阿姨，所以如此不屑一顾。后来小张终于清楚刘女士并不是接电话、收快递的阿姨，而是掌管她每个月工资的"财政大臣"，猛地开始殷勤起来，一进门就大声叫"刘老师"。可是，刘女士心里的感受却不一样了，即使现在小张对她再怎么尊敬，她对小张也没有好感。刘女士很纳闷，怎么一个大学生刚进入社会就学会了势利？如果她真的是前台阿姨，是不是小张这辈子都不会跟她打招呼？

（资料来源　佚名．礼貌是第一课［EB/OL］．［2019-12-31］．https://wenku.baidu.com/view/ab12616a148884868762caaedd3383c4bb4cb44e.html，有改动）

请问：（1）小张前后不一的言行反映了什么问题？

（2）新人初入职场，礼仪方面应该注意什么呢？

项目评价

项目三的参考评价表见表3-15：

表3-15　　　　　　　　　"职场礼仪——突破职场重围"参考评价表

	考核日期：			总评成绩：			
	序号	内容	完成情况		标准分	自评分	教师评分
			完成	未完成			
自测内容	1	具有正确的办公室环境礼仪			10		
	2	具有正确的办公室仪表仪容礼仪			10		
	3	具有正确的办公室举止礼仪			10		
	4	具有正确的办公室言谈礼仪			10		
	5	具有正确的办公室接待礼仪			10		
	6	具有正确的办公室用餐礼仪			10		
	7	具有正确的办公室同事相处礼仪			10		
	8	自我管理			5		
	9	规范操作			5		
	10	爱岗敬业			5		
	11	团队协作			5		
	12	沟通表达			5		
	13	创新创造			5		

项目四 沟通礼仪——搭建沟通桥梁

港中旅国际（山东）旅游有限公司是山东省首家合资旅游企业，也是小白所在的山东跨界国际贸易有限公司的重点合作企业。在销售部赵主管的安排下，小白将以项目主要负责人的身份负责接待和项目沟通。这是她第一次独立接待重要客户，非常紧张。请问，在沟通时小白应该注意哪些细节？她该如何与不同类型的客户进行沟通呢？应该掌握哪些沟通礼仪、言谈礼仪呢？小白在与主管领导沟通过程中，又要遵循哪些上下级沟通礼仪呢？下面我们一起进入沟通礼仪的学习，让良好的沟通为职业生涯助力。

微动画 4-1

沟通礼仪认知

任务一 面对面沟通礼仪

【任务目标】

知识目标：

1.了解沟通的内涵和意义。

2.熟悉沟通礼仪、言谈礼仪。

能力目标：

1.能够运用沟通礼仪、言谈礼仪。

2.能够根据对象和情景正确使用沟通技巧。

素质目标：

1.在职场活动中有意识地进行有效沟通。

2.提升面对面沟通能力，掌握说话的艺术。

3.建立自我管理能力、集体意识和团队合作精神。

【任务导入】

针对当地特色旅游产品开发与销售问题，以小白为项目负责人的销售团队马上要与港中旅国际（山东）旅游有限公司进行合作洽谈，推动当地旅游文化产业发展。小白要独立带领团队完成商谈，进一步锻炼自己的商务沟通能力。

微课堂 4-1

情礼兼到 虚己以听——沟通礼仪

任务要求：小白要掌握哪些沟通礼仪、言谈礼仪？又该运用哪些沟通技巧呢？

【知识储备】

职场中，沟通是双方合作顺利进行的基础，是打开成功之门的钥匙。职场需要沟通，沟通是人们在职场中生存和发展所必需的基本能力，也是职场成功的首要能力。美国的石油大王洛克菲勒曾说过，"假如人际沟通能力也是同糖或咖啡一样的商品的话，我愿意付出比太阳底下任何东西都珍贵的价格购买这种能力。"

一、沟通认知

（一）沟通的内涵

沟通是人与人之间、人与集体之间信息、思想与情感的传递和反馈的过程。沟通对象之间交换信息，以实现思想一致和情感畅通。所谓沟者，渠也；所谓通者，连也。

（二）沟通的意义

沟通可以使目标达成一致，沟通可以使团队消除隔阂，沟通可以找到解决问题的有效方法，沟通可以使团队步调一致。沟通能拉近人与人之间的距离，使感情得到延续，使企业焕发生机，使国家欣欣向荣。沟通，是一切工作顺利开展的基础。

》 头脑风暴4-1　　以下关于沟通的描述正确吗

→ 我们想沟通时才去沟通。

→ 沟通主要靠大量词汇。

→ 同样的词汇，说话者和听话者的理解是一样的吗？

→ 说什么比怎么说更重要。

→ 沟通是信息从讲话人到听话人的单向流动。

讨论：你认为的沟通是什么？

"微演练4-1：职场中糟糕的沟通方式"的演练要求及参考评价见表4-1：

表4-1　　"职场中糟糕的沟通方式"的演练要求及参考评价

微演练4-1

职场中糟糕的沟通方式

演练项目	职场中糟糕的沟通方式	
演练准备	商务谈判室	
演练要求	着职业装，化职业妆	
演练方法	1.将学生分组，每组5～6人 2.由教师指导，学生分组练习 3.小组内的成员依据创设的情境进行讨论，找到存在的问题	
演练评价	知识应用	1.掌握不同沟通方式的特点和应用 2.掌握有效沟通的要点和注意事项
	能力提升	1.能够按照有效沟通的方法和技巧正确地与人沟通 2.能够避免无效沟通。
	素质培养	1.建立正确的交往态度 2.尊重他人、礼貌待人 3.具有良好的人际交往能力
	成果展示	职场中实现与他人的有效沟通

二、沟通礼仪

（一）遵守5W1H原则

商务活动中，与人沟通要注意重点突出、要点清晰，要遵守5W1H原则，见表4-2：

表4-2　　　　　　　　　　　　　　5W1H原则

Who：我要跟谁沟通	Why：我为什么要沟通
What：我要沟通什么	When：什么时候沟通比较好
Where：在哪里沟通	How：选择什么方式进行沟通

1.明确与谁（Who）沟通

作为沟通的发起者，要清楚与谁沟通，了解对方的性格、习惯、生活背景等，这是沟通的基础。例如，与老师沟通和与老板沟通是不同的。老师作为传道授业者，喜欢通过讲故事和讲道理进行沟通，其关注点在于任务的过程；而老板的关注点在于任务的结果，所以在沟通时要更注重论据的收集、多种解决方案的提供，让老板看到他想得到的任务结果。所以，尽可能多地了解对方的信息，更有助于实现沟通。

2.明确为什么（Why）要沟通

要明确为什么沟通，即沟通的目的。日常工作和生活中的沟通都是带有某种目的性的，所以沟通之前要明确自己想表达的要点，只有明确了自己的目标，才能在沟通中不被他人干扰。

》》　业务链接4-1　　　常见的沟通目的有哪些

通过说明事物、陈述事实，引起对方的思考，以影响对方的决策。

通过表达自己的观点、主观态度甚至反对意见，以自己的情感来影响对方，使其认同自己的观点，以达到情感一致。

通过建立友善的关系，加深彼此的感情、友谊，使其和自己成为朋友并给予帮助。

3.明确需要沟通的是什么（What）

要明确需要沟通的是什么，主要包括沟通的内容是什么、细节是什么、大家在哪些地方产生了分歧、在什么地方需要沟通等。同时，要思考"我应该怎么做才能得到所需要的回应""我应该怎么说才能得到预期的回应""我应该用什么方法说""我应该采取什么行动"这四个问题。如果双方沟通时出现了不同意见，关注点则应该放在分歧上，双方同时采用正确的沟通方式，才能使沟通顺利进行。

4.明确沟通的时间（When）

要明确沟通的时间，应提前了解、设定沟通的时间，选择一个最佳时间进行沟通。

5.明确沟通的地点（Where）

要选择在哪里沟通，选择合适的沟通地点和沟通时间一样重要，选择合适的沟通形式也同样重要，如电话沟通或面谈等。沟通环境也会影响沟通的顺畅与否，可以通过选择沟通环境来实现沟通的目的。

6.明确如何（How）进行沟通

要明确如何进行沟通，沟通中重要的不是说什么，而是怎么说。如果要引起对方注意，可以从对方的兴趣开始，谈对方专长和嗜好、谈工作、诚心赞美对方。同时，要善于运用肢体语言，表现出高度的兴趣，以问问题的方式与对方配合，找出彼此的共同点。可以采用事实引述的方式引导谈话方向，如"您刚才的意思是……"。

（二）不随意贴标签

正所谓"良言一句三冬暖，恶语伤人六月寒"。在商务交往中，不经意间说出的话很可能会对他人造成伤害。不随意给他人贴标签，是一个人最大的善行。职场中，经常会听到"芝麻大的事都能难倒你""你也太夸张了""你看上去很累"……这样的沟通反馈，虽然可能不是带有敌意，但却没有考虑这些话对听者的影响。精神分析心理学家艾蒂安·迪梅尼分析，这些话不像辱骂人的话语那样具有攻击性，但总是重复这种没有明显恶意的话也会伤人。这种现象在沟通中会削弱听话者的自信心。所以，职场沟通中做到多肯定少批评，会让你说的话直达对方心里，使对方感受到自身的价值所在。

（三）真切表达感受，不妄加评判

职场沟通中，要做到真实地表达自己的态度、情绪与感受。比如，同事提出了比较苛刻的要求，自己很为难，此时你需要真实表达出自己的感受和想法。这样一方面可以让对方感同身受，另一方面可以让已经暴露出来的矛盾迎刃而解。如果采用批判的方式予以回应，如"你怎么可以这样呢？你这样不是存心和我过不去吗"，则会激化矛盾。

>> 头脑风暴4-2　　如何正确表达感受

小白在工作时，同事小明一直跟她说话。

讨论：小白应该怎么回应合适呢？请以此情景为例，进行错误对话和正确对话的设计。

三、言谈礼仪

言谈是指两个或两个以上的人所进行的对话，是由言语、体态和聆听艺术构成的沟通方式。言谈的主要表达方式有有声语言、无声语言（眼神、表情、身体姿势等）和类语言（重读、语调、语速变化等）三种。职场沟通中若想通过言谈达到交流的目的，不管使用哪种语言表达方式，都要遵循相应的礼仪规范，应以"礼"取胜。言谈礼仪是知识、阅历、教养、聪明才智和应变能力的综合表现。

微课堂4-2
通情达理 倾心交流——言谈礼仪

（一）有声语言

有声语言是通过声音形态表情达意的一种方式，是人类交际最常用的、最基本的信息传递媒介。有声语言具有直接性、生动活泼性、便捷性的特点，在表达的过程中要注意说什么、为什么说、怎么说，注意保持语言的真诚、精炼，语言要大众化、通俗化。

与他人沟通时，尽量低声，不要大声说话；语气要柔和，不要使用尖锐的语气；语速适中，不要太快或者太慢，影响有效沟通；同时语调要根据情景的不同和情绪的改变进行起伏变化，避免平板单调；吐字清晰，不要含糊不清。

▶▶ 知识拓展4-1　　　礼貌语言与不文明语言

● 多用礼貌用语

常用"十字"礼貌用语

问候语：你好；

请求语：请；

感谢语：谢谢；

抱歉语：对不起；

道别语：再见。

常用书面化的礼貌语

初次见面，说"久仰"；

许久不见，说"久违"；

等待客人，说"恭候"；

客人到来，说"光临"；

探望别人，说"拜访"；

起身作别，说"告辞"；

中途先走，说"失陪"；

请人别送，说"留步"；

请人批评，说"指教"；

请人指点，说"赐教"；

请人帮助，说"劳驾"；

托人办事，说"拜托"；

麻烦别人，说"打扰"；

求人谅解，说"包涵"。

● 不文明语言

粗话：口中吐出"老头儿""老太太""小妞"等称呼，是很失身份的；

脏话：讲起话来骂骂咧咧，非但不文明，而且自我贬低，十分无聊；

黑话：一说话就显得匪气十足，令人反感、厌恶；

荤话：把绯闻、色情、"荤段子"挂在嘴边，趣味低级；

怪话：说话怪声怪气、黑白颠倒，让人难生好感；

气话：说话时意气用事、发牢骚或指桑骂槐，很容易伤害人、得罪人。

（二）无声语言

无声语言主要指通过眼神、表情、身体姿势等传达某种信息。

1.常见的无声语言类型

常见的无声语言有表情语、目光语、界域语、首语，见表4-3。

2.无声语言传递的信号和沟通对策

无声语言通常是身体不自觉展现出来的微动作或微表情，是最能体现一个人内心想法的信号。商务人士应掌握不同的无声语言所传递的信息内涵，并及时做出沟通策略的调整，从而实现有效沟通，见表4-4。

表4-3 常见的无声语言

种类	内容
表情语	职场交往中的表情应以柔和为主，可以给人亲切之感，有助于社会交往
目光语	应温和、大方、自然地平视对方，不宜俯视对方，也不宜不进行眼神的交流。目光紧盯对方6秒以上同样会给对方不适之感
界域语	交谈时双方应保持一定的距离，可视双方关系亲疏来决定交谈距离。适当的距离，体现对他人的一种尊重。距离不适宜，对对方是一种冒犯 私人（亲密）距离：小于0.5米 交际（常规）距离：0.5～1.5米 礼仪（尊重）距离：1.5～3.5米 公共（有距离的）距离：3.5米以上
首语	一般与目光语相伴，要通过点头或摇头表示对谈话的反应。世界上绝大多数国家都是点头表示赞同，摇头表示不赞同。头低垂向一边或者掉头到侧面都是一种消极的人体信号，表示对谈话内容不感兴趣或感到疲惫

表4-4 无声语言传递的信号及对策

无声语言方式	信号	对策
	友好	这是很好的信号，说明你已经和对方建立了融洽的关系，继续下去，用同样的表情回应
	怀疑	这是怀疑的信号，要运用提问技巧，请对方说出令其怀疑的地方，多提供事实和数据，澄清问题以消除对方的疑虑
	无动于衷	这是不好的信号，你必须更加积极，提出试探性问题，让对方参与进来，鼓励对方多发言

无声语言方式	信号	对策
	厌烦	这是厌烦的信号，双方的交流很难成功，要有意识地融洽气氛，找到双方的共同点，表示出理解对方的情感
	防御	这是防御的信号，双臂交叉多数时候是表示防御，如果拇指朝上说明"我比你强"
	消极	这是消极的信号，双臂半交叉，有一只手在抚摸下颌，表示对方对你没有信心

3.其他无声语言

除以上无声语言信号之外，身体语言也是人们在日常沟通中表现出的微动作，同样代表着一定的信息，见表4-5：

表4-5　　　　　　　　　　　　　　其他无声语言

信号	身体语言
配合	谈话时，身体前倾，坐在椅子边缘；全身放松、双手打开；解开外套纽扣；手托着脸
自信	抬高下巴；坐时上半身前倾；站立时抬头挺胸、双手背在身后；手放在口袋里时露出大拇指；掌心相对、手指合起来呈尖塔状；翻动外套领子
紧张、焦虑	吹口哨；坐立不安；以手掩口；咬嘴唇；使劲拉耳朵；绞扭双手；抖脚；把钥匙弄得叮当响；咬笔杆；两个拇指交互绕动；啃指甲；擦眼镜
防卫	双臂交叉于胸前；偷瞄、侧视；笑时紧闭双唇；说话时眼睛看地上；瞪视；双手紧握；说话时指着对方；握拳做手势；抚摸后颈；摩拳擦掌；双手交握放在后脑勺，整个人向后靠在椅背上
绝望	掩住眼睛或嘴巴，甚至整个面孔
强势、攻击	单手"叉腰"，双手"叉腰"

微示范 4-1

细节决定成败

"微示范4-1：细节决定成败"的示范要求及描述见表4-6：

表4-6　　　　　　"细节决定成败"的示范要求及描述

示范项目	细节决定成败
教学模式	教学做一体化
建议学时	0.5学时
教学地点	一体化实训室
项目描述	1.在职场沟通中，要留意每一个细节，一个不经意的小动作可能会带来负面影响 2.正确使用无声语言，传递积极的沟通信号 3.形成良好的职场素养，养成良好的沟通能力

（三）类语言

类语言是指有声无义的功能性发声，如哭声、笑声、叹息等。在职场沟通中，类语言的巧妙运用和正确解读，对于增强表达效果、准确获取信息、实现双向沟通，有着非常重要的意义。

微演练 4-2

如何对待他人隐私

言谈是一门艺术，反映人的思维、能力、素质，而且言谈水平是可以通过培养、训练来不断提高的。想让自己的话受到欢迎，除了要掌握言谈方式外，还要具有渊博的知识。具有了浓厚的文化底蕴，才能让说出的话言之有物，具有高度的可信性，才能打动对方。

"微演练4-2：如何对待他人隐私"的演练要求及参考评价见表4-7：

表4-7　　　　　　"如何对待他人隐私"的演练要求及参考评价

演练项目	如何对待他人隐私	
演练准备	模拟办公室	
演练要求	着职业装，化职业妆	
演练方法	1.将学生分组，每组5~6人 2.由教师指导，学生分组练习 3.小组内的成员依据创设的情境进行讨论，找到存在的问题	
演练评价	知识应用	1.掌握正确对待他人隐私的方式 2.掌握对待他人隐私的注意事项
	能力提升	1.能够按照规范正确地对待他人隐私 2.能够避免对待他人隐私的不良表现
	素质培养	1.建立正确的价值观 2.尊重他人、礼貌待人
	成果展示	在工作等场合正确对待他人隐私

四、沟通技巧

沟通技巧，是指利用文字、语言、肢体语言等手段与他人进行交流时使用的技巧。沟通技巧涉及许多方面，如有效表达、善于倾听、重视反馈等。

（一）有效表达

有效表达指的是表达者将自己的思想、观点、意见、建议，运用最生动、最有效的表达方式传递给听者，对听者产生最理想的影响效果的一种能力。表达者应具备一定的书写能力、说服和宣传能力。

>> **头脑风暴 4-3**　　　　**有效表达的重要性**

小白：小明，今晚我们一定要去参加交流会吗？

小明：怎么，你不想去吗？

小白：有时候觉得那种发言挺有意思的。就是……说不清……这次还是小宁主持吗？

小明：你对他的主持有什么意见吗？

小白：没有，他挺好的。算了，那我们还是去吧。

结局是小白又度过了一个无聊沉闷的夜晚，小宁还是用自己霸道的方式主持，发言人的发言依旧毫无亮点。

讨论：你认为问题的根源是什么？

有效沟通的关键就在于如何有效地表达自己。

1. 信息要直接

职场中直接地表达信息是有效表达自己观点的首要条件。不要想当然地认为别人会明白自己的想法，不要把委婉和含蓄当成沟通的有效方式，有些事情不直接表达可能会产生误会。要想达成有效沟通，必须清清楚楚地告诉他人自己所知道的信息。

另外，职场沟通有时会出现这样的情况，表达者害怕直接表达想法，试图以暗示或者请第三方转述的方式进行沟通，这样的方式具有潜在风险。因为"请"第三方转达会加入很多自己不可控制的因素，第三方有可能歪曲或漏掉你的意思，暗示的信息会在传递过程中产生误解。因此，在表达时应当尽量做到和信息接收者直接交流，不拐弯抹角，准确措辞，避免歧义和误差。

2. 信息要及时

职场中遇到问题时在第一时间向对方表达出你的想法，可以让对方根据你的需求做出相应的调整，也会增加彼此之间的亲密感。如果不能做到及时有效表达，不好的情绪会在体内积压。如果这种情绪得不到及时排解，日后便会以不正常的方式表现出来。

3. 信息要有激励性

职场中向对方传递的信息，要能够吸引对方想继续听下去。如果不想让自己的信息伤害到对方，必须改掉不好的习惯，比如，说恶毒的评语、挖苦别人的语言以及否定性批评，甚至威胁他人。

"微示范 4-2：职场沟通的有效表达"的示范要求及描述见表 4-8：

微示范 4-2

职场沟通的有效表达

表4-8 　　　　　　　　　"职场沟通的有效表达"的示范项目及描述

示范项目	职场沟通的有效表达
教学模式	教学做一体化
建议学时	0.5学时
教学地点	一体化实训室
项目描述	1.注意职场中与人沟通时，不能对对方的情况视而不见，任意为之 2.切记与他人方便，才是与己方便 3.塑造良好的职场沟通能力

微动画4-2

我是怎样的倾听者

（二）善于倾听

1.我是怎样的倾听者

我们每个人有两只耳朵和一张嘴，就是为了多听少说。积极的聆听是暂时忘掉自我的思想、期待、成见和愿望，全神贯注地理解讲话的内容，与他人一起去体验、感受的过程。积极倾听可以让我们在商业活动中获得更多有效的信息。那如何判断我是怎样的倾听者？怎样才算是积极的倾听者呢？见表4-9和表4-10：

表4-9 　　　　　　　　　　　自我测试：我是怎样的倾听者

行为	总是 （4分）	通常 （3分）	有时 （2分）	从不 （1分）
1.我通常打断别人的话并加入自己想说的话				
2.我能料想别人要说的话，从而结束谈话				
3.在交谈中，我能注意到周围发生的事情				
4.当注视谈话对象一段时间后，我会觉得不舒服				
5.如果我不同意对方的观点，我就和她（他）争辩，或者干脆只当没听见				
6.我的注意力常常被对方的发型、服饰和长相吸引				
7.别人讲话时，我会因为想其他事情而走神				
8.我听不懂对方讲的词汇，我不好意思提问				
9.我发现自己没有听，而是在想下面我应该怎么说				
10.即使我兴趣索然，我也会假装听得津津有味				

表4-10 　　　　　　　　　自我测试：我是怎样的倾听者得分对照表

分值	10~20分	20~30分	30~40分
类型	积极倾听者	较积极倾听者	消极倾听者
特点	用心来倾听并做出反应，以理解讲话的内容、目的和情感	会认真地聆听讲话，同时与自己的亲身经历做比较，做出感同身受的反馈	只听自己感兴趣的内容，假装聆听或听而不闻，不做任何努力去聆听，不做任何反馈
我的分值			

2.倾听技巧

卡耐基说："做听众往往比做演讲者更重要。专心听他人讲话，是我们给予对方最大的尊重、呵护和赞美。"很多人都认为自己的声音是最重要、最动听的，并且很多人都迫不及待地表达自己的愿望。在这种情况下，友善的倾听者自然成为最受欢迎的人。

因此，商务人士要掌握必要的倾听技巧，让自己成为一个善于沟通的人。在日常工作与生活中，善于倾听的技巧有尊重对方、不轻易打断别人、不当众驳斥别人的观点、先肯定再否定、不当众纠错以及认真倾听等，见表4-11：

表4-11　　　　　　　　　　　　　善于倾听的技巧

技巧	内容
尊重对方	对别人所说的话表现出兴趣，即使话题不吸引你，也要表达出对说话者的尊重
不轻易打断别人	如果觉得谈话跑题，或时间较为紧张不得不结束，可以适当地总结，或恰当时插一两句话转移一下话题，如"今天的会谈非常顺利，期待接下来彼此更好的合作。下面我们移步展览厅，开始参观浏览"
不当众驳斥别人的观点	交谈应当求大同，存小异
先肯定再否定	如"我觉得你的观点很有道理，但是如果我们能从其他角度考虑，可能会有不一样的结果"
不当众纠错	不在大庭广众之下纠正别人的发音、用词、言谈中的失误
认真倾听	聆听时目光要平视对方，表情也要有所回应，也可以用"嗯"或"是"加以呼应，表示自己在认真倾听

（三）重视反馈

有效沟通是双向的沟通。在沟通的过程中，我们提出的问题或者观点只有获得对方的反馈才是有效的；反之亦然。这是一个良性循环的过程，只有完成了这样的一个过程，才是完成了一次有效的沟通。如何进行反馈呢？常用的反馈技巧有赞美、说服和拒绝。巧妙地使用赞美、说服和拒绝，可以让彼此的沟通交流更加顺畅。

1.赞美

赞美是什么？是发自内心的对"美"的欣赏。心理学家詹姆斯曾说过："人性最深刻的原则是渴望得到赏识。"因此，学会赞美别人是职场中搞好人际关系的必备技能。

（1）如何赞美他人

赞美也是有标准、分场合的。有时候，一味地认同不一定能达到理想的沟通效果。恰如其分地赞美对方，能创造出一种热情友好的商务沟通氛围，能使彼此的心情更加愉悦舒畅，更和谐地相处共事。然而，商务交往中很多人并不懂得赞美的技巧，尽管有些人也想给予别人一些赞美，却屡屡不能如愿，因此，赞美别人时应掌握一定的技巧，见表4-12：

表4-12 赞美的技巧

赞美的技巧	举例示范
赞美的具体化	"你真漂亮→你像张曼玉（具象化）" "她很漂亮→她眼睛很亮（具体化）"
从否定到肯定的评价	"我很少佩服别人，你是个例外" "我一生只佩服两个人，一个是某某某，一个是你" （与领导讲话，需要把这人换成行业内知名人士；同部门领导讲话，这人换成是老总，以此类推）
主动同别人打招呼	"您好，张总，欢迎再次入住我们酒店" （如果能叫出对方的称谓，会倍感亲切） "您好，刘经理，我是××公司的销售部主管王××，也是李先生的朋友" （打招呼时加上自我介绍，会加深对方的印象；如果两人有共同的朋友，则会瞬间拉近距离）
适度指出别人的变化	如果对方穿了一件新衣服，合身的就夸漂亮，不合身的就夸有特色
与自己做对比	一般人很难贬低自己，如果你压低自己同他人做比较，那么就会显得你格外真诚 如"你在绘画方面的天赋确实技高一筹，佩服佩服"
逐渐增强的评价	如果你想要得到一个人的心，那么就逐渐增加你的赞美吧 如"你不仅字写的好看，文章也非常有内涵和思想"
似否定实肯定的赞美	姜文有一次批评冯小刚时说，冯小刚有两个缺点，"一是心不够狠，二是人太自恋"，这是一个似否定实肯定的例子，从不接受批评的冯小刚说，他最喜欢姜文的批评，很诚恳
信任刺激	常用表达："只有你……，能帮我……能做成……" 毛泽东特别擅长使用此类赞美："谁敢横刀立马，唯我彭大将军"，长征中他派刘伯承过乌江，说的是"因为刘是四川的一条龙，他肯定过得去"
给对方有期待的评价	如果你夸美女美，那么她不会有太多的感触，因为大家都这么说她，所以你就要说："她有性格，有素质，有涵养"
当一个捧人的角色	间接夸人的小技巧：传达第三者的赞赏，这样不但能避免尴尬，而且会得到双方的好感 一个典型的例子就是：王总，这次去山东，他们刘主任对您的评价特别高

>> 头脑风暴4-4　　公开赞美的力量

小白刚入职1个月，跟其他同事还没有融合到一起，工作起来难免有尴尬之处。小白所在部门主管看到了这些，他平时就很乐于帮助新人成长进步，于是他组织部门成员进行了一次聚餐。

讨论：请以聚餐为场景，模拟部门主管是如何帮助小白融入其他同事之中的。

（2）如何接受赞美

我们都渴望得到赞美，也愿意去赞美别人，但有时接受别人的赞美时容易说错话。那如何回应别人的赞美呢？

①真诚地说一句"谢谢"就好，简单而朴素，但一定管用。

②在"谢谢"的后面再说一句，会让人更舒服，放大这份赞美对你而言的意义，比如："这方法这么管用我也很高兴啦。""没有你的帮助，我也不可能完成的这么好。""我能帮上忙就很高兴了。"

③与回绝别人的赞美之词相比，去同意和支持对方的观点，无疑也很高明。比如："你今晚的表现也很不错，干得漂亮。""谢谢你关注到了这个点，之前真的都没有人注意过。"

"微示范4-3：接受赞美的技巧"的示范要求及描述见表4-13：

表4-13　　　　　　　　　　"接受赞美的技巧"的示范要求及描述

示范项目	接受赞美的技巧
教学模式	教学做一体化
建议学时	0.5学时
教学地点	一体化实训室
项目描述	1.对方赞美你时，如果只说"谢谢"，会让你与对方保持距离 2.面对领导、同事、朋友的赞美，运用不同的方式恰当回答 3.高情商地回应赞美，是智慧的表现

2.说服

"倾听是成功的右手，说服是成功的左手。"说服就是让双方的想法达成一致的过程。说服需要一定的技巧，如果技巧运用得好、恰当，就能实现良好的说服效果。下面介绍一些主要的说服技巧。

微课堂4-4

动之以情 晓
之以理——
说服礼仪

（1）攻心为上

攻心为上，即抓住别人的心理，根据他的心理得知他最需要什么，然后满足他的要求，进而征服他的心，方法见表4-14：

表4-14　　　　　　　　　　　　攻心为上的方法

方式	表现
关注对方的肢体语言	当人们谈到自己想要的东西时，他们会做出某种身体动作。他们变得更有能力、更有活力
留意对方的用词	当对方说"问题在于……"这些话的时候，他正在告诉你他有一种需要 例如，如果有人说"问题是我们没有时间做其他事情"，那么他正在告诉你，他需要给自己更多的时间 当有人说"我真希望我可以……"的时候，说明他正在表现出一种需要，你就应将谈话转到那个方向去
注意看人与人之间的相互反应	例如，"你已经工作很长时间了"意味着对方建议你去休息。又如，"经理，我们从来没去过，你答应我要去英国的"说明对方有一个旅行的愿望没有实现
思考他人的埋怨	每一个埋怨的背后都隐藏着一个秘密的渴望。如果你能学会将对方的消极话语理解成他所对应的积极话语，你就会知道对方想要什么，而知道对方想要什么是说服对方的金钥匙

（2）情理兼济

职场沟通中，先动之以情，缩小自己与对方感情的差距，让对方觉得你在同其交心。之后需要走入对方内心深处，明白对方心中所想，并且让自己要说服的内容符合对方的想法。在此基础上，做到尊重对方的感受，在情感上打动对方。

▶ 知识拓展4-2　　　引起共鸣

曾经有一位叫莫斯的排版工去纽约各大出版社找工作，每当看到出版社门口排起的长长队伍，他就非常沮丧，因为他之前只在××印刷厂工作过，没有任何其他经验，他感觉希望非常渺茫。有一天，他得知《纽约论坛报》的创始人贺拉斯曾在某某印刷厂就职过，于是便前去应聘。面试的时候，他与贺拉斯重点讨论了彼此都熟悉的排版工作以及自己的经验，不出所料，他最后被录取了。贺拉斯认为从那个印刷厂出来的莫斯，业务能力肯定不差，一定能做好这个工作，因为贺拉斯本人也是从印刷厂工人一步步成长起来的，他愿意给予与自己经历相似的莫斯一个机会。

（3）晓以利害

"两利相权取其重，两害相权取其轻"。趋利避害，这是人之常情。当你说服他人时，应该顺应人类这一本性，晓以利害，分析得失，从而提高说服的力度。

▶ 知识拓展4-3　　　诸葛亮的巧妙说服

公元208年，刘备兵败后进驻夏口，无力反击，要与曹军抗衡，则必须与孙权联手，于是派诸葛亮前往江东说服孙权。如果是一般的使者，为了请求对方的援军，一定会低声下气，但是诸葛亮却相反，而是摆出一副强硬的态度，以激发孙权的自尊心："将军您是否也要权衡自己的力量，以处置目前情势。如果贵国的军力足以和曹军抗衡，则应该早早和曹军断交才好；若是无法与曹军相抗衡，则应尽快解除武装，臣服于曹操才是上策。"年轻气盛的孙权果然被激起了强烈的自尊心："照你的说法，刘备为何不向曹操投降呢？"诸葛亮便"火上浇油"地说："你知道田横的故事吗？他是齐国的壮士，忠义可嘉，为了不愿侍二主而自我了断。更何况我主刘备乃堂堂汉室之后，投到他旗下的优秀人才不计其数，不论事成或不成，都只能说是天命，怎可向曹贼投降？"至此，孙权的自尊心已被充分激发起来了，于是他激动地表示："我拥有江东全土以及十万精兵，又怎能受人支配呢？我已经决定了。"刘备之所以能在"赤壁之战"中转败为胜，很大程度上应归功于诸葛亮通过激起孙权的自尊心进而说服了孙权。因此，在说服他人时，抓住对方的心理，用善意的威胁让对方感觉到你的实力，就能以刚制刚达到你的说服目的。

（资料来源　佚名. 诸葛亮说孙权 诸葛亮是怎么说的 [EB/OL]. [2018-05-11]. https: //zhidao. baidu.com/question/371947816966395684.html，有改动）

（4）简洁明了

据心理学家研究，人们的话语压缩在四十五秒之内最易于理解，最长不超过一分半钟。超过了这个限度，听者便开始感到"冗长"。如果超过二分十秒，不论听者还是讲者，都会感到不易理解。

（5）以事服人

运用事实说服人，必须注意两点：一是事实应该真实可靠，无懈可击。二是选择事实要注意典型性。成功地说服必须有证据的支撑。如果能提供强有力的证据，而不是个人看法，会增强说服的可信度，因此证据的来源要真实可信，要具有权威性。

▶▶ 知识拓展4-4　　　希尔顿的说服

世界闻名的希尔顿饭店王国创始人希尔顿在事业刚刚起步时，资金缺乏，举步维艰。在修建达拉斯的希尔顿饭店时，他感到十分困难，饭店建筑费需要100万美元！有一天，希尔顿灵机一动，找到卖地皮给他的房地产商人杜德，威逼利诱，说服了杜德按他的要求将饭店盖好，然后由希尔顿出钱买下，而且还是分期付款。

杜德之所以答应希尔顿的条件，是希尔顿威逼利诱的结果："如果我的房子停工待料，附近的地皮价一定会大大下降；假如我再宣传一下，说饭店停工是因为位置不好而另选新址，那你的地皮可就卖不了好价钱了。"杜德无可奈何，接受了希尔顿的条件。

希尔顿在资金匮乏、进退维谷的两难困境中，能巧借他人之手要空手道，并上演了一场成功说服杜德的好戏。

（资料来源　佚名. 沟通与说服技巧［EB/OL］.［2021-06-28］. https://wenku.baidu.com/view/5ccb6264ce22bcd126fff705cc17552706225e5c.html，有改动）

3.拒绝

在人们交往的过程中，说"是"容易，说"不"难。"不"表示否定，学会拒绝，它的力量非同小可。不加任何修饰或补充的"拒绝"，常常会给自己和对方带来诸多烦恼。虽然拒绝有时是合理的，但从人们的心理活动规律上说，拒绝在任何时候都会给对方带来不快，所以掌握拒绝的方法会让沟通更顺畅。常用的拒绝方法及表达方式见表4-15：

微课堂4-5

礼貌拒绝 保持自我——拒绝礼仪

表4-15　　　　　　　　　　常用的拒绝方法及表达方式

拒绝方法	表达方式
缓冲法	哦，我再和朋友商量一下，你也再想想，过几天再决定好吗
谢绝法	对不起，谢谢，这样做可能不合适
婉拒法	哦，是这样，可是我还没有想好，考虑一下再说吧
幽默法	啊！对不起，今天我还有事，只好当逃兵了
不卑不亢法	哦，我明白了，可是你最好找对这件事更感兴趣人吧
借力法	你问问他，他可以作证，我从来干不了这种事
无言法	用摆手、摇头、耸肩、皱眉、转身等身体语言和否定的表情来表示自己拒绝的态度
补偿法	真对不起，这件事我实在爱莫能助，不过，我可以帮你做另一件事
回避法	今天咱们先不谈这个，还是说说你关心的另一件事吧……
自护法	你为我想想，我怎么能去做没把握的事？你这是让我出洋相啊
严词拒绝法	这可不行，我已经想好了，你不用再费口舌了

微示范 4-3

该如何回答他人难以拒绝的请求

"微示范 4-4：该如何回答他人难以拒绝的请求"的示范要求及描述见表 4-16：

表 4-16　"该如何回答他人难以拒绝的请求"的示范要求及描述

示范项目	该如何回答他人难以拒绝的请求
教学模式	教学做一体化
建议学时	0.5学时
教学地点	一体化实训室
项目描述	1.请写出收到难以拒绝的请求时你的回答 2.要求回答要有概括性 3.写完后，小组之间彼此交换答案 注意：时间为5分钟

>> 头脑风暴 4-5　　应该怎样拒绝客人

你所工作的餐厅不允许带宠物进入，但有顾客想带狗进入。

讨论：假定你是餐厅经理，你该如何拒绝顾客带狗进入餐厅呢？

拒绝，就是不接受，是对别人意愿或行为的一种间接的否定。拒绝别人时不要把话说绝，应该给别人留有余地。从语言技巧上说，拒绝有直接拒绝、婉言拒绝、沉默拒绝、回避拒绝等四种方式。

（1）直接拒绝

直接拒绝，就是把拒绝的意思当场明讲。需要注意的是应当避免态度生硬，说话难听。可能的话，还可以向对方表达自己的谢意，表示自己已知对方的好意。

（2）婉言拒绝

婉言拒绝，就是用温和的语言来表达拒绝。和直接拒绝相比，它更容易被接受，因为它在更大程度上顾全了被拒绝者的尊严。

（3）沉默拒绝

沉默拒绝，就是在面对难以回答的问题时，暂时中止"发言"。当他人的问题很棘手甚至具有挑衅、侮辱的意味时，不妨以静制动，一言不发，静观其变。这种不说"不"字的拒绝，所表达出的无可奉告之意，常常会产生极强的心理威慑力。沉默拒绝法虽然效果明显，但如果运用不当，难免会伤人。所以可以尝试避而不答，也就是"回避拒绝法"。

（4）回避拒绝

回避拒绝，就是避实就虚，不说"是"，也不说"否"，只是搁置下来，转而议论其他事情。遇上别人过分的要求或难答的问题时，就可以使用这个方法。

>> 头脑风暴 4-6　　遇到下面情景时，该怎么做呢

情景一：某同学约你扮演圣诞晚会中圣诞老人的角色，你因为有事情不能去，你要拒绝同学的邀请，但是又不能伤害到对方。

情景二：有一位下属向领导汇报工作，说自己想不出解决的方法，于是找领导帮助，假如你是领导你怎么拒绝下属？

情景三：领导安排一项任务给你，但你的确完成不了，请思考如何拒绝领导的任务。

【任务实施】

实施描述：请根据小白同学的实际服务场景，分别针对北京采购商、厦门采购商、上海采购商、东北采购商，为她设计合适的表达内容和沟通方式。

实施准备：职业装、会议室。

实施步骤：

1.学生以小组为单位，在教师的指导下进行表达、沟通练习。

2.以小组为单位进行业务表达能力PK赛，选出每组最佳技能手。

【任务评价】

业务表达能力PK赛考核评分标准见表4-17：

表4-17　　　　　　　　　业务表达能力PK赛考核评分标准

序号	考核内容	考核要点	分值	自评分	互评分	教师评分
1	客户分析	对目标客户群有精准的分析	10			
2	表达内容	能根据不同客户的特点和需求，进行有针对性的沟通	20			
3	表达方式	掌握面对不同客户的沟通方法	20			
4	应变能力	能根据与客户沟通中出现的突发问题，随机应变	30			
5	整体印象	沟通能力较强，掌握说话的艺术，具有一定的应变能力	20			
总分			100			
小组自评						
小组互评						
教师评价						
小组成员个人得分	姓名					
	得分					
说明		小组任务得分=小组自评分×20%+小组互评分×30%+教师评分×50%。小组成员个人得分由小组长和教师根据个人任务完成的情况分配分数				

任务二　媒介沟通礼仪

【任务目标】

知识目标：

1.掌握电话沟通礼仪的相关事项。

2.掌握微信、电子邮件、短信等媒介沟通礼仪。

能力目标：

1.具有符合职业需要的媒介沟通能力。

2.能进行适合工作情景的针对性沟通。

素质目标：

1.在正式场合规范使用电话、邮件、微信、短信等媒介进行沟通。

2.避免在工作场合中弄巧成拙和失礼。

3.具有信息素养、工匠精神和创新思维。

【任务导入】

载有客户刘经理一行人和小白的商务车通过堵车路段以后，以最快的速度到达了机场2号航站楼。小白看了一下手表，距离飞机起飞只剩下10分钟的时间了。抱着最后一线希望，小白跑到航空公司的登机办理柜台，将路上出现的种种情况向服务人员进行说明，并出示了客户刘经理一行人的机票和身份证件，希望航空公司能给予办理登机手续。但是为时已晚，航空公司已经停办登机手续，飞机也将在几分钟后起飞。

小白没有办法，只得将所发生的情况向公司做了汇报。根据公司有关部门的指示，小白携带刘经理一行人的机票和身份证件连忙来到航空公司设在机场的服务柜台，询问有没有临近的航班。经查询，3小时以后将有同一家航空公司的飞机飞往同一个城市。小白及时地办理了改签手续，之后返回到候机大厅，将情况向刘经理做了说明。看到小白来回奔波，刘经理非常理解，对误机的处理非常满意。

任务要求：在遇到突发状况后，应该选择哪种沟通媒介向上级汇报呢？电话、微信、短信、语音、E-mail还是其他？在沟通过程中又该遵循哪些礼仪呢？

微动画4-3

走进电话礼仪

【知识储备】

微课堂4-6

先声夺人 以礼相待——电话礼仪

一、电话沟通礼仪

电话是人们日常工作和交流的重要媒介。电话沟通礼仪是人们在进行电话交流时所应当遵循的礼貌、仪态、行为规范，即标准化做法。职场交往中，人们在通话过程中所使用的语言、语调、内容、态度等要素，不仅展现了通话人的形象和素质，还代表了通话人所在公司的礼仪接待水平，因此商务人士在接打电话时，要注意以下事项。

（一）注意电话形象

电话形象是指一个人在通话过程中所使用的语音、声调、内容、表情、态度、时间等要素的集合。它能够真实地体现出个人的素质及待人接物的态度。

>> 业务链接4-2　　　　　电话礼仪中的禁用语

禁用语（一）

你是谁？

有什么事？

不行。

那不是我的工作。

不是我受理的。

我现在很忙。

我也没办法。

我不知道。

我知道了，我清楚了，你不用再……

不关我的事。

禁用语（二）

你错了，事实不是这样的。

你说的对，他的表现真的很差。

知道没有？

懂了没有啊？你听不懂吗？

公司规定就是这样，我也没有办法。

你要办就办，不办就算了。

你去投诉吧，随便你。

你应该冷静一下。

公司是绝对不会出错的。

不行就是不行。

（二）注意时间和地点的选择

打电话要选择合适的时间和地点，公务电话应选择上班时间拨打，一定要遵守双方约定的时间，适宜打电话的时间和地点见表4-18：

表4-18　　　　　　　　　　适宜打电话的时间和地点

时间	上班时间	约定时间	刚上班半小时	下班前半小时	用餐时间	休息时间
打电话的时间选择	√	√	□	□	□	□
地点	电影院	餐厅	商场	会议中心	无人空地	较隐蔽的地方
打电话的地点选择	□	□	□	□	√	√

（三）注意通话的态度

接通电话后，要礼貌问候，并自报家门。在通话中为了给对方留下良好声音的第一印象，要使用礼貌用语，不要使用禁用语。

》 业务链接4-3   如何塑造良好声音的第一印象

> 1.要想塑造良好声音的第一印象，你可以利用录音审查自己的语音条件。
> 2.如果说话时脖子紧张、血管扩张，你有可能是在用尖声说话，需要控制声音。
> 3.如果一开口鼻子边嗡嗡作响，说明你是在用鼻腔说话。
> 4.说话要行云流水、轻缓舒畅，要控制好自己的情绪。
> 5.不用低声细语，可以大声朗读，检查自己的音调是否过于单一。
> 6.控制好自己说话的速度，说话时动作不宜太多。

微演练4-3

工作场合中使用手机的基本礼仪

"微演练4-3：工作场合使用手机的基本礼仪"的演练要求及参考评价见表4-19：

表4-19   "工作场合使用手机的基本礼仪"的演练要求及参考评价

演练项目	工作场合中使用手机的基本礼仪	
演练准备	模拟办公室	
演练要求	着职业装，化职业妆	
演练方法	1.将学生分组，每组5~6人 2.由教师指导，学生分组练习 3.小组内的成员依据创设的情境进行讨论，找到存在的问题	
演练评价	知识应用	1.掌握使用手机的方式 2.掌握电话礼仪
	能力提升	1.能够按照规范，在工作场合正确使用手机 2.使用手机时不能破坏公共秩序 3.在工作场合应把手机调到震动状态或静音 4.在一切公共场合，手机在不使用时都不要拿在手里或挂在腰间和胸前 5.不要在开会、上课、会谈、音乐厅、影剧院、展览馆、餐厅、商场等公共场合使用手机
	素质培养	1.建立正确的价值观 2.尊重他人、礼貌待人
	成果展示	在工作场合正确使用手机

（四）注意接听电话的礼仪

1.铃响三声原则

电话应及时接听，尤其是事先预约的电话。标准做法：电话铃响先上前，响过两声后再接。如果电话铃声响过6声才接听，一定要说："抱歉，让您久等了。"

　　2.确认对方信息

　　对方打来电话，一般会自己主动介绍。如果对方没有介绍或者自己没有听清楚，就应该主动询问："请问您是哪位？我能为您做什么？您找哪位？"

>> 业务链接4-4　　　换一种说法，让电话沟通更美好

×你找谁？

×有什么事？

×你是谁？

×不知道。

×没这个人！

建议替换为：

√请问您找哪位？

√请问您有什么事？

√请问您贵姓？

√抱歉，这事我不太了解。

√对不起，我再查一下，您还有其他信息可以提示一下吗？

（五）其他注意事项

　　1.挂电话礼仪

　　（1）与上级或长辈进行电话沟通后，一定要让对方先挂电话。例如一位集团分公司经理给总部打电话，即使接电话的是一位小职员，也应该让对方先挂电话。虽然在职位上，经理比职员高很多，但这样更能体现出打电话者的修养和风范。

　　（2）在与工作上的异性电话交流时，从礼节上说，男士应该让女士先挂电话，这不但显示了对对方的关心和尊重，还可以加深好感。

　　（3）对销售人员来说，当与客户电话沟通时，遵循顾客至上的原则，通话结束后一定要让客户先挂电话。如果遇到客户无理挂电话，首先应该反省一下，是自己的语言出了问题，还是客户对自己所说的内容不感兴趣。

　　（4）用电话向上级汇报工作时，一般来说，下级向上级汇报完工作之后，领导不会立即表态，或者有时只是口头上说"不错"。下级可以这样对领导说："这样做不知道是否合适，请您指示。"不管领导当场给了什么指示，都要表示赞同和接受。如果当时领导没有明确指示，可以说："我会随时向您汇报的。"挂电话时，一定要等领导挂了之后才能挂。此外，在与领导通话时不能说"有事再联系"，这是对平级之间说的话。

　　（5）当你想结束一段漫长、啰唆的谈话时，可以这样告诉对方："不好意思，我有件重要的事情需要出去一下，我们再约个时间谈好吗？"或者"实在对不起，我马上要去开个会，我们有时间再谈好吗？"

　　（6）如果有人打电话来，一直不说正事，而是说一些不着边际的话，而你又想早点结束这次通话，可以引导他切入正题："你打电话来，是想让我在哪些方面帮助你呢？""你那么忙，打电话找我一定有什么事吧？"引导对方尽快从什么人、什么事、什么原因、什么时间、什么地点等几个方面说正事，之后便可以适时结束本次通话。

2.特殊情况的电话使用

（1）迟到、请假应由自己打电话给领导，不要让他人代为请假。

（2）外出办事时应保证电话畅通，以便随时与公司保持联系。

（3）外出办事前应告知领导去处及电话。

（4）若延误拜访时间，应事先向对方电话致歉。

（5）不要随意借用他人手机；如需借用应注意，借用的时间不要过长，一般不要超过5分钟。遇特殊情况，非得长时间接打电话时，应先征求对方的同意和谅解。

（6）不要轻易告诉别人领导和同事的电话号码。

（7）用传真机传送文件后，应电话联络。

>> **头脑风暴4-7**　　遇到下面的情况，你会做出怎样的选择

情况1：打电话时，你会（　　）。

A.一边通话一边吃苹果

B.在音响或电视机旁边打电话

C. 在较隐蔽的地方打电话

情况2：当你拨错了电话号码，你会（　　）。

A.一声不吭把电话挂断

B.对不起，我一定是拨错号码了，您的号码是88561314吗？

情况3：打电话时，一接通对方，你会（　　）。

A.马上有礼貌地说明你是谁

B.猜猜我是谁

C.喂，是我

情况4：如果你接到的电话是找你同事的，你会（　　）。

A."请等一下"，然后去把人找来听电话

B.把听筒扔到桌上，然后大喊"李雷，是找你的"

（提示：如果电话里要找的人不在，一定要记得询问对方是否要留言。如果有留言，需要马上拿笔记下来）

微课堂4-7

识礼知书　字
字珠玑——
微信礼仪

二、微信沟通礼仪

　　微信，是一款提供即时通信服务的免费应用程序，是目前人们网络社交的重要平台和媒介，是生活和工作必备的信息沟通渠道。我们通过微信拉近了与世界的距离，也让世界看到了自己。商务人士在职场活动中掌握规范的微信沟通礼仪，将有助于通过微信更好地开展商务活动，以达到良好沟通的目的。

（一）微信头像

客户都喜欢和专业的人士打交道，微信如果是用于商务交往的微信，微信头像应该使用健康、积极的图片，最好是使用本人职业照，尽量不用合照做头像。

（二）微信签名

你想告诉对方的有关信息在微信签名里体现，因此要备注一些有价值的信息。

▶▶ 业务链接4-5　　　"加微信"的礼仪

　　1.扫码加微信

　　微信扫码加好友，遵循"长幼有序、主客适宜"的原则，应该是"晚辈"（下属、级别次之、乙方、主人等）扫"长辈"（上级、领导、甲方、客人等）的微信。不论是晚辈还是长辈提出添加微信，晚辈都应该主动去扫描对方的微信二维码。

　　2.加别人为好友

　　希望加别人为好友时，如果第一次没通过，第二次添加时要说明自己是谁，添加微信的事由。如果三次都没通过，就不要加了。

　　3.主动添加好友

　　如果是主动添加好友，需要简单备注介绍及添加理由，谁先加的微信，谁就应该先自报家门。

　　4.加好友后主动问候

　　加为好友后，要第一时间打个招呼，第一时间问候，简单介绍一下自己，这会给对方留下更好的第一印象。

　　5.其他事项

　　不管是你主动加别人为好友，还是别人加你为好友，通过后第一时间修改备注，以防日后忘记对方信息。

（三）发微信礼仪

　　1.注意发送时间

　　发消息时要注意：非工作时间不要发、休息时间不要发（提示消息会打扰别人休息）。如果对方在国外，还要注意时差问题。

　　2.直接说事

　　不用问"在吗"，如果要问"在吗"，在说了"在吗"之后，要把事情顺便说出来，这样可以让对方决定回答在不在。

　　3.慎打语音或视频电话

　　不熟悉的人，不要打语音电话或视频通话，如果确实有必要打，打之前要先问问对方是不是方便。

　　4.慎用截图

　　如果是发送需要编辑的文件信息给别人，最好以文字的方式发给对方，不要发截图或发语音。

　　5.不要不做说明

　　直接转发帖子给别人或转到微信群里，需要说一下你转发的目的。如果要发文件给对方，先问下对方想通过微信还是电子邮件接收。因为文件有可能占用对方的手机内存，对方之后再把文件从手机转存到电脑，会增添麻烦。

　　6.优先选择文字，慎发语音

　　无论是给领导、下属，还是给同事发微信，优先选择文字，因为在商务活动中很多场合都不适合发出声音，如开会时，大家都选择手机振动或静音，发语音就非常不合时宜。因此原则上不发语音，特别是工作微信和60秒长语音。

7.工作微信注意排版

工作微信内容要有条理，有思路，要编辑好，字数较多时，需要分段并加标点符号。通常一条信息表达一件事情，多件事情就发多条信息。

8.工作微信要说明意图

如果发通知，可以加上"收到请回复"；如果是向领导请示工作，最后可以说"请领导批示"；如果发的只是一个提醒，可以告诉对方FYI（for your information），意思是让他了解一下，并不需要回复。

（四）收微信礼仪

1.要及时回复

如果在收到对方微信后不能马上给出答案，可以告诉别人"我要再想想，或者有时间再看"。

2.重要的人物置顶

通过置顶可以把最重要的群和人永远放在最上面，这样不容易遗漏重要信息。

3.语音类微信的处理

如果接收到语音类的工作微信，即使你不方便接听，你可以回复："现在不方便接听语音，如有急事，可以发送文字。"或者你可以选用微信的"语音转文字"功能，先大体了解信息内容。

4.工作信息及时回应

如果收到工作信息，但暂时没有时间处理的话，建议可以先回复："已收到，现在手头有其他工作。"或"在外出或者开会中，晚点回复你。"让对方知道你已经收到信息，不用一直焦急等待。

5."提醒"功能的使用

在工作时收到消息，不想立刻处理，又怕以后忘了，或者收到文件只保存却忘了看，都可以用"提醒"功能。

（五）微信群礼仪

1."拉群"礼仪

"拉群"之前一定要征求被拉对象的意见。同时，如果想邀请某人进群，应事先征得对方同意。群主应向群成员介绍群功能，如果是人数不多的工作群，最好介绍一下群成员。介绍顺序是将晚辈介绍给长辈，将下级介绍给上级，将男士介绍给女士。

2.微信群昵称和微信群名称的命名

针对群的主题来修改自己的群昵称。命名一个清晰明了的群名称，以此明确建群目的及沟通内容。

▶▶ 知识拓展4-5　　　微信群"七不发"

1.个人生活琐碎和烦恼的事不要发。

2.带有明显政治激进色彩的内容和图片不要发。

3.不可强制别人转发你的作品。

4.他人隐私不要发。

5.未经他人同意、带有个人隐私性质的内容和图片，不能随意发。

6.对于不确定的新闻，不要随意转发。

7.太过直白的广告不要发。

3.微信群常用礼仪

（1）群红包不要只抢不发，不要强行要求别人发红包。

（2）不是所有群的红包都可以抢，抢之前先看清楚是否是群发红包。

（3）能私聊的不群聊。群交流如果是两个人对话较多，不要在群里持续交流，可以加好友私聊，避免扰众。

（4）不要乱发表情包。群聊切忌连续发送不雅表情包，注意微信群是交流信息的地方，不是个人的情绪发泄地。

（5）公司项目群最好一群一主题，讨论结束后下载文件、备份聊天记录便可解散群。

（六）朋友圈礼仪

微信群的礼仪也适用于朋友圈，比如不发个人生活琐碎和烦恼的事，因为这既影响朋友们的情绪，浪费朋友们的时间，也会暴露个人隐私。涉及国家和工作单位机密的信息不要乱发；对于不确定的新闻，最好不要随意转发。

还要注意不要把与领导或同事的私人对话截图发到朋友圈，以免给对方带来困扰；不要在别人朋友圈评论里说涉及对方隐私的事情；朋友在朋友圈的评论应及时回复；不要盲目随意点赞，请在点赞评论前看好对方发的是什么内容，这是对他人的一种尊重。

▶▶ 知识拓展4-6　　国内外网络安全典型事例

【案例1】美国网络间谍活动公之于世。2013年6月曾经参加美国安全局网络监控项目的斯诺登披露"棱镜事件"，美国秘密利用超级软件监控网络、电话或短信，包括谷歌、雅虎、微软、苹果、Facebook、美国在线、PalTalk、Skype、YouTube等九大公司帮助提供漏洞参数、开放服务器等，使其轻而易举地监控有关国家机构或上百万网民的邮件、即时通话及相关数据。据称，思科参与了中国几乎所有大型网络项目的建设，涉及政府、军警、金融、海关、邮政、铁路、民航、医疗等要害部门，以及中国电信、联通等电信运营商的网络系统。

【案例2】中国网络安全问题非常突出。随着互联网技术和应用的快速发展，中国大陆地区互联网用户数量急剧增加。据估计，到2020年，全球网络用户上升至50亿户，移动用户上升至100亿户。网民规模、宽带网民数、国家顶级域名注册量三项指标居世界第一，互联网普及率稳步提升。然而各种操作系统及应用程序的漏洞不断出现，相比西方发达国家，我国网络安全技术、互联网用户安全防范能力和意识较为薄弱，极易成为境内外黑客攻击利用的主要目标。

【案例3】2009年6月，深圳一起涉及3 305万元的福利彩票诈骗案成为社会关注的焦点。深圳市某技术公司软件开发工程师程某，利用在深圳福彩中心实施技术合作项目的机会，通过木马程序攻击了存储福彩信息的数据库，并篡改彩票中奖数据，以达到其牟取非法利益的目的。

【案例4】2012年"3·15"期间，大名鼎鼎的"网银刺客"木马开始大规模爆发。该木马恶意利用某截图软件，把正当合法软件作为自身保护伞，从而避开了不少杀毒软件的监控，运行后会暗中劫持网银支付资金，影响十余家主流网上银行。

（资料来源　佚名. 关于网络安全的故事或事例［EB/OL］.［2017-11-02］. https://zhidao.baidu.com/question/1759875919622218068.html，有改动）

三、电子邮件沟通礼仪

微课堂4-8

规范有礼 见字如晤——电子邮件礼仪

据统计，如今互联网每天传送的电子邮件已达数百亿封，但有一半是垃圾邮件或是不必要的。"在商务交往中要尊重一个人，首先就要懂得替他节省时间。"电子邮件与私人信件有着很大区别，电子邮件沟通礼仪的一个重要方面就是节省他人时间，把有价值的信息提供给需要的人。

（一）标题

标题是电子邮件的灵魂所在。因此标题要提纲挈领，在主题栏里用短短的几个字概括出整个邮件的内容，便于收件人权衡邮件的轻重缓急，分别处理。标题的撰写，要注意以下事项：

1.不要空白标题

空白标题是失礼之举。职场交往中，如果在未写明标题的情况下不小心点击了发送键，也请追加一封邮件对此疏忽表示歉意。

2.标题要简短，不宜冗长

如果是对外邮件，最好写上来自××公司的邮件，以便对方一目了然又便于留存；对内邮件，要加上部门和姓名，如运营管理部李丽。

3.标题要能反映邮件的内容和重要性

切忌使用含义不清的标题，如"王先生收"，也不要用无实际内容的主题，如"嘿！"或是"收着！"等。

4.一封信尽可能只有一个主题

不在一封信内谈及多件事情，以便于日后整理。回复对方邮件时，应当根据回复内容更改标题。标题千万不可出现错别字和不通顺之处，切莫只顾检查正文却在发出前忘记检查标题。

示例1：电子邮件的错误主题格式如图4-1所示：

主题	工作回报 9/19 李东	有错别字
主题	《山东乡办开发项目进度日志表》及《乡办反馈问题解决方案》	标题太长
主题	#！！＃　．　111	乱码、无主题、无发件人
主题		空白
主题	chengjie　　工作日报	无发件人

图4-1　电子邮件的错误主题格式

示例2：电子邮件的正确主题格式如图4-2所示：

| 主题 | 李欣学　　期中工作总结--李欣学 |

简短明了、有发件人

图4-2　电子邮件的正确主题格式

（二）称呼与问候

1.恰当地称呼收件人

电子邮件的开头要称呼收件人。这样既显得有礼貌，也可以明确收件人是谁。在多个收件人的情况下，可以称呼"大家""各位同事""各位领导"。

如果对方有职务，应按职务尊称对方，如"×经理""×主任"；如果不清楚职务，则应按通常的"×先生""×女士"称呼。

2.开头最好要有问候语

电子邮件最简单的开头可以写一个"你好"或者"您好"。称呼应在第一行顶格写，开头问候语则是换行空两格写。

3.注意结尾

电子邮件结尾常见的是"祝您顺利"之类的祝福语，若是尊长应使用"此致敬礼"。注意，在非常正式的场合应完全使用信件标准格式，"祝"和"此致"为紧接上一行结尾或换行开头空两格，而"顺利"和"敬礼"为再换行顶格写。

▶▶ 业务链接4-6　　这封电子邮件的格式有错误吗

小白收到一封电子邮件，如图4-3所示，请你帮忙分析一下，这封电子邮件的格式是否有错误。

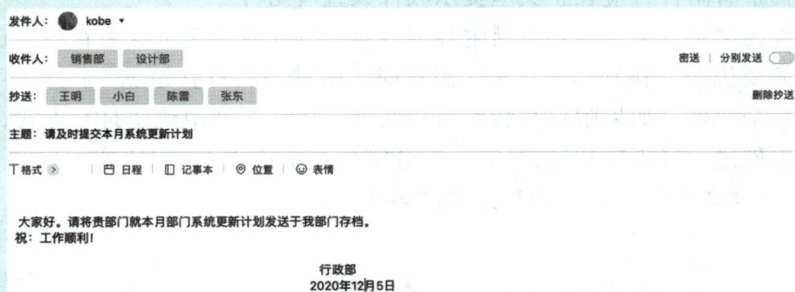

图4-3　小白收到的电子邮件

分析：（1）案例中邮件正文部分无称呼。（2）问候语没有换行空两格写。（3）事情来由说的不准确、不清楚。（4）"祝"应空两格写。

（三）正文

1.简明扼要，行文通顺

电子邮件正文首先应说明自己的身份、姓名或代表的企业名称，以示对对方的尊重。正文应简明扼要，如果具体内容确实很多，应只做摘要介绍，然后单独写一份文件作为附件进行详细描述。正文行文应通顺，多用简单词汇和短句，准确清晰地表达。

2.注意论述语气

根据收件人与自己的熟络程度、等级关系，是对内还是对外邮件，选择恰当的语气进行论述，以免引起对方不适。"请""谢谢"之类的敬语要经常出现以尊重对方，对别人意见的评论必须谨慎而客观。

3.多用段落形式，以清晰明确

如果事情复杂，最好分段落进行清晰明确的说明，每个段落简短不冗长。

4.一次邮件交待完整信息

最好在一次邮件中把相关信息全部说清楚、说准确。不要过两分钟之后再发一封"补充"或者"更正"之类的邮件，这会让人很反感。

5.合理提示重要信息

尽量不用大写字母、粗体斜体、颜色字体、加大字号等手段对一些信息进行提示。合理的提示是必要的，但过多的提示则会让人抓不住重点，影响阅读。

6.选择合适的语言和字体

中文用宋体或新宋体，英文用 Verdana 或 Arial 字型，字号用五号或 10 磅即可。这是经研究证明最适合在线阅读的字号和字体。特别是商务邮件，不要用稀奇古怪的字体或斜体，最好不用背景信纸。

7.合理利用图片、表格等形式来辅助阐述

对于带有技术介绍或讨论性质的邮件，单纯以文字形式很难描述清楚，可以配合图表加以阐述。

8.慎用表情符号

不要使用:）之类的笑脸字符，在商务信函里这样显得比较轻佻。

9.附件

如果邮件带有附件，应在正文里提示收件人查看附件。

附件文件的名字，最好能够概括附件的内容，方便收件人下载后管理。正文中应对附件内容做简要说明，特别是带有多个附件时。附件数目不宜超过4个，数目较多时应打包压缩成一个文件。如果附件是特殊格式文件，应在正文中说明打开方式，以免影响使用。如果附件过大（不宜超过2MB），应分割成几个小文件分别发送。

示例3：电子邮件正文的正确格式如图4-4所示：

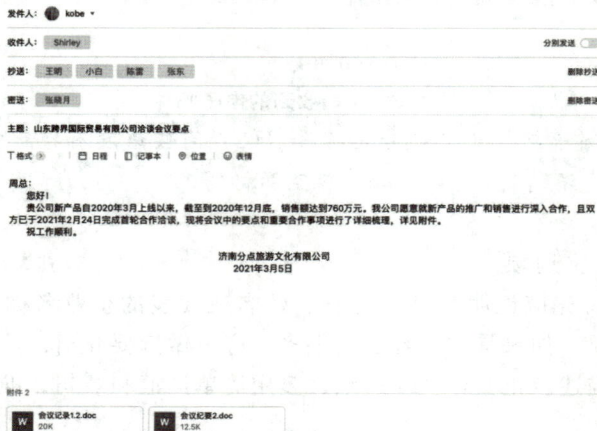

图4-4　电子邮件正文的正确格式

（四）结尾和签名

1.结束语

邮件的结束语必不可少，可以把这部分内容设计在签名里。

2.签名信息不宜过多

签名档可包括姓名、职务、公司、电话、传真、地址等信息，但信息不宜行数过多，一般不超过4行。

3.不要只用一个签名档

对内部和熟悉的客户等群体的邮件往来，签名档应该尽量简化。过于正式的签名档会让对方觉得疏远。可以在Outlook中设置多个签名档，灵活调用。

签名档文字应与正文文字匹配，可用中文简体、繁体或英文，字号一般比正文字号大一些。

4.正确使用发送、抄送、密送

要注意区分收件人、抄送人、密送人，如图4-5所示：

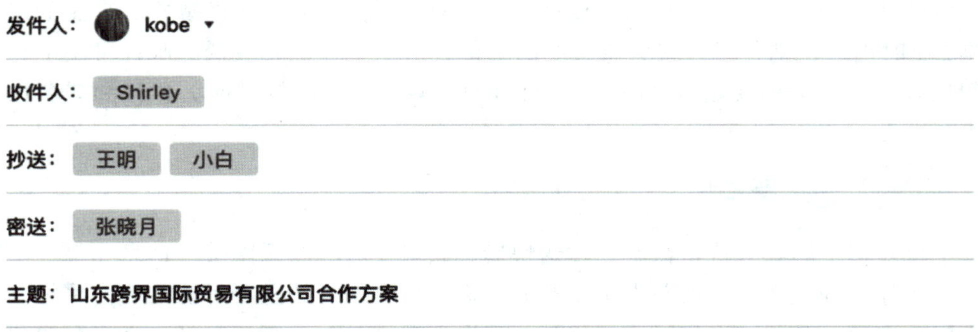

发件人：　　　kobe　▼

收件人：　Shirley

抄送：　王明　　小白

密送：　张晓月

主题：山东跨界国际贸易有限公司合作方案

图4-5　收件人、抄送人、密送人示例图

▶▶　知识拓展4-7　　　To和CC以及BCC之间有何区别

电子邮件可以有三种类型的收件人，分别是收件人（To）、抄送（Carbon Copy，CC）和密送（Blind Carbon Copy，BCC）。To和CC以及BCC在权限方面是一样的，区别在于BCC栏中的收件人是可以看到所有的收件人名（To，CC，BCC）的，而在To和CC栏中的收件人是看不到BCC的收件人名的。如果在职场交往中不希望收信人知道你把这封邮件还发送给了其他人，则可将其他人的邮箱地址放在密送一栏。

To的人是要受理这封邮件所涉及的主要问题的，理应对邮件予以回复响应。

CC的人则只是需要知道这件事，CC的人没有义务对邮件予以回复，当然如果CC的人有建议，也可以回复邮件。

BCC的人能够让各个收件人只查看到邮件，而不能看到其他收件人的地址。

To和CC中的各收件人的排列应遵循一定的规则。比如，按部门排列、按职位等级从高到低或从低到高排列。

电子邮件发送前应仔细检查收件人、抄送人、主题以及所添加的附件等是否正确无误（如图4-6所示），正文内容是否清晰合理，标点符号是否有遗漏等。如果客户端有多个电子信箱，还要确认所使用的邮件服务器是否正确，不要混淆了内部信箱和外部信箱。

示例4：收件人与正文称呼不符，见图4-6：

发件人： kobe ▾

收件人： Shirley   抄送 密送 | 分别发送

主题：新产品开发总结

T 格式 ⊙ | 🗓 日程 | 📓 记事本 | ⊙ 位置 | ☺ 表情

各位领导：
　　附件为新产品开发总结，请查阅！

白玥|
2020年8月3日

图4-6　收件人与正文称呼不符

5.回复邮件

收到他人的重要电子邮件后，要即刻回复对方，这是对他人的尊重。理想的回复时间是2小时内，特别是对一些紧急重要的邮件；对于一些优先级低的邮件可集中在特定时间处理，但一般不要超过24小时。直接回复对方发来的邮件时，称号和署名也必不可少。

四、短信沟通礼仪

手机短信交际具有价格低廉、发送快捷、收讯及时、联系隐蔽、信息完整、不易遗漏、便于保存等优点，是商务人士在职场中进行信息沟通的重要手段之一。手机短信符合中国人内敛、含蓄的文化特征，成为商务人士向交际对象表达问候、良好祝愿和慰问的重要载体。但是如果在手机短信交际中不讲礼仪随意发送，可能会适得其反，造成交际障碍。所以职场中使用手机短信沟通时须注意以下方面：

（一）发短信一定要署名

手机短信也是信函的一种，短信署名是对对方的尊重。短信格式应符合普通书信的基本格式要求，应该先有对收信方的称谓、问候语，然后才写具体内容，最后加上敬语并署上自己的姓名。

（二）重要电话先用短信预约

商务活动中，要给身份高或重要的人打电话，如果知道对方很忙，可以先发短信"您好，有事找您，是否方便给您打电话呢？"如果对方没有回短信，一定不是很方便，可以在较久的时间以后再拨打电话。

（三）工作时间不要没完没了发短信

工作时间没完没了地发短信，会打扰对方工作，甚至可能让对方违纪。如果对方正在主持会议或者正在商谈重要事项，闲聊天式的短信更会让对方心中不悦。

（四）注意发短信时间

有些人觉得晚上10点以后不方便给对方打电话了，发个短信告知就行。短信虽然更加简便，但如果太晚，也一样会影响对方休息。

（五）提醒对方时最好用短信

如果事先已经与对方约好参加某个会议或活动，为了防止对方忘记，最好事先用短信提醒一下而不要直接打电话。打电话会让对方有不信任之感，短信就显得非正式、亲切得多。注意短信提醒时语气应当委婉，不可生硬。

（六）发送回复讲时效

如果收到通知类短信，一定要及时回复，以便让对方明确，信息你已知晓；如果是祝福或问候类短信，原则上也应及时回复。中国人讲究礼尚往来，这样才能通过短信加深双方的感情。

【任务实施】

实施描述：请以小白遇到的突发情况为背景，结合情景导入中的信息，为她找到合适的汇报沟通媒介，并给予合理的解决方案。

实施准备：职业装、训练室。

实施步骤：

1.学生以小组为单位，在教师的指导下进行媒介沟通练习，熟练掌握职场中的媒介沟通规范。

2.以小组为单位进行媒介沟通能力PK赛，选出每组最佳技能手。

【任务评价】

媒介沟通礼仪考核评分标准见表4-20：

表4-20　　　　　　　　　　媒介沟通礼仪考核评分标准

序号	考核内容	考核要点	分值	自评分	互评分	教师评分
1	电话沟通礼仪	沟通方式	20			
		沟通内容	20			
		问题所在	20			
2	微信、短信、电子邮件媒介沟通礼仪	能根据场合选择正确的媒介沟通方式	20			
5	整体印象	自然、自信、端庄、大方、适度，具有较强的集体意识和团队合作精神	20			
总分			100			
小组自评						
小组互评						
教师评价						
小组成员个人得分	姓名					
	得分					
说明	小组任务得分=小组自评分×20%+小组互评分×30%+教师评分×50%。小组成员个人得分由小组长和教师根据个人任务完成的情况分配分数					

任务三　上下级沟通礼仪

【任务目标】

知识目标：

1.掌握上下级沟通的礼仪规范。

2.掌握上下级沟通的方式。

能力目标：

1.掌握符合工作场合要求的上下级沟通礼仪技能。

2.能进行有效的上下级礼仪沟通。

素质目标：

1.避免在工作场合出现上下级相处失礼现象。

2.崇德向善、诚实守信、尊重生命，具有服务意识、工匠精神和创新思维。

【任务导入】

小白因其为人比较随和，不喜争执，和同事相处得都比较好。但是，前一段时间，不知道因为什么原因，同一部门的小李却是处处和她过不去，她的工作任务也都有意让小白做，甚至还抢了小白好几个客户。

起初，小白觉得都是同事，没什么大不了的，自己忍一忍就算了。但是，小李却越来越过分，小白一赌气，告到了经理那儿，经理批评了小李，从此，小白和小李成了冤家。

微课堂4-9

上和下睦　桑榆之礼——上下级礼仪

任务要求：在上下级沟通中，经理、小白和小李都存在哪些问题？他们该如何改进呢？

【知识储备】

有人说："职场生存，三分在于工作能力，七分在于为人处世之道。"其中上下级之间的相处格外重要。上下级之间分工不同，是领导与被领导的关系；但同时，上下级也是合作关系。所以，要做到精诚合作，提高工作效率，至关重要的一点就是妥善处理上下级之间的关系。

掌握上下级沟通技巧，有助于员工提升与上级的沟通能力；有助于上级更加清楚地了解下属情况，提高管理效能；有助于密切上下级关系，提升团队合作力。

一、打破上下级沟通障碍

在实际工作中，很多下属在与上级沟通时存在畏难情绪，不积极主动，喜欢被动等待甚至逃避沟通。据分析，不积极主动沟通的原因主要有：上级地位高，有一种威严感，不敢和上级接近；上级很能干，自己不用那么积极，多一事不如少一事；自己犯了错，害怕被上级发现后挨批评，所以能拖一时是一时。如何打破上下级沟通的障碍呢？

（一）克服被动等待心理

职场中，有的员工在处理上下级关系时存在被动心理，认为反正领导有事总会来找我的，自己等着就可以，久而久之会陷入不良工作状态中。

>> **头脑风暴4-8**　　老工程师的烦恼

　　小白公司的工程部多数是有经验的老工程师，但最近却被公司新的打卡设备和工程检测系统难倒了。大家总是不能按照要求进行标准打卡，原因是使用的手机系统老旧，经常出现秒进秒出的现象。当时，大家都觉得领导没有找他们，应该就没问题，但月末还是被公司处罚了。老工程师们觉得非常委屈，工作每天都按时做了，只是没有全部打上卡而已。

　　讨论：老工程师们的工作方式有问题吗？

（二）克服逃避问题心理

职场中工作难免会出错，出现错误后即使会被领导批评也要第一时间向领导汇报，这才有可能大事化小，小事化了。

>> **头脑风暴4-9**　　小王的难题

　　小白公司的行政秘书小王，近期家里事情较多，精力总是不能集中。在一次重要的商务洽谈中，错拿了一份重要的销售方案，最终酿成大祸。其实，在商务洽谈的前一天，小王意识到自己记不清楚是不是准备好了那份文件，印象中是已经整理好并归类到文件袋，但是没有及时向上级汇报这个情况。后来在洽谈现场发现该文件缺失，文件袋里的是另外一份往年类似的方案。这样的疏忽引起了对方公司的不满，洽谈不得不终止。

　　讨论：小王的工作有问题吗？

（三）主动出击

工作中要做到主动出击。当需要和上级沟通时，要积极主动，避免在被动等待中耽误时间。要克服畏难情绪，把上级看成是一起工作的合作伙伴。

>> **头脑风暴4-10**　　小白的困难

　　小白的公司要求销售部开展会员卡销售业务，每天的最低任务量是销售N张卡，这让小白非常为难。因为入职不久的她没有太多销售经验，即使每天都在努力推销，但效果依然不好，甚至有几天还出现零销售的现象。为此，小白的压力越来越大。她曾经有过请教上级的想法，但在上级面前总有莫名的压力，所以最终还是放弃了，业绩也没有提高。

　　其实，小白的上级也发现了小白销售不理想的现象。虽然小白在之前的工作中是非常认真负责的，表现也不错，但就是在售卡任务上表现不佳，按规定是应该给予处罚的，可小白的上级又于心不忍，决定给她一些时间去改进，但小白一直没有改进。如果这件事一直压着不处理，对其他人是不公平的，所以小白的上级还是处罚了小白。

　　讨论：小白的问题出在哪里？

二、上下级沟通的方式

在与上级沟通时，要选择合适的方式才能事半功倍。

（一）书面沟通

书面沟通，包括邮件、书信、工作报告等。这类沟通方式的优点是详细全面，形式正式，内容可溯源，有据可查；缺点是反馈周期比较长，双方信息共享不充分。这种方式主要适用于常规性工作汇报、完整详细的策划方案、业务创新与建议。

（二）即时性交流工具

通过微信、QQ、内部工作群或电话沟通的优点是及时性、共享性和互动性强。缺点是内容比较零碎，无法完整地表达观点，而且信息多而杂，会导致重要的信息被淹没。这种方式主要适用于需要上级及时反馈的申请、及时回复上级布置的任务、快速响应突发的工作安排等。

（三）面对面会议

面对面会议沟通的优点是沟通直接，共识明确，避免误解。缺点是发言机会少，观点无法详尽叙述，容易受周围人群的干扰。这种方式主要适用于阶段性的汇报、澄清问题、需要达成共识等。

（四）直接面谈

直接面谈沟通的优点是有利于聚焦主题；一对一的交流不会受到其他因素干扰，相互作用比较直接；私密性好；缺点是比较难找到合适的机会。这种方式主要适用于重要的工作汇报、请教工作中的困惑或者事关个人发展的问题，如升职加薪。

三、上下级沟通的技巧

（一）有的放矢

职场中存在不同性格类型的上级，主要有热情型、控制型、分析型和无为型。首先要了解不同类型的上级特点，然后选择有针对性的沟通技巧。

1.热情型的上级

这样的上级充满活力，是天生的行动派。与热情型的上级沟通时，要提前想好行动方案，这样才有更多的共同语言，但这种类型的上级情绪变化比较大，所以要在他们情绪好的时候去交流，易于沟通。

2.控制型的上级

这样的上级比较有权威，属于霸道总裁型。所以在沟通的过程中，尽量让上级去做决定。这个时候，如果自己能通过积极的沟通在某些问题上对上级的指示发表具有引导性的建议，同时把自己放到比较低的位置，沟通很可能就取得了大半的成功。但是，这样的上级多数比较固执，所以务必不要与上级发生顶撞。

3.分析型的上级

这样的上级比较理性，做事强调依据、证据、论据。与这样的上级沟通时，需要提前做好充足的准备，否则，沟通可能会无法进行下去。

4.温和型的上级

这样的上级通常性格比较温和，但与这类上级沟通时，一定要准备好自己的想法和意见。如果想听上级的意见，可能会比较失望，因为这类型的上级可能更喜欢给予鼓励的言语，而不一定是实际的意见。

（二）找准时机

职场活动中，与上级进行沟通的时间要慎重选择，把握好三个最佳时间至关重要。第一个是黄金时间。黄金时间指上级就餐前的30分钟，因为这个时候上级往往已经把重要的事务安排完毕，一般只用来处理某些杂事，比较适合进行沟通。如果上级把用餐时间也安排了工作，则可以选择第二个最佳时间，即白金时间。白金时间是下班前的30分钟。在这个时间段里，一天的主要工作基本完成，比较适合沟通。第三个时间段被称为钻石时间，指工作中的休息时间，如茶歇时间、午休时间。这个时间段里上级的心情最放松，也会专注于你的话题，沟通效率会比较好。

（三）结果导向

任何沟通最后都会体现在实际行动中，多数情况下还需要有一定的结果，所以与上级的每次沟通都要评估一下沟通的效果。每次沟通结束后，可以通过以下四个问题（如图4-7所示）进行结果导向评估。

| 上级知道了吗 | → | 上级理解了吗 | → | 上级认同了吗 | → | 确定行动了吗 |

图4-7　与上级沟通的四个问题

总之，与上级沟通时要主动出击，不要被动等待；同时方法对路，了解上级个性，选择合适的方法路径；此外找准时机，利用三个最佳时间，实现顺利沟通；最后，根据四个问题评估，通过结果导向，保证沟通的有效。

"微演练4-4：该怎样和上级进行有效沟通"演练要求及参考评价见表4-21：

微演练4-4

该怎样和上级进行有效沟通

表4-21　　　　　"该怎样和上级进行有效沟通"的演练要求及参考评价

演练项目	该怎样和上级进行有效沟通	
演练准备	模拟办公室	
演练要求	着职业装，化职业妆	
演练方法	1.将学生分组，每组5~6人 2.由教师指导，学生分组练习 3.小组内的成员依据创设的情境进行讨论，找出存在的问题	
演练评价	知识应用	1.掌握正确的上下级沟通方式 2.掌握上下级沟通方式的注意事项
	能力提升	1.能够正确地选择上下级沟通方式 2.能够正确地进行上下级沟通
	素质培养	1.建立正确的价值观 2.一丝不苟、精益求精 3.按照礼仪要求勇于实践
	成果展示	在工作等场合有效地和上级进行沟通

四、上下级沟通的礼仪

（一）摆正位置

摆正位置是搞好上下级关系的前提。下级的正确做法是对上级既热情又不过火，既大度相处又不缩手缩脚。

>> 业务链接4-7　　　职场中的上下级沟通礼仪

1. 见到上级主动问好，面带微笑，微微点头，以示恭敬。

2. 养成守时的好习惯，无论是开会还是聚会，都必须提前到达，可以给自己充分准备的时间，让自己将清思路。

3. 开会时坐姿端正，不得背靠椅背，不趴在桌子上，回答问题先举手，经主持人同意后起立发言。

4. 不管是在饭桌上，还是在办公室、会议室，见到上级到来应立即起身，待上级入座或上级许可后，方可入座。

5. 与上级同行时，应走在上级左侧斜后面0.5米处，随时观察上级动态，上级动则自己动，上级停则自己停，见到前面有门，主动上前为上级打开。

6. 与上级同乘电梯时，按住电梯按钮让上级先进，先按上级所到楼层，到了以后，按住电梯按钮让上级先出，然后再去自己所到楼层。

（二）不能越位

就下级来说，在工作中不能超越自己的职位权限，下级要服从上级领导，要严格按照上级的指示工作，并维护上级的权威。尊敬上级，争取上级的帮助和支持。尽可能地帮助上级排忧解难，识大体、顾大局。如出差在外地，不要将在外，君命有所不受，一定要多打电话汇报工作，让上级知道你的行踪。向上级汇报工作时，不能只提问题，还要提供解决方案，且方案不能只有一个，要有备选方案，并向上级分析利弊，让上级决定。

（三）尊重工作

上级在指示工作、提出意见、宣布指令时，下级要拿出本子，认真记录要点，不清楚的地方一定要当面询问清楚，如有必要还可以重述要点。下级完成上级交办的任务，并在工作中体现自己的创造性，如果确实完不成，要主动向领导说明原因。上级安排工作后，一定要主动汇报工作进度，不能杳无音讯，不能没有下文，不能事事都要上级追问。

【任务实施】

实施描述： 请以销售部实习生小白遇到的问题为背景，结合任务导入中的信息，为她找到问题的所在，并提出合理的解决方案。

实施准备： 职业装、训练室。

实施步骤：

1. 学生以小组为单位，在教师指导下进行上下级沟通练习，熟练掌握职场中上下级沟通规范。

2.以小组为单位进行上下级沟通能力PK赛，选出每组最佳技能手。

【任务评价】

上下级沟通考核评分标准见表4-22：

表4-22　　　　　　　　　　　上下级沟通考核评分标准

序号	考核内容	考核要点	分值	自评分	互评分	教师评分
1	上下级沟通方式、技巧	沟通方式	20			
		沟通技巧	20			
2	上下级沟通礼仪	能根据场合正确地运用上下级沟通礼仪	20			
3	整体印象	自然、自信、端庄、大方、适度。具有较强的集体意识和团队合作精神	40			
总分			100			
小组自评						
小组互评						
教师评价						
小组成员个人得分	姓名					
	得分					
说明	小组任务得分=小组自评分×20%+小组互评分×30%+教师评分×50%。小组成员个人得分由小组长和教师根据个人任务完成的情况分配分数					

项目微测试

一、不定项选择题

1.从语言技巧上说，拒绝有（　　　）等方式。

A.直接拒绝　　　　　B.婉言拒绝　　　　　C.沉默拒绝　　　　　D.回避拒绝

2.职场交往中，人们在通话过程中所使用的（　　　）等要素，不仅展现了通话人的形象和素质，还代表了通话人所在公司的礼仪接待水平。

A.语言　　　　　　　B.语调　　　　　　　C.内容　　　　　　　D.态度

3.使用手机短信沟通时须注意的方面有（　　　）。

A.发短信一定要署名　　　　　　　B.重要电话先用短信预约

C.在工作时间不要没完没了地发短信　D.注意发短信时间

E.提醒对方时最好用短信　　　　　F.发送回复讲时效

4.直接面谈方式的优点有（　　　）。

A.有利于聚焦主题　　　　　　　　B.一对一的交流不会受到其他因素干扰

C.相互作用比较直接　　　　　　　　D.私密性好

5.职场中上下级沟通的礼仪有（　　　）。

A.见到上级主动问好，面带微笑，微微点头，以示恭敬

B.养成守时的好习惯，无论是开会还是聚会，都必须提前到达，可以给自己充分准备的时间，让自己捋清思路

C.开会时坐姿端正，不得背靠椅背，不趴在桌子上，回答问题先举手，经主持人同意后起立发言

D.不管是在饭桌上，还是在办公室、会议室，见到上级到来，应立即起身，待上级入座或上级许可后，方可入座

二、判断题

1.与上级或长辈进行电话沟通后，一定要先挂电话。　　　　　　　　　　　（　　　）

2.接通电话后，要礼貌问候，并自报家门。在通话中为了给对方留下良好声音的第一印象，要使用礼貌用语，不要使用禁用语。　　　　　　　　　　　　　　　　（　　　）

3.针对微信群的主题来修改自己的群昵称。命名一个清晰明了的群名称，以此明确建群目的及沟通内容。　　　　　　　　　　　　　　　　　　　　　　　　　（　　　）

4.适合接打电话的时间是上班时间。　　　　　　　　　　　　　　　　　（　　　）

5.微信扫码加微信好友，遵循"长幼有序、主客适宜"的原则。　　　　　　（　　　）

三、思考题

1.我们生活的世界是个沟通的世界，沟通的品质决定了生活的品质，那么，我们该如何提高沟通能力？

2.如果对方找的人未在办公室或不在座位，应该用什么方式处理？

3.用学到的知识和朋友进行沟通，让他们看到不一样的你！

四、实务题

某公司的毛先生是杭州某三星级酒店的商务客人。他每次到杭州，肯定会住在这家三星级酒店，并且每次都会提出一些意见和建议。可以说，毛先生是一位既忠实友好又苛刻挑剔的客人。

某天早晨8点，再次入住的毛先生打电话到总机，询问同公司的王总住在几号房间。总机李小姐接到电话后，请毛先生"稍等"，然后在电脑上进行查询。查到王总住在901房间，而且并未要求电话免打扰服务，便对毛先生说"我帮您转过去"，说完就把电话转到了901房间。此时901房间的王先生因昨晚旅途劳累还在休息，接到电话就抱怨下属毛先生不该这么早吵醒他，并为此很生气。

请问：总机李小姐的做法是否妥当？

五、互动题

1.情景模拟：你到单位报到的第一天，去人事部门办理工作证后，由人事部经理带你去餐饮中心办理饭卡。

2.互动游戏：不说"不"。

如果你是一名会议组织者，会议开场前，大家都集中在会场前五排就座，只有两个人坚持坐在会场后排的座位上，你如何说服他们？会议组织者在此过程中不说"不"字。

项目评价

项目四的参考评价表见表4-23：

表4-23　　　　　　　　"沟通礼仪——搭建沟通桥梁"参考评价表

考核日期：							
	序号	内容	完成情况		标准分	自评分	教师评分
			完成	未完成			
自测内容	1	掌握有声语言沟通的要求			10		
	2	掌握表情语沟通的要求			10		
	3	掌握界域语的规范			10		
	4	掌握首语的沟通规范			10		
	5	掌握无声语言信号的意义			10		
	6	掌握类语言的使用规范			10		
	7	掌握正确的倾听要领			5		
	8	掌握正确的表达原理			5		
	9	掌握正确的电话礼仪			5		
	10	掌握正确的邮件礼仪			5		
	11	掌握正确的网络沟通礼仪			5		
	12	掌握正确的上下级沟通礼仪			5		
	13	团队协作			5		
	14	沟通表达			5		

总评成绩：

项目五 商务礼仪——唱响商务之歌

在山东跨界国际贸易有限公司工作一段时间之后，小白和同学逐渐从职场新人成长为职场达人，负责公司的商务接待、会议、仪式、宴请等活动。在这些场合，他们应该如何展现良好的企业形象和个人形象，掌握商务礼仪的哪些知识呢？

任务一 接待礼仪

【任务目标】

知识目标：

1.掌握称呼、介绍、握手、致意、名片、座次、电梯、乘车礼仪的规范与要求。

2.掌握称呼、介绍、握手、致意、名片、座次、电梯、乘车礼仪的注意事项和禁忌。

能力目标：

1.能够根据实际情况及时、准确、恰当地进行自我介绍和对他人的介绍。

2.能够规范、正确地运用握手、致意、名片、座次、电梯、乘车礼仪。

素质目标：

1.在接待场合始终以礼待人，避免失礼于人。

2.在商务交往中成为受别人欢迎的人。

3.具有家国情怀、民族自信、国际视野。

4.传承中国传统文化，遵守国际礼仪。

【任务导入】

山东跨界国际贸易有限公司秉承客户为先的理念，成立了"客户卓越体验部"，整体负责客户体验项目的推进。下周将有部分客户来到公司，由小白和部门同事负责此次接待工作，公司力争与每一位客户或合作伙伴建立良好的客情关系。

微动画 5-1

走进接待礼仪

任务要求：小白能够表现出合适的接待礼仪吗？他们需要注意哪些事项和禁忌呢？

微课堂 5-1

【知识储备】

在人际交往中，尤其是在初次交往中，一个人留给交往对象的第一印象是至关重要的。它不但影响对方对自己的评价与看法，而且还会在很大程度上直接影响到

欲取先予 先入为主——称呼与介绍礼仪

双方后续的交往。因此，与他人会面时，要想留给对方良好的第一印象，应掌握并且恰到好处地运用会面礼仪。

一、称呼礼仪

（一）称呼他人

1.职务性称呼

职务性称呼可以分为三种：第一种，仅称呼职务。在工作中，对有职务的人，可以仅称呼对方的职务，如部长、科长、经理、院长、书记等。第二种，在职务之前加上姓氏。在职务前加上姓氏，可以比较确切地称呼对方，如李部长等。第三种，在职务之前加上姓名。在职务前加上姓名，一般适用于极其正式的场合，如苏强厂长、王斌经理等。

2.职称性称呼

职称性称呼可以分为三种：第一种，仅称呼职称。在工作中，对有职称的人，可以仅称呼对方的职称，如教授、工程师等。第二种，在职称前加上姓氏。在职称前加上姓氏，如张教授、郑工程师等。第三种，在职称前加上姓名。在职称前加上姓名，适用于十分正式的场合，如张晓教授、齐飞工程师等。

3.学衔性称呼

在学术领域中，为了强调权威性或增强现场学术氛围，常以学术头衔作为称呼。第一种，可以仅称呼对方的学衔，如博士等。第二种，在学衔前加上姓氏，如杨博士等。第三种，在学衔前加上姓名，如杨涛博士等。第四种，将学衔具体化，说明其所属学科，并在其后加上姓名，如法学硕士李明月等。

4.行业性称呼

遇到这种情况，可以直接称呼职业，如律师、记者、医生、作家、教师等。

5.常规称呼

常规称呼适用面比较广，如女士、先生等类似的称呼。

▶▶ 知识拓展5-1　　　称呼的原则

1.称呼他人时，必须考虑双方的具体关系。在人际交往中，彼此之间的关系如果不同，使用的称呼也应有所区别。

2.称呼他人时，必须兼顾当时当地的具体场合。同一种关系的人，在不同的场合里彼此之间使用的称呼应有所不同。例如，在正式场合或是在外人面前，需要采用正规称呼；在非正式场合或是在自己人面前，则可以采用各种非正规称呼。

3.正规称呼，主要适用于人与人之间的初次交往、因公交往和对外交往。正规称呼是通过称呼的使用，体现称呼者对被称呼者的谦恭与敬意。正规称呼可以分为下列几类：一是以"您"相称；二是以先生、女士或夫人相称；三是以学衔、军衔、警衔相称；四是以职务、职称或职业相称。

4.非正规称呼，主要适用于各类非正式场合，并且多为亲朋好友之间采用。非正规称呼是通过称呼的使用，表达称呼者对被称呼者的亲近与随和。非正规称呼可以分为下列几类：一是以你相称；二是以姓名相称；三是以"老"或者"小"加上姓氏相称；四是以名字或者小名相称；五是以辈分相称。

（二）自我介绍的称呼

炫耀、标榜自己的自我介绍，不会收到良好的效果。只有谦逊、平和的自我介绍，才能赢得对方的尊敬与信任。例如："您好，我是姚振亚，是鲁房置换公司的业务员。"

（三）为他人做介绍的称呼

介绍时应注意称呼有礼。通常的做法是姓名加上尊称、敬语，比较正式的可以说："尊敬的李航先生，请允许我把郑中华先生介绍给您。"一般场合下，可以略去敬语及被介绍人的名字，比如，"两位经理上午好！请允许我为两位介绍一下，这位是我们公司销售部的徐经理，这位是恒远装饰公司的崔经理"，或者"周女士，让我来给您介绍一下，这位是汤先生"。

》》　业务链接5-1　　称呼礼仪的注意事项

使用错误的称呼，主要在于粗心大意，用心不专。常见的错误称呼有以下几种：

1.误读。一般表现为念错被称呼者的名字，特别是一些不常见的生僻字，如"戟""垚"等。所以应该事先做好功课，必要时，虚心请教，以免闹出笑话。

2.误会。主要指对被称呼人的年纪、辈分、婚否以及与其他人的关系做出错误判断。比如，将未婚女士叫作"太太"就是很大的误会。

3.无称呼语。比如："那个长头发的过来！""那个戴眼镜的别走！"用"嗨！""喂！"等称呼人，比如："嗨！靠边点！""喂！帮我个忙！"

4.不用尊称叫人，如"老头""秃头"等；地方性称呼，如"伙计"；称呼绰号（外号）。

5.使用过时的称呼。有些称呼，具有一定的时效性，一旦时过境迁，若再采用，难免贻笑大方。比如"老爷""大人"等，现在用就很不合时宜，显得滑稽可笑。

6.注意复姓称谓。汉族人的姓名比较简单，姓在前，名在后，除少数复姓外，绝大多数姓都是单姓。名有单名和双名。需要注意的是，掌握一些常见的复姓，以免到时候误把复姓拆开，当作单姓。常见的复姓有"欧阳""司马""诸葛""西门""东方"等。特别是在复姓后只有单名者更应注意，如果把"司马华"称作"司先生"或"司同志"，都是不礼貌的。

二、介绍礼仪

介绍是在人际交往中为使交往对象彼此有所了解而进行的说明，互不相识者之间通过介绍彼此认识，建立联系。按照被介绍者的不同，介绍分为介绍自己、介绍他人和介绍集体三种类型。

（一）介绍自己

介绍自己，又称自我介绍，是把自己介绍给他人，使对方认识自己。在进行自我介绍时以简短为佳，漫无边际地信口开河、长篇大论，会给人华而不实的印象。进行自我介绍时要实事求是、诚实无欺。具体涉及个人的情况，既不宜过度谦虚，再三地贬低、否定自己，也不应自吹自擂、夸大其词。

1. 自我介绍的时机

选择适当的时机介绍自己，才会使自我介绍引起他人的重视，并且令对方印象深刻。当对方忙于工作，或是正与他人交谈，或是精力集中在其他事情上的时候，自我介绍有可能打断对方，会很失礼，而且对方没有注意倾听，效果不好。干扰较少的时候、对方有兴趣的时候、初次见面的时候，都适合进行自我介绍。

2. 自我介绍的方式

介绍自己时，应当根据具体场合在介绍内容上有所区别。方式可以分为以下三种。

（1）应酬式

适用于某些公共场合和一般性的社交场合，面对泛泛之交。这种自我介绍往往只包括自己的姓名，比如："你好，我叫文燕。"

（2）交流式

适用于工作场合，面对意欲结交之人。这种自我介绍包括自己的姓名、单位及部门、职务、从事的具体工作或者所学习的具体专业等。比如："您好！我是鹏飞公司的销售经理，我叫张强。"

（3）问答式

适用于应试、应聘和公务交往场合。这种自我介绍兼以答复他人的询问，即针对交往对象提出的具体问题来选择自我介绍的基本内容，有问有答。

"微演练5-1：自我介绍应该怎么做"的演练要求及参考评价见表5-1：

表5-1 "自我介绍应该怎么做"的演练要求及参考评价

演练项目	自我介绍应该怎么做	
演练准备	礼仪实训室等	
演练要求	着职业装，化职业妆	
演练方法	1.将学生分组，每组5~6人 2.由教师指导，学生分组练习 3.小组内的成员依据创设的情境进行讨论，找出存在的问题	
演练评价	知识应用	掌握自我介绍的礼仪规范
	能力提升	1.能够正确地运用自我介绍礼仪 2.能够避免出现自我介绍的礼仪错误
	素质培养	1.建立正确的审美观、价值观 2.提升个人修养 3.知行合一，按照礼仪要求勇于实践
	成果展示	在工作等场合能够正确地进行自我介绍

（二）介绍他人

介绍他人，又称第三方介绍，是由介绍者作为第三方为互不认识的双方进行介绍。

1. 介绍者

介绍他人时，介绍者应由以下人员担任：一是与被介绍双方相识者；二是社交聚会的主人；三是公务往来中的专职接待人员；四是在场之人中地位最高者；五是应被介绍人一方或双方要求者。

2.介绍他人的顺序

介绍两人相识时，有先后顺序的礼仪，先要确定双方地位的尊卑，基本原则是"尊者居后"，即介绍双方时，应当首先介绍位低者，然后介绍位高者，使位高者首先了解位低者的情况，令位高者拥有"优先知情权"。

▶▶ 业务链接5-2   介绍他人的顺序

1.介绍职务高者与职务低者时，应先介绍职务低者，后介绍职务高者。

2.介绍公司同事与客户时，应先介绍公司同事，后介绍客户。

3.介绍长辈与晚辈时，应先介绍晚辈，后介绍长辈。

4.介绍男士与女士时，应先介绍男士，后介绍女士。在工作场合，不必采用"女士优先"的原则，而是不分性别、年龄，遵从"职位高者有优先权"的原则。只有当两个人的职务相同时，才遵循"女士优先"的惯例。

5.介绍未婚者与已婚者时，应先介绍未婚者，后介绍已婚者。

6.介绍主人与客人时，应先介绍主人，后介绍客人。

7.介绍同事、朋友与家人认识时，应先介绍家人，后介绍同事、朋友。

3.介绍他人的方式

（1）简单式

简单式适用于一般的社交场合，只介绍双方的姓氏或姓名，其他情况则留待被介绍者自己接下来酌情进行自我介绍。

（2）标准式

标准式适用于正式的场合，介绍双方的姓名、单位、职务、专业等。

（3）引见式

引见式适用于普通场合，当一方认识另一方而不为对方所认识时，由介绍者将前者引见并介绍给后者，后者的情况可以简单介绍或者不谈。

（4）强调式

强调式适用于为了加深被介绍双方之间的相互印象而对其中的一方或者双方的某一方面的情况着重介绍。

（三）介绍集体

介绍集体，是介绍他人的一种特殊形式，是由介绍者为两个集体之间，或者为个人与集体之间所做的介绍。

1.介绍集体的类型

（1）为集体与集体进行介绍

为集体与集体进行介绍时，讲究"双向介绍"，即对彼此的情况都要介绍。

（2）为个人与集体进行介绍

为个人与集体进行介绍时，讲究"单向介绍"，即只需着重介绍个人的情况，而不必过多地介绍集体的情况。

2.介绍集体的顺序

介绍集体同样应当遵守"尊者居后"的原则，先介绍地位低的，再介绍地位高的，比如，为两个集体进行介绍时，应当首先介绍东道主一方，再介绍来访者一方。

3.介绍集体的方式

（1）整体介绍

整体介绍即只介绍各自集体的总体情况，而不具体涉及集体里个人的情况。

（2）介绍个人情况

介绍个人情况即在整体介绍遵守"尊者居后"的原则后，对各方集体的个人情况予以介绍，在具体介绍一方集体中的个人情况时，应由尊而卑地依次进行。

▶▶ 业务链接5-3　　　介绍礼仪的注意事项

1.介绍者为被介绍者做介绍之前，应先了解被介绍者双方之间是否认识，征求被介绍者双方的意见，是否希望相互认识。不要贸然行事，以免弄巧成拙。当一方或双方无此愿望时，不要强人所难。

2.被介绍者在介绍者询问自己是否有意认识某人时，一般应欣然表示接受。如果不愿意接受，应向介绍者说明缘由，取得谅解。

3.介绍具体人时，应礼貌地以手示意，五指自然伸直、并拢，前臂与手成一条直线，提起前臂至左（右）侧前方，掌心向上，略向外倾，指向被介绍者，但目光反向，开口前首先要把目光投向身份高的人，然后转向将要被介绍的人，不要用手指指点点。

4.当介绍者走上前来为被介绍者进行介绍时，除职位高者、长辈和女士外，一般应起身站立，面带微笑，大大方方地目视介绍者或者对方，相互热情问候。但在会议、宴会进行时不必起立，被介绍人只要微微点头示意即可。

5.在为他人做介绍时，应态度认真、热情友好、语气自然、语速正常、语音清晰，不要给人敷衍了事或油腔滑调的感觉。

6.在为他人做介绍时，应同等对待，不可以对一方介绍得很多，而对另一方一语带过，也不可以只介绍一方而对另一方只字未提，不要给人厚此薄彼的感觉。

7.介绍者介绍完毕，被介绍者双方应依照合乎礼仪的顺序进行握手，并且彼此使用"您好""很高兴认识您""久仰大名""幸会"等语句问候对方。

三、握手礼仪

微课堂5-2

如人饮水　冷暖自知——握手与致意礼仪

在比较正式的场合，握手礼是最为重要的礼仪，它表示致意、亲近、友好、寒暄、道别、祝贺、感谢、慰问等多种含义。握手礼起源于西方，是见面和告辞时的礼节。在我国，握手礼不但在见面和告辞时使用，而且还作为一种祝贺、感谢或互相鼓励的表示。从某种意义上来说，它是国际社会中最常见的礼节，所以在社交场合要格外注意握手礼仪的细节。

（一）握手的顺序

1.双方握手

双方伸手的先后顺序，基本的原则是"尊者居前"，即应由地位较高者首先伸出手来，如果地位较低者首先伸出手来，则是失礼的表现。

2.身份地位不同的人握手

职务高者与职务低者握手时，应由职务高者先伸手；长辈与晚辈握手时，应由长辈先伸手；女士与男士握手时，应由女士先伸手；已婚者与未婚者握手时，应由已婚者先伸手；主人与客人握手，当客人抵达时，应由主人先伸手，体现主人对客人的欢迎之意；当客人告辞时，应由客人先伸手，体现客人表示感谢并请主人留步。

3.一个人与多人握手

这种情况下，握手的顺序有两种：一是由尊而卑地依次进行，适用于握手对象地位尊卑较为明显；二是由近而远地依次进行，适用于握手对象地位的尊卑不明显或难以区分。

（二）握手的方式

1.起身站立

通常在与别人握手时，应起身站立，含有对对方的恭敬之意。

2.使用右手

与别人握手时须使用右手。用左手与别人握手，一般被认为是不礼貌的，比如阿拉伯人、印度人，在他们看来左手是不洁的。

如果与对方关系亲近，握手时可以稍加用力和晃动，甚至双手相握。与初交之人尤其当对方为异性时，以双手相握是不合适的。

3.手位正确

与别人握手时，双方相互握住对方右手除拇指之外的其他四个手指。仅仅握住对方手指的指尖、握住对方的整个手掌，或者握对方的手腕，都是不当的。

4.时间适中

与他人握手的时间以3秒钟为宜。握手的时间既不宜过短，也不宜过长。如握手时间太短，会有敷衍对方之嫌；握手时间太长，则会显得热情过度。

5.力度适宜

握手时应注意力度，稍许用力，以示热情友善。如用力过轻，会令人感到缺乏热情；用力过重，则会给人以挑衅之感。

6.态度友好

与别人握手时，应目视对方双眼，并面带微笑。如果东张西望或者面无表情，都会给人以不专心、不友好的感觉。

7.稍事寒暄

与别人握手时，通常需要同时与对方交谈片刻，可以问候对方或小叙家常。如果始终一言不发，往往会导致冷场。但是也不要在握手时长篇大论、过分客套，这样会让对方不自在、不舒服。

➤➤ 业务链接5-4　　　握手的禁忌

1.不要在握手时戴着墨镜，除非患有眼疾或眼部有缺陷。

2.不要戴着手套，与人握手时应先摘下自己所戴的手套。但女士在社交场合戴着薄纱手套与人握手，是被允许的。

3.与别人握手时，另外一只手应空着，令其在身体的一侧自然垂放。如果将另一只手插入衣袋里，容易给人过分随便之感。

4.与人握手时，掌心垂直于地面，则表示待人平等；如果掌心向下，会给人以居高临下之感。

5.与人握手时，动作与幅度应当适度，不要把对方的手拉过来、推过去，或者上下左右晃动不止。

6.与人握手，应按照先来后到依次而行，不要推推搡搡、不守秩序、争先恐后。与多人握手时，不要交叉握手，即要避免与一人握手的同时与另外一人握手形成十字交叉状，尤其是对于基督教信徒，这种形状类似十字架，在他们眼里是不吉利的。

7.握手应用右手，如果右手正在做事一时抽不出来，或者手不干净、潮湿，应向对方说明，洗干净手后与对方热情相握。至少应和对方说"对不起，我的手现在不方便"，以免造成不必要的误会。

8.不应先伸手时就不要先伸手，见面时可先行问候致意，待对方伸手后再与之相握。不要拒绝和别人握手，即使对方忽视了握手礼仪的先后顺序先伸手，也应伸手与之相握，拒绝他人的握手是不礼貌的。

9.不要在与人握手后，立即擦拭自己的手掌，这样非常不礼貌。

10.不要以有污渍或患有传染性疾病的手与他人相握。

四、致意礼仪

致意表示问候、尊敬之意。致意时，应该诚心诚意，表情和蔼可亲。若毫无表情或精神萎靡不振，则会给人敷衍的感觉。

（一）点头致意

点头致意适用于与对方不宜交谈的场合，如会议会谈、人声嘈杂的街道或影院等公共场合，或是与相识者在同一场合多次见面。

（二）微笑致意

微笑致意是与交往对象目光相对，面带笑容，即不出声、不露齿地笑，应注意的是微笑要自然、真诚。

（三）欠身致意

欠身致意多用于身体处于座位的时候，而且不便起立的场合，在目视被致意者的同时，身体微微前倾，表示对他人的恭敬。

（四）挥手致意

挥手致意常用于相距较远的熟人之间打招呼，或行走匆匆不宜停留打招呼时。将右手及小臂提起至脸部右前方，掌心朝向对方，以手腕为轴，左右轻轻摆动一两下，一般在距对方2～5米远挥手致意比较合适。距离再远些时将胳膊抬起，以肩为轴，左右摆动，常用于送别。

》》业务链接5-5　　　致意礼仪的注意事项

1.致意礼仪不是只能单独使用,而是可以几种并用。例如,点头、微笑、挥手等,可以一气呵成。

2.在致意礼仪的同时,应使用"您好""早上好"等简洁的问候语,这样会使致意显得生动,更具活力。

3.受礼者一般应用相同的致意礼仪和语言进行回礼,表示谢意。

4.致意礼仪时,问候语的声音应大小适中,切忌大喊大叫,特别是在公共场合。

五、名片礼仪

名片的主要功能是便于在人际交往中向别人准确介绍自己的情况。在名片上面,一般印有本人的姓名、单位、部门、职务、联络方式等内容。名片既可用于自我介绍,又可用于与他人保持联络,还可用于访客留言、赠礼附言等。

微动画5-2
递接名片有
哪些礼仪呢

(一) 递送名片

1.准备名片

参加重要活动之前,应当有意识地准备好自己的名片,将名片装入专用的名片盒或名片夹,然后放入自己的上衣口袋或随身携带的包中,易于取用,以备不时之需。

微课堂5-3
躬身低头 笑
语盈盈——
名片礼仪

注意不要把名片放在钱包内、工作证内、裤子口袋内,不要将名片与杂物混在一起,以免需要用时,东寻西找手忙脚乱拿不出来,给人做事没有条理的印象。不要把自己的名片与别人的名片放在一起,以免慌乱中误将他人的名片当作自己的名片送给对方,造成失礼。

2.递送时机

递送名片多是在与他人初次见面时,希望认识对方,自我介绍或自己被介绍给对方的时候。遇到对方向自己索要名片,或者对方提议交换名片,交谈结束临别之时,都可以递送名片,表示保持联络的诚意。自己的单位、地址或联络方式发生变更时,也可以把自己的名片递送给熟人。

3.交换顺序

交换名片时,应当遵守"尊者居后"的原则,即双方中地位较低者应当先把自己的名片递送给地位较高者,如下级先递给上级,晚辈先递给长辈、男士先递给女士、主人先递给客人等。将自己的名片递送给多人时,应当由尊而卑依次而行,或者由近而远依次而行。不要跳跃式递送甚至遗漏,以免被对方误认为厚此薄彼。

4.态度与语言

将名片递送给他人时,应恭恭敬敬,主动走近对方,面带微笑注视对方,用双手或右手拿着名片上方的两角或一角,名片正面朝向对方,如果是坐着,应起立或欠身。

将名片递送给他人时，一言不发是极不礼貌的，应同时配以谦恭之语，可以说"请多关照""请多指教""希望今后保持联系"，或者直接说"您好，这是我的名片"。

▶▶ **知识拓展5-2** 名片的注意事项

1.名片不能随意涂改。有时名片上的内容有变更，又没来得及印新的名片，或者不愿意将原有的名片作废，就采取在旧名片上涂改的方法更新信息，比如手机号变动了，就在名片上面增补，虽然看似认真，但名片犹如脸面，这样做会贻笑大方。

2.商务礼仪讲究保护个人隐私，有教养的人不会向别人索取私宅电话号码。在国际交往中，讲究公私分明，工作名片上留的电话就是办公室的电话，手机号码、私宅电话则不标注。在国内商务活动中，为了联系方便，可将办公室电话、手机号码印在名片上。

3.名片上最好不标注两个以上的头衔。在国外，一些有地位、有身份的人有很多头衔，他们会准备几种名片，按照不同的交往对象，根据自己不同的身份来使用。

（二）接受名片

1.接受名片

接受他人名片时，应表现出自己的认真友好之意，起身站立，迎向对方，以双手或右手捧接。

2.礼貌道谢

他人将名片递送给自己，尤其是对方先递上自己的名片，这种做法是对自己的尊重。所以，在接受对方名片时，理当口头向对方致谢，或是告诉对方自己感到"非常荣幸"。

3.通读名片

在接过名片后，一定通读一遍，表示对对方的重视，及时了解对方的具体情况，当面请教不清楚的地方。

4.存放名片

在将他人的名片通读之后，应立即将名片收入名片盒、上衣衣兜、随身携带的包和袋，或者桌子的抽屉中。切勿一眼不看、反复把玩、折叠、压上东西、随手乱扔、乱掖乱塞、递给他人、放入裤兜内，都有不敬之意。

5.回赠名片

微示范5-1

[二维码]

在职场中收到对方的名片怎么做

他人先递上名片之后，应立即将自己的名片递给对方。如果没有随身携带名片或者名片用完了，应向对方表示歉意并说明理由，如"很抱歉，我没有带名片""对不起，今天我带的名片用完了"，或者告诉对方"改日再补"。

"微示范5-1：在职场中收到对方的名片怎么做"的示范项目要求及描述见表5-2：

表5-2　　　　　　　　　"在职场中收到对方的名片怎么做"的示范要求及描述

示范项目	在职场中收到对方的名片怎么做
教学模式	教学做一体化
建议学时	0.5学时
教学地点	一体化实训室
项目描述	收到对方名片后应读出对方姓氏，称呼对方的职位，这样才是尊重。另外应将名片放在名片夹里，否则会让对方感到你不专业

（三）索取名片

1.交换法

若要索取他人的名片，可以先递出自己的名片，告诉对方"非常高兴认识您，这是我的名片，请多指教"。来而不往非礼也，一般情况下，对方会回敬自己的名片。

2.明示法

直截了当地表达，告诉对方"认识您很高兴，能否有幸与您交换一下名片"。

3.谦恭法

对有地位、有身份的人或长辈，可以采用暗示法，询问对方："久仰您的大名，非常希望得到您的教诲，不知今后怎样才能向您请教？"

4.联络法

对身份、地位相仿的人、平辈或晚辈，可以询问对方："认识您很高兴，希望以后与您保持联络，不知道今后如何与您联系？"即便遭到对方的拒绝，也不至于令自己过分尴尬。

以上四种方法灵活使用，在向他人索取名片时会不失自尊与敬人之意。但是如果直接询问对方"你有名片吗"或者伸手向对方讨要"请给我一张名片吧"，都是非常不合适的。无论他人以何种方式向自己索取名片，都不宜拒绝。如果真的不想给对方名片，也不应直言相告，不应让对方有失面子，通常使用善意的谎言，可以说："不好意思，我忘了带名片。"或者说："非常抱歉，我的名片刚刚用完了。"

六、座次礼仪

（一）小型会议座次礼仪

小型会议，可以把会场布置成圆桌型或方桌型，领导和会议成员可以无拘无束地自由交谈，这种形式适合于召开15~20人的会议，如工作周例会、月例会、技术会议、董事会。它的主要特征是全体与会者均应排座，不设立专用的主席台。小型会议的排座，目前主要有以下两种具体形式：

微课堂5-4

尊卑高低　一座而定——座次礼仪

1.面门设座

一般以面对会议室正门之位为会议主席之座，即尊位（如图5-1所示）。通常会议主席坐在离会议门口最远的桌子末端。主席座位两边是参加公司会议的客人和拜访者的座位，或是给高级管理人员、助理坐的，以便帮助主席分发材料，接受指示或完成主席在会议中需要做的事情。

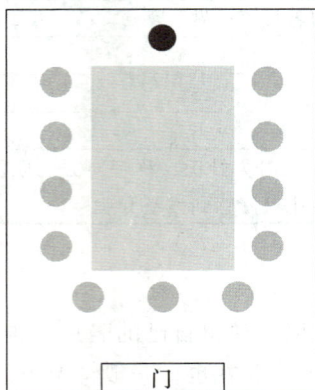

图 5-1　面门设座

2.依景设座

依景设座，是会议主席的具体位置不必面对会议室正门，而是应当背依会议室之内的主要景致之所在，如字画、讲台等（如图5-2所示）。

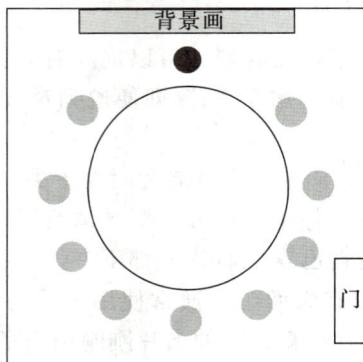

图 5-2　依景设座

（二）大型会议座次礼仪

1.主席台座次

大型会场的主席台，一般应面对会场主入口。在主席台上就座的人，通常应当与在群众席上就座的人呈面对面之势。每一位参会者面前的桌面上，均应放置双向的桌签。主席台排座，具体要考虑主席团排座、主持人座次、发言者席位等三个不同方面的问题。

（1）主席团排座

主席团，是指在主席台上正式就座的全体人员。按照国际惯例，排定主席团位次的基本规则有三种：一是前排高于后排；二是中央高于两侧；三是右侧高于左侧。判断的基准是在主席台上就座面对观众时的左方或右方。主席团人数为奇数，1号领导居中，2号领导在1号领导左手位置，3号领导在1号领导右手位置，依次就座（如图5-3所示）；主席团人数为偶数，1、2号领导同时居中，2号领导在1号领导左手位置，3号领导在1号领导右手位置，依次就座（如图5-4所示）。

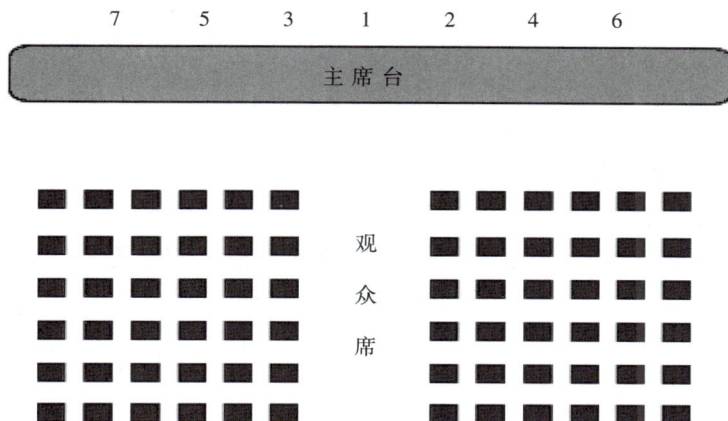

| 7 | 5 | 3 | 1 | 2 | 4 | 6 |

主 席 台

观
众
席

图5-3　主席团座次（主席团人数为奇数）

（图片来源　https://dy.163.com/article/EGGCMHAO0525EN38.html）

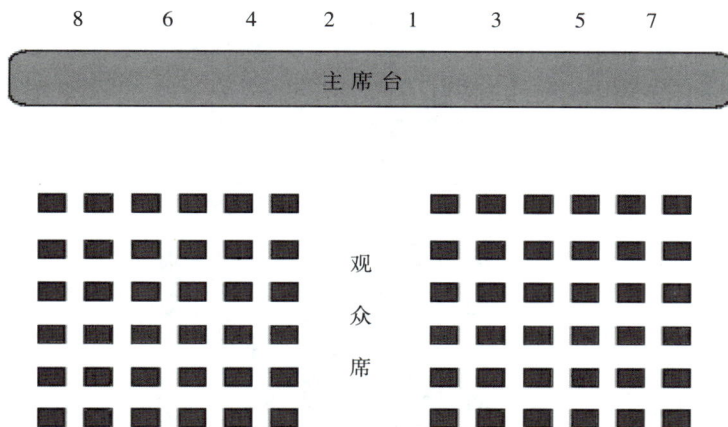

| 8 | 6 | 4 | 2 | 1 | 3 | 5 | 7 |

主 席 台

观
众
席

图5-4　主席团座次（主席团人数为偶数）

（图片来源　https://dy.163.com/article/EGGCMHAO0525EN38.html）

（2）主持人座次

会议主持人，又称大会主席。其具体位置有三种方式可供选择：一是居于前排正中央；二是居于前排的两侧；三是按其具体身份排座，但不宜令其就座于后排。

（3）发言者席位

发言者席位，又叫发言席。在正式会议上，发言者不宜就座于原处发言。发言席的常规位置有两种：一是主席团的正前方；二是主席台的右前方。

2.群众席座次

在大型会议上，主席台之下的一切座席均称为群众席。群众席的具体排座方式有以下两种：

（1）自由式择座

自由式择座即不进行统一安排，而由大家各自择位而坐。

（2）按单位就座

按单位就座即与会者在群众席上按单位、部门或者地位、行业就座。按单位就座时，如果分为前排后排，一般以前排为高，以后排为低；如果分为不同楼层，则楼层越高，排序越低。在同一楼层就座时，又有两种普遍通行的方式：一是以面对主席台为基准，自前往后进行横排；二是以面对主席台为基准，自左而右进行竖排。

（三）会议室座次礼仪

1.长条桌座次礼仪

会议室里摆放长条桌，长条桌为横向的座次见图5-5，长条桌为竖向的座次见图5-6。

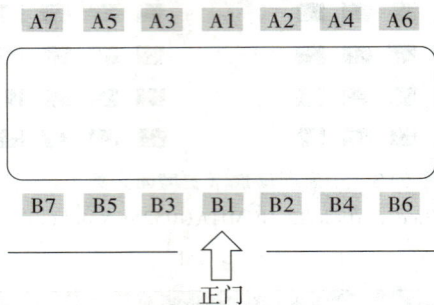

| A7 | A5 | A3 | A1 | A2 | A4 | A6 |

| B7 | B5 | B3 | B1 | B2 | B4 | B6 |

↑ 正门

注：A为上级领导或外宾席，B为主方席（当A为外宾时，A3与B3分别为客方与主方译员）

图5-5　长条桌座次（长条桌为横向）

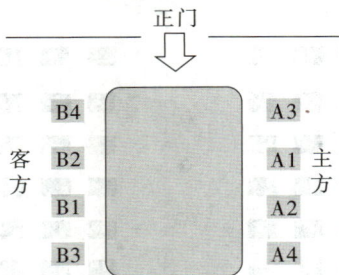

正门 ⇩

客方	B4		A3	主方
	B2		A1	
	B1		A2	
	B3		A4	

图5-6　长条桌座次（长条桌为竖向）

2.沙发座座次礼仪

会议室里为沙发座，与外宾会谈的座次见图5-7，与上级领导会谈的座次见图5-8。

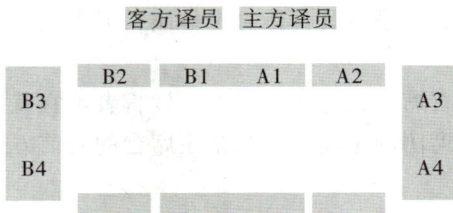

客方译员　主方译员

| B3 | B2 | B1 | A1 | A2 | A3 |
| B4 | | | | | A4 |

注：A为主方，B为客方

图5-7　与外宾会谈的座次

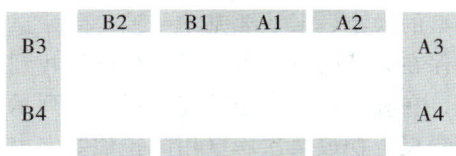

注：A 为上级领导，B 为主方领导

图 5-8　与上级领导会谈的座次

（四）宴请座次礼仪

1.中式宴请的桌次礼仪

中式宴请的桌次分为两种：

（1）由两桌组成的小型宴请桌次安排

这种情况，又可以分为两桌横排和两桌竖排的形式（如图 5-9 所示）。当两桌横排时，桌次是以右为尊，以左为卑，右和左是以进入房间后面对正门的位置来确定的；当两桌竖排时，桌次是以远为上，以近为下，远近是以距离正门的距离而言。

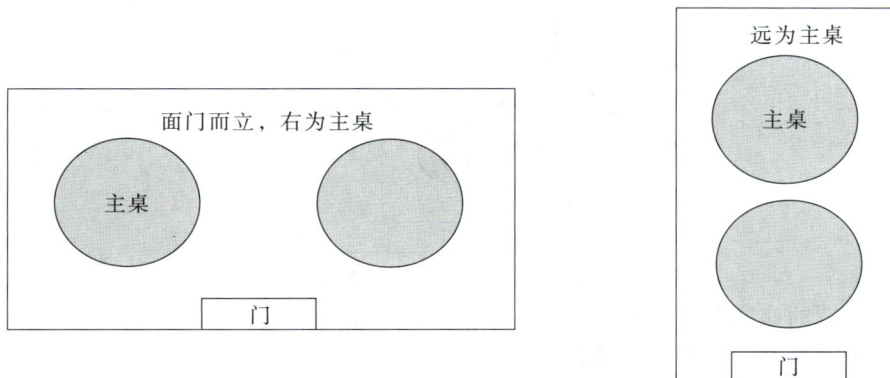

图 5-9　由两桌组成的小型宴请桌次安排

（2）由多桌组成的宴请桌次安排

在安排多桌宴请的桌次时，可以采取箭头型排序法和挑担型排序法（如图 5-10 所示）。除了要注意"面门定位""以右为尊""以近为上"等原则外，还应兼顾其他各桌距离主桌的远近。通常，距离主桌越近，桌次越高；距离主桌越远，桌次越低。

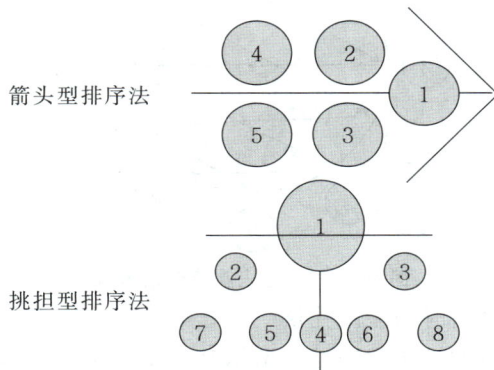

图 5-10　由多桌组成的宴请桌次安排

安排桌次时，所用餐桌的大小、形状要基本一致。除主桌可以略大外，其他餐桌都不要过大或过小。为了确保在宴请时赴宴者及时、准确地找到自己所在桌次，可以在请柬上注明对方所在的桌次，在宴会厅入口悬挂宴会桌次排列示意图，安排引位员引导来宾按桌就座，或者在每张餐桌上摆放桌次牌（用阿拉伯数字书写）。

2.中式宴请的座次礼仪

宴请客人时，一般主陪在面对房门的位置，副主陪在主陪的对面，1号客人在主陪的右手，2号客人在主陪的左手，3号客人在副主陪的右手，4号客人在副主陪的左手（如图5-11所示），其他可以随意。

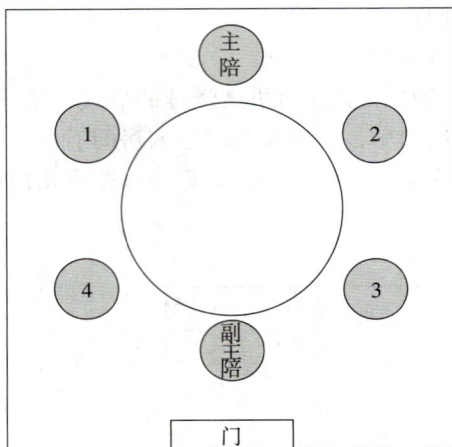

图5-11　中式宴请的座次

中式宴请的座次分为三种：

（1）单主人宴请时的座次礼仪

以主人为中心，主方其余座位和客方人员各自按"以右为贵"原则，依次按"之"字形飞线排列（如图5-12所示），同时要做到主客相间。

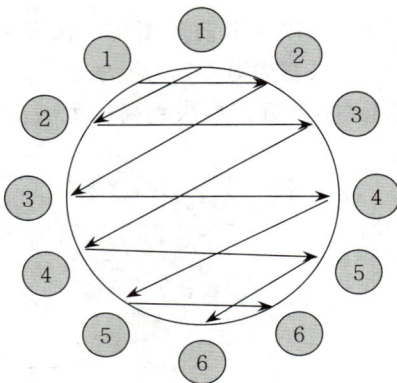

图5-12　单主人宴请时的座次

（2）男女主人共同宴请时的座次礼仪

男女主人共同宴请时的排序方法是主副相对、以右为贵的排列。男主人坐上席，女主人位于男主人的对面。宾客通常随男女主人，按右高左低的顺序依次对角飞线排列，同时要做到主客相间。国际惯例是男主宾安排在女主人右侧，女主宾安排在男主人右侧（如图5-13所示）。

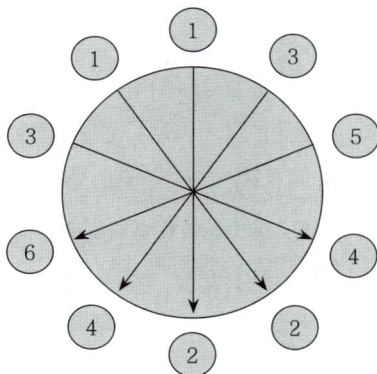

图5-13　男女主人共同宴请时的座次

（3）同性别双主人宴请时的座次排序

第一、第二主人为同性别或正式场合下宴请时，应主副相对，按"以右为贵"的原则依次按顺时针排列，同时要做到主客相间（如图5-14所示）。

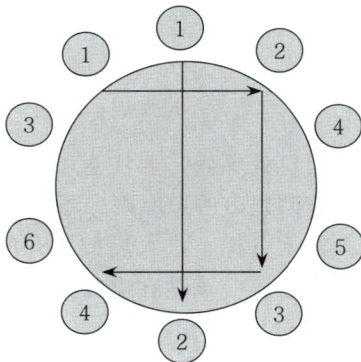

图5-14　同性别双主人宴请时的座次

3.西式长条餐桌座次礼仪

桌次尊贵以距离主桌位置的远近而定，右高左低。这项规则称为"主桌定位"。桌次较多时一般摆放桌次牌。

西式宴请多采用长条餐桌，席位安排有两种：一是男、女主人分别在长桌中央对面而坐；二是男主人、女主人或主人、副主人分别坐在长桌的两端，避免客人坐在长桌两端的席位上。

西方习俗是男女交叉安排，以右为尊，以女主人的座位为准，主宾（男主宾）坐在女主人的右侧，主宾夫人（女主宾）坐在男主人的右侧（如图5-15所示）。我国则依据传统，主宾坐在男主人的右上方，主宾夫人坐在女主人的右上方（如图5-16所示）。排座时还应考虑来宾民族习惯、宗教信仰的差异性，不要因此出现不协调局面。

图 5-15　西式长条餐桌座次安排图

图 5-16　中式长条餐桌座次安排图

七、电梯礼仪

（一）电梯的基本礼仪

微动画 5-3

乘坐电梯有
礼仪要求吗

①如果多人在电梯门口处等候，要注意不要挤在一起或挡住电梯口，以免妨碍电梯内的人出来，遵循先出后进原则，不要争抢、推搡。

②靠电梯最近的人先上电梯，进入后按住开门按钮。到达后，靠电梯最近的人先出。男士、晚辈或下属应该站在电梯开关处提供服务，并让女士、长辈或上司先行进出电梯，自己再随后进出。

微课堂 5-5

腾挪之间　方
显本色——
电梯礼仪

③在电梯里，应该尽量站成凹字型，挪出空间，以便让后进入者有地方可站。

④进入电梯后，应正面朝向电梯口，以免造成面对面的尴尬。

⑤在前面的人应站在边上，如果有必要应先出去，以方便其他人出入。

微演练 5-2

这才是乘坐
电梯的礼仪

⑥乘坐自动扶手电梯时，站在扶手电梯的右侧，左侧留出通道。尽量单人乘坐，避免多人并行、拥挤。此外，不论乘坐厢式电梯还是扶手电梯，都要照顾好身边的小孩、老人和残疾人等，避免出现危险和意外。

"微演练 5-2：这才是乘坐电梯的礼仪"的演练要求及参考评价见表 5-3：

表 5-3　　　　　　"这才是乘坐电梯的礼仪"的演练要求及参考评价

演练项目	这才是乘坐电梯的礼仪
演练准备	电梯等
演练要求	着职业装，化职业妆

续表

演练方法		1.将学生分组，每组5~6人 2.由教师指导，学生分组练习 3.小组内的成员依据创设的情境进行讨论，找出存在的问题
演练评价	知识应用	1.掌握进电梯的礼仪规范 2.掌握出电梯的礼仪规范
	能力提升	1.能够正确地运用乘坐电梯的礼仪 2.能够避免乘坐电梯时的尴尬
	素质培养	1.建立正确的审美观、价值观 2.提升个人修养 3.知行合一，按照礼仪要求勇于实践
	成果展示	在商务活动场合表现出正确的乘坐电梯的礼仪

（二）接待领导的电梯礼仪

①电梯是公共场合，在电梯里遇见上司时，要热情适度，礼貌地道声"您好"就可以了，不要过分嘘寒问暖。

②出入有人控制的电梯时，应后进后出，让上司先进先出，把选择方向的权利让给上司。如果是初次光临的领导，对公司不熟悉，还应该为他们指引方向。

③出入无人控制的电梯时，应先进后出并控制好开关按钮。让电梯门保持较长的开启时间，避免给后面的人造成不便。

④如果乘坐一趟已经非常拥挤的电梯，应该请上司先进，自己等下一趟。

⑤如果电梯打开后发现上司在电梯里，应主动问候。自己最好站在电梯口处，以便在开关电梯时为上司服务；上司最好站在对角处，使得两人的距离尽量最大化，减轻下属的心理负担。

⑥如果上司先下电梯，应该说一句"慢走"；如果自己先下电梯，应该向上司打声招呼。

》》业务链接5-6　　　"当电梯里只有上司和你"该怎样办

1.除了必要的问候，不要随意开口，一般由上司来打破沉默或是发起话题比较好，否则有可能打断上司正在思考的问题。

2.在电梯里一般不要向上司汇报工作上遇到的困难，可说些与公司相关、上司又知之不多的事情。

3.如果上司跟你聊家常，应该积极热情或者言语幽默，对领导的关心表示感谢。注意不要在电梯里有第三人的情况下与上司谈上司的家事。

（三）与客户共乘电梯的礼仪

①伴随客人来到电梯间时，先按电梯呼梯按钮。如果只有一个客人，可以以手压住电梯门，让客人先进；如果客人不止一人时，可先进入电梯，按住开门按钮，礼貌地说"请进"，请客人进入电梯内。

②若电梯行进时有客人进入，可以主动询问客人要去几楼，然后帮忙按下按钮。

③电梯内没有其他人员时可以略做寒暄，有外人或其他同事在时，可斟酌是否有必要寒暄。电梯内尽量侧身面对客人。

微演练 5-3

④到达目的楼层时，一手按住开门按钮，另一手做出请出的动作，可以说："到了，您先请！"客人走出电梯后，自己立刻步出电梯，并热情地引导行进的方向。

电梯送客时这些细节你注意到了吗

"微演练5-3：电梯送客时这些细节你注意到了吗"的演练要求及参考评价见表5-4：

表5-4　　　"电梯送客时这些细节你注意到了吗"的演练要求及参考评价

演练项目	电梯送客时的这些细节你注意到了吗	
演练准备	电梯等	
演练要求	着职业装，化职业妆	
演练方法	1.将学生分组，每组5～6人 2.由教师指导，学生分组练习 3.小组内的成员依据创设的情境进行讨论，找出存在的问题	
演练评价	知识应用	1.掌握电梯送客的礼仪规范 2.掌握电梯送客时需关注的细节问题
	能力提升	1.能够正确地运用电梯送客的礼仪 2.能够避免电梯送客时的尴尬
	素质培养	1.建立正确的审美观、价值观 2.提升个人修养 3.知行合一，按照礼仪要求勇于实践
	成果展示	在商务活动场合表现出正确的电梯送客礼仪

八、乘车礼仪

微动画 5-4

小白乘车时的座位正确吗

在比较正规的场合乘车时，一定要分清座次的尊卑，并在适合自己之处就座。而在非正式场合，则不必过分拘礼。

座次礼仪原则可概括为"四个为尊，三个为上"。"四个为尊"是客人为尊、长者为尊、领导为尊、女士为尊，此四类人应为上座。"三个为上"是方便为上、安全为上、尊重为上，以这三个原则安排座次，其中"尊重为上"原则最重要。

（一）座次的礼仪

微课堂 5-6

主随客意 皆大欢喜——乘车礼仪

轿车上座次的尊卑，主要取决于驾驶者。驾驶轿车的司机一般有两种人，一种是轿车主人，另一种是专职司机。

1.主人亲自驾车

当主人或领导亲自驾车的时候，上座为副驾驶座，一般前排座为上，后排座为下；以右为尊，以左为卑。这种坐法体现出"尊重为上"的原则，体现出客人对开车者的尊重，表示平等、友善。

双排五人座轿车，座次顺序是副驾驶座→后排右座→后排左座→后排中座（如图5-17所示）。

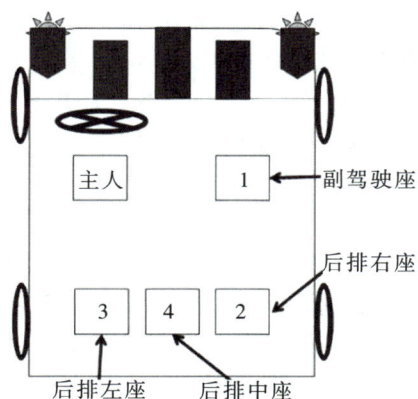

图 5-17　主人亲自驾车座次（双排五人座轿车）

三排七人座轿车，座次顺序是副驾驶座→后排右座→后排左座→后排中座→中排右座→中排左座（如图5-18所示）。

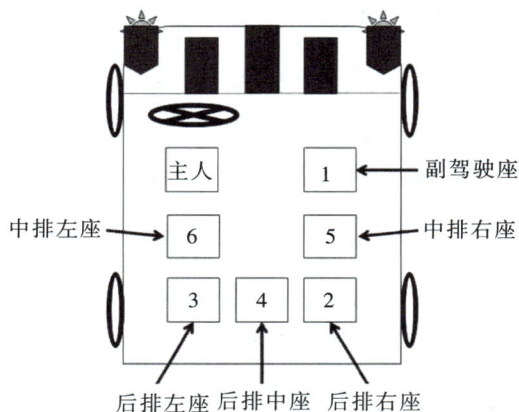

图 5-18　主人亲自驾车座次（三排七人座轿车）

三排九人座轿车，座次顺序是前排右座→前排中座→中排右座→中排中座→中排左座→后排右座→后排中座→后排左座（如图5-19所示）。

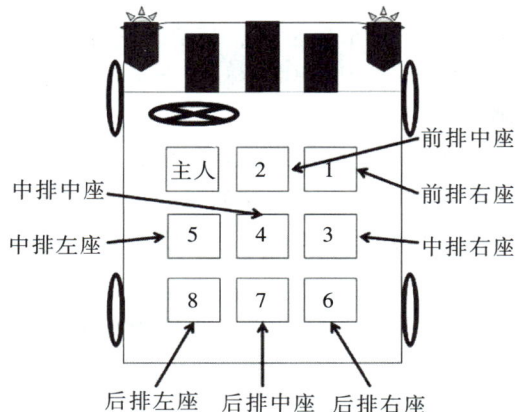

图 5-19　主人亲自驾车座次（三排九人座轿车）

乘坐主人驾驶的轿车时，最重要的是不能冷落主人。由男士驾驶自己的轿车时，若夫人或女友在场，一般应坐在副驾驶座位上。

由主人驾车送其友人夫妇回家时，其友人之中的男士，一定要坐在副驾驶座位上，与主人相伴。如果多人同坐，坐在副驾驶座位的客人中途下车后，后座的客人应主动改坐到副驾驶座位。

2.专职司机驾车

由于右侧上下车更方便，因此要遵循以"右尊左卑"的原则，同时后排为上，前排为下。如果接待的是非常重要的客人，比如政府要员、重要外宾、重要企业家，上座则是司机后面的座位，因为该位置的隐秘性好，而且是车上安全系数较高的位置。

双排五人座轿车，座次顺序是：后排右座→后排左座→后排中座→副驾驶座。

三排七人座轿车，座次顺序是：后排右座→后排左座→后排中座→中排右座→中排左座→副驾驶座。

三排九人座轿车，座次顺序是：中排右座→中排中座→中排左座→后排右座→后排中座→后排左座→前排右座→前排中座。

▶▶ **知识拓展 5-3**　　　其他类型汽车的座次礼仪

吉普车底盘高、功率大，主要功能是越野，坐在后排颠簸得厉害。不管由谁驾驶，吉普车上座次由尊而卑依次是副驾驶座，后排右座，后排左座。

多排座轿车，指的是四排以及四排以上座次的大中型轿车。不论由何人驾驶，均以前排为上、后排为下，以右为尊、以左为卑，并以距离前门的远近来安排具体座次。以一辆六排十七座的中型轿车为例，座次尊卑依次应为第二排右座→第二排中座→第二排左座→第三排右座→第三排中座→第三排左座→第四排右座……

通常乘坐轿车时，应请尊长、女士、来宾就座于上座，这是给予对方的一种礼遇。然而更为重要的是尊重客人对轿车座次的意愿和选择。客人坐在哪里，即应认定哪里是上座。即便客人不明白座次礼仪，坐错了地方，也不要指出或纠正。这时务必要做到"主随客便"。

（二）上下车的礼仪

一般情况下，应当让尊者先上车后下车，请尊者先上车坐到上座，位卑者要先下车，为尊者打开车门。男女同车时，男士应主动为女士开车门。出席商务场合时，如果男士的职务高于女士，则不必讲究。

在具体的场合中，还需要根据实际情况应变。比如，陪同领导外出办事，如果到达时接待方已经准备了隆重的欢迎仪式，应当等领导下车后陪同人员再下车。对方热情相送，这时应主动向对方道谢后先行上车等候，以免影响双方领导之间道别的气氛。

（三）乘坐的礼仪

乘车时，不要随意动车内设施，自觉保持车厢整洁。有领导一同乘车的情况下，不要随便脱掉外套，要保持仪表得体。

1.主人陪同客人同乘一辆轿车

主人陪同客人同乘一辆轿车时，主人应为同车的第一主宾打开轿车的右侧后门，用手挡住车门上沿，防止客人碰到头。客人坐好后再关门，注意客人的手或衣服，然后主人从车尾绕到左侧为其他客人开门或自己上车。如主人亲自驾车，要后上车，先下车，以便照顾客人上下车。

2.和女士、长辈一同乘车

和女士、长辈一同乘车时，应请女士、长辈先上车，并为对方开关车门。抵达目的地时，应先下车，为客人打开车门。女士上车时不要一只脚先踏入车内，也不要爬进车里，应先站在座位边上，把身体降低，让臀部坐到位子上，再将双腿一起收进车里，双膝保持并拢的姿势。

3.专职司机驾车

乘坐由专职司机驾驶的轿车时，坐于前排者要后上车、先下车，以便照顾坐于后排者。与其他人同坐于后一排时，应请尊长、女士、来宾从右侧车门先上车，自己再从车后绕到左侧车门上车。下车时，则应自己先从左侧下车，再从车后绕到右侧打开车门。

如果左侧车门不宜开启，从右门上车时，坐在里座的人应先上车，坐在外座的人后上车。下车时，坐在外座的人要先下，坐在里座的人后下，以方便易行为宜。

乘坐多排座轿车时，通常应以距离车门的远近为上下车顺序。上车时，距车门最远者先上，其他人由远而近依次而上。下车时，距车门最近者先下，其他人由近而远依次而下。

【任务实施】

实施描述：请根据小白和同事们的实际接待场景进行接待准备，同时练习称呼、介绍、握手、致意、名片、座次、电梯、乘车礼仪。

实施准备：职业装、名片、电梯、轿车等。

实施步骤：

1.学生以小组为单位，在教师的指导下进行称呼、介绍、握手、致意、名片、座次、电梯、乘车礼仪等练习。

2.以小组为单位进行接待礼仪能力PK赛，选出每组最佳技能手。

【任务评价】

接待礼仪考核评分标准见表5-5：

表5-5　　　　　　　　　　　　接待礼仪考核评分标准

序号	考核内容	考核要点	分值	自评分	互评分	教师评分
1	称呼礼仪	称呼他人的要求和规范	10			
2	介绍礼仪	介绍自己、介绍他人、介绍集体的要求规范以及注意事项	10			
3	握手礼仪	握手顺序、方式的要求和规范及禁忌	10			
4	致意礼仪	各种致意礼仪的要求和规范	10			
5	名片礼仪	递送、接受、索取名片的要求和规范以及注意事项	10			

续表

序号	考核内容	考核要点	分值	自评分	互评分	教师评分
6	座次礼仪	会议、宴请座次的要求和规范	10			
7	电梯礼仪	与领导、客户共乘电梯的要求和规范	10			
8	乘车礼仪	乘车座次、上下车、乘车的要求和规范	10			
9	整体印象	形成在商务接待场合大方、得体的职业形象,体现商务人员待人接物的优雅风度	20			
	总分		100			
小组自评						
小组互评						
教师评价						
小组成员个人得分	姓名					
	得分					
说明	小组任务得分=小组自评分×20%+小组互评分×30%+教师评分×50%。小组成员个人得分由小组长和教师根据个人任务完成的情况分配分数					

任务二 会议礼仪

【任务目标】

知识目标:

1.了解会议前的筹备、会议进行中、会议结束后的工作事项。

2.掌握参会人员的礼仪规范和要求。

能力目标:

1.能够按照礼仪要求,规范地组织和举办会议。

2.能够按照礼仪要求规范参会。

素质目标:

1.善于利用会议与内部人员进行交流,与外界进行有效沟通。

2.在各类会议上表现得恰到好处。

3.富有家国情怀、责任心、创新创业精神和理想抱负,努力奋斗,更好地服务人民和社会。

4.正确处理组织利益和社会利益之间的关系,更好地满足人民对美好生活的向往。

【任务导入】

下个月山东跨界国际贸易有限公司将召开客户营销会议,由小白和部门同事负责会议的筹备,他们期望竭尽所能让每一位参会者得到最优质的会议服务。

任务要求：小白和同事们能够展示出适宜的会议礼仪吗？他们需要遵守哪些要求和规范呢？

【知识储备】

微动画 5-5

走进会议礼仪

会议礼仪，指会议组织者在会议前、会议中、会议后遵守的礼仪，也包括参会者在会议中应该遵守的相关礼仪。知晓会议礼仪对于会议达到预期效果具有重要作用。

一、会议基本礼仪

微课堂 5-7

上传下达　群策群力——会议基本礼仪

（一）会议组织者的礼仪

1.会议前的筹备工作

精心做好会议前的准备工作，是会议顺利召开的前提和基础。

（1）成立会务组

会务组是会议的策划者和服务者。会务组要对会议进行充分的准备、严密的组织，为会议的顺利进行提供各种服务，对会议过程进行控制，对会议过程中的突发问题及时解决、妥善处理，做到井井有条、不疏不漏。

（2）会议主题的拟定

明确会议的主题，然后依据会议的主题对会议的任务、内容、日程、期限、形式、参加人员等加以确定。

（3）会议地点的确定

会议地点的选择依据适中、方便、舒适、经济的原则，如本单位的会议厅、饭店的多功能厅、当地最有影响的建筑等。应在会议的会场门口，张贴"欢迎"标语的告示，并会场附近安放指示路标。

（4）会议通知的发布

会议通知的内容要全面。会议通知包括"六要素"（见表5-6），即会议标题、会议主题、会议时间、会议地点、会议人员、会议要求，缺一不可。

表5-6　　　　　　　　　　　　　　会议通知"六要素"

序号	项目	内容
1	会议标题	即会议名称
2	会议主题	重点介绍会议内容和会议日程
3	会议时间	明确会期，即会议的起止时间
4	会议地点	包括报到地点和会议地点，特别是交通路线，以及是否接站
5	会议人员	规定参加会议人员范围
6	会议要求	告知与会者有关会议材料的准备，以及交通费、会务费、住宿费、餐费和其他费用及其报销问题

▶▶ 知识拓展 5-4　　　　会议通知发布的注意事项

　　会议通知的发布要适当提前，内容要具体、详细，以便参会者有所准备。
　　根据会议的内容和参会者的人员范围，可以采用在媒体上发布广告、张贴宣传画、邮寄邀请函、网上公告或者电话的方式。如果是邮寄会议通知，最好在信封上注明"会议通知收到急转"的字样。
　　在会议通知的最后可以附有回执，确定受邀请的人是否参加会议，掌握其人数、性别、年龄、民族、单位、身份、职位等信息。会议召开的前一天，对重要参会者应通过电话进行联系，落实其是否出席会议。

　　（5）会议物品设备的准备
　　会议所用的相关物品设备应于会议前准备完成。会议的各项文件材料，应做到与会者人手一份；会议需用的会议证件、文具、饮品等，应预备齐全；会议的交通、住宿、用餐、医疗、保卫等方面的具体工作，应精心安排妥当；会议使用的照明、音响、空调、多媒体设备，应提前认真调试。
　　（6）会议会场的装饰
　　根据会议的形式，可以在会场门外悬挂写有祝贺标语的横幅、气球、彩旗、彩花、彩灯，摆放花篮等。在会场内悬挂企业的标识、字画、特殊意义的照片，摆放盆景等。
　　2.会议期间的工作
　　①精选相貌端正、品行良好、认真负责、善于交际的员工担任会议现场的工作人员。在会场之外，应安排专人迎送、引导、陪同与会人员。
　　②在会议报到之日，安排专人接站；与会人员到达会场，要安排专人接待、介绍，做好签到、登记、收费、预订返程票、发放会议材料等项工作，并及时完成。报到的当天晚上，如有必要会议负责人应到与会者住处看望，以增进友谊、联络感情。对参会的年老体弱者，需要进行重点照顾。
　　③会议开幕时，会议组织者应致以简明而热情的欢迎辞，对参会全体人员表示诚挚的欢迎。整个会议期间，会议组织者要力求做到有问必答，有求必应，尽可能地满足与会人员合理要求，为与会人员提供方便。

▶▶ 业务链接 5-7　　　　会议期间的服务

　　1.茶水服务。会议进行中，服务人员应注意观察与会者，及时为其续添茶水。续添茶水时，杯盖的内口不要接触桌面，手指不要接触杯口，不要杯盖碰撞，以免发出声音。用左手拿开杯盖翻放在桌上，右手将热水准确倒入杯中，不要让茶水溢出。杯子应放在与会者桌面的右前方，杯柄朝向其右手，以方便其使用。
　　2.食宿及日程安排。会议期间，与会人员的食宿问题，应妥善地予以安排，遵循"方便、卫生、优雅、丰富、安全、热情"的原则，即食宿要方便、饮食要卫生、环境要优雅、生活要丰富、人身要安全、接待要热情。会议日程安排宜劳逸结合，时间宜紧凑。在紧张的会议之余，适当组织一些文娱活动或就近组织适当的参观游览活动。

如果合影，提前布置好场地，联系好摄影师。

3.会议结束后的工作

会议组织者要做到善始善终，以表示对与会人员的尊重。对重要的与会者做好送站工作。对会议后需要贯彻执行的事项，应逐项落实，防止不了了之。

（二）参会人员的礼仪

1.主持人礼仪

会议主持人是会议成功与否的关键。主持人的一举一动，都会成为与会者关注的焦点，要彰显出得体的气质风度。

（1）着装礼仪

主持人的着装要求整洁大方、庄重得体。切忌不修边幅，邋里邋遢。

（2）举止礼仪

主持人的举止应沉稳大方，走上主席台时应步伐稳健有力，步频适当；站立主持时，应双腿并拢，腰背挺直；坐姿主持时，应身体挺直，双臂前伸；单手持稿时，应右手持稿的底中部，左手五指并拢自然下垂；双手持稿时，应稿与胸齐高。主持过程中，切忌出现挠头、揉眼、抖腿等不雅动作。

（3）言谈礼仪

主持人应口齿清楚，思维敏捷，语言简明扼要。应根据不同的会议气氛来调整言谈举止，在不同的场合要调动不同的气氛，或庄重，或严肃，或幽默；主持人应尊重别人的发言和提问，不能用任何小动作、表情或语言来阻止别人的正当行为和发言；主持人应掌握会议时间，把握会议的主题，不要使讨论或发言离题太远。

2.主席台就座者礼仪

主席台就座者应按要求就座，就座时要井然有序。如果主席台下的参会者鼓掌致意，主席台就座者应微笑着鼓掌回应。会议进行时，应姿态端正，不阅看其他文件或与其他就座者长时间交头接耳。主席台就座者应注意倾听发言者的发言，不擅自离席，如果有重要或者紧急事情必须提前离开会场，应与会议主持人打招呼，最好在征得会议主持人同意之后再离席。

》》　业务链接5-8　　遵守会议纪律

参加会议，除了要遵守一般的会议礼仪之外，更为重要的是遵守会议纪律，这是每个与会者的基本义务，是会议有序进行和议程顺利完成的保证。

会议期间，不要随意走动，进出频繁。要专心听会，不要左顾右盼。要坐姿端正，不要东倒西歪。不从事与会议无关的活动，不要有不良的举动，如吸烟、吃零食、打瞌睡、交头接耳等。不接打电话，把手机设置为振动或静音状态，如有需要可到会场外通话，保持会场安静。

在发言人发言时，要认真倾听，或者做好记录，保存会议资料。当发言人讲到精彩之处和结束发言时，应鼓掌致意。用正当和得体的方式对发言做出反应，必要时可以掌声鼓励，不满时不能喝倒彩、吹口哨。

微演练5-4

不可不知的会议礼仪

"微演练5-4：不可不知的会议礼仪"的演练要求及参考评价见表5-7：

表5-7　　　　　　　　"不可不知的会议礼仪"的演练要求及参考评价

演练项目	不可不知的会议礼仪	
演练准备	会议等	
演练要求	着职业装，化职业妆	
演练方法	1.将学生分组，每组5~6人 2.由教师指导，学生分组练习 3.小组内的成员依据创设的情境进行讨论，找出存在的问题	
演练评价	知识应用	1.掌握会议礼仪内容 2.掌握会议礼仪规范
	能力提升	1.能够正确地运用会议礼仪 2.能够避免参加会议时对他人的不尊重
	素质培养	1.建立正确的审美观、价值观 2.提升个人修养 3.知行合一，按照会议礼仪要求勇于实践
	成果展示	在商务活动场合表现出正确的会议礼仪

3.参加会议人员的其他礼仪

①会议开始前，如果临时有事不能参加，必须通知对方。参加会议前要多听取上司或同事的意见，做好参加会议所需物品的准备。

②参会者应服从会议组织人员的安排，讲究礼节。在生活上，不应对会议组织方过分挑剔或提出特殊的要求，给会议的统一安排造成困难。

③参会者应衣着整洁，仪表大方。准时入场，不迟到，不无故缺席。进出有序，依照会议安排落座。讲究文明礼貌，会前可以与邻座打招呼或点头致意，散会时可以互相告别。没有特殊的情况不要中途退场，如需提前离开，应向有关人员说明原委并表示歉意，一般应在征得同意后方可退场，并注意不影响他人。

"微示范5-2：开会迟到了怎么办"的示范项目要求及描述见表5-8：

表5-8　　　　　　　"开会迟到了怎么办"的示范项目要求及描述

示范项目	开会迟到了怎么办
教学模式	教学做一体化
建议学时	0.5学时
教学地点	一体化实训室
项目描述	1.能够在开会迟到后正确地运用礼仪 2.能够避免在开会迟到时出现礼仪错误

>> **头脑风暴 5-1** 　　　"另谋高就"的小刘

　　小刘的公司应邀参加一个研讨会，该次研讨会邀请了很多商界知名人士以及新闻界人士参加。总经理特别安排小刘和他一起去参加，同时也让小刘锻炼锻炼。小刘早上睡过了头，等他赶到会场，会议已经进行了20分钟。小刘急急忙忙推开会议室的门，"吱"的一声脆响，他一下子成了会场上的焦点。刚坐下不到5分钟，肃静的会场上又响起了摇篮曲，是谁在播放音乐？原来是小刘的手机响了！这下小刘成了全会场的明星……没过多久，听说小刘已经另谋高就了。

　　（资料来源　佚名.商务礼仪实务考试［EB/OL］.［2020-06-03］.https://wenku.baidu.com/view/ee7fad34091c59eef8c75fbfc77da26925c596fb.html，有改动）

　　讨论：小刘违反了哪些会议礼仪？

（三）会议发言礼仪

　　会议发言有正式发言和自由发言，前者一般是会议报告，后者一般是讨论发言。会议发言者事先应阅读会议材料或做好准备，针对会议议题汇报工作或发表自己的意见。

　　1.正式发言

　　正式发言者应衣着整齐，仪态落落大方，走上主席台时步态自然、刚劲有力，体现出成竹在胸、自信自强的风度与气质。开始和结束时可以用点头、起立或鞠躬等方式致谢。

　　在发言之前，应面带微笑环顾一下会场，如果会场里掌声响起，可适时鼓掌答礼，等掌声落下之后再开始发言。发言时应口齿清晰，讲究逻辑，简明扼要。如果是书面发言，应时常抬头扫视一下会场，不能只低头读稿，旁若无人。

　　发言时一般应使用普通话，并掌握好讲话的语速、语调、音量。遵守发言时限，尽量在限定时间内结束，切忌长篇大论，任意发挥。主持者应严格控制发言者的时间，注意听众反应，如会场里交头接耳之声不断，应考虑适当转换话题。如果会场中人声渐大，发言者应压缩内容，尽快结束。发言结束时，应向全体与会者表示感谢。

>> **业务链接 5-9** 　　　会议中的提问

　　如果与会者对发言人提问，发言人应礼貌作答。对不能回答的问题，应机智而礼貌地说明理由，对提问者的批评和意见应认真听取。即使提问者的批评是错误的，也不应失态。与会者即使对发言人的意见不满，也不可吹口哨、鼓倒掌、喧哗起哄，因为这些行为极其失礼。

　　2.自由发言

　　商务人员要利用参加会议的机会，与各方面沟通，建立良好的人际关系。想要发言时应用手或目光向主持人示意。发言应讲究顺序和秩序，不能争抢发言。发言应简短，观点明确，条理清楚，实事求是。发言内容与他人有分歧时，应以理服人，态度平和，听从主持人的指挥。别人反驳自己时要虚心倾听，不要急于争辩。反驳别人时不要打断对方，等待对方讲完再阐述自己的见解。

二、发布会礼仪

(一) 发布会的含义

发布会又称新闻发布会，是企业通过新闻媒体传播社会公众感兴趣问题的专题活动。举办新闻发布会，可以有效提高企业知名度和美誉度，塑造良好的社会形象。

发布会可以分为新闻发布会、记者招待会、酒会等多种形式。新闻发布会和记者招待会比较正式，一般不做招待，以保证记者能够及时将新闻发布给相关媒体。举办酒会可以自由随意一些，可以单独召开，也可以在新闻发布会或记者招待会后举行酒会或茶会等招待媒体。

▶▶ 知识拓展 5-5　　　　发布会的常见形式

发布会最常见的形式是由某一公司或几家有关公司共同组织、邀请新闻界人士，在特定的时间和地点举行会议，宣布某一消息，说明某一活动，或者解释某一事件，争取让新闻界对此进行客观公正的报道，并且尽可能扩大信息的传播范围。

主办单位在新闻发布会上进行主题发言之后，允许新闻界人士在既定时间里围绕发布会的主题进行提问，主办单位安排专人回答。由于新闻发布会上人物、时间比较集中，因此时效性很强，且免去了预约采访对象、采访时间等事项。

(二) 发布会的筹备

1.主题的确定

召开发布会，首先应该明确主题，这直接关系到企业的预期目标能否实现。如果主题不明，媒体就不可能按照企业的预定目的传播信息，损害企业在公众中的形象。主题要围绕企业发生的重大事件或做出的重大决策来确定。确定主题之后应进行发布会策划，拟定具体操作方案。

2.时空的选择

发布会的时空选择，是指时间与地点的选择，对这两个问题应该重视，恰当的时空选择是发布会取得成功的保障。确定召开发布会的最佳时间，要避开重要的政治事件和社会事件，避开节假日，避开本地的重大活动，避开其他单位的发布会。确定召开发布会的场所，要考虑交通是否便利，会场的风格是否和发布会的主题相统一，会场的容纳人数是否足够，相关服务、设施设备是否能够满足等。

3.人员的安排

举办发布会，一般由企业指定的主持人、发言人发布信息或回答媒体提问，因此对主持人、发言人的要求很高。他们必须仪表端庄，反应机敏，口齿清晰，经验丰富，有较高的文化修养、较强的语言表达能力，善于把握大局，长于引导提问，并且具有丰富的主持会议经验，一般由具有较高专业技巧的公关人员或办公室主任担任。

4.媒体的邀请

发布会的邀请对象以新闻界人士为主，一般采取书面邀请函的方式，以示郑重。确定邀请新闻记者的范围，必须有所选择、有所侧重，人数既不能过多，也不能过少。邀请的时间不要太早，也不要太晚，发布会举行的前一天再做适当提醒。

5.材料的准备

要认真准备好新闻发布会所需的各种资料，包括主持人的发言稿，发言人回答提问的备忘提纲，给新闻媒体的宣传稿以及其他背景材料，如幻灯片、照片、实物、模型、沙盘、录音、录像、影片等。发布会开始前，以手提袋或文件袋的形式，将准备好的相关材料发放给新闻媒体，供他们提问、写新闻稿时参考。所有正式出席发布会的人员，均须佩戴统一制作的胸卡，其内容包括姓名、单位、部门与职务。

>> **头脑风暴5-2**　　　　**失败的新品发布会**

国内某饮料企业开发了一种新型果汁饮料，准备举办一场新品发布会。为了大力宣传新品，该企业邀请了国内著名饮料专家以及电视、广播、报纸等多家新闻媒体参加此次发布会，并将发布会时间定为周五上午九点开始。考虑到来宾众多，将发布会场所定在一个离市中心较远、环境舒适、有较大会议厅的宾馆。结果来宾因堵车大都未能准时到达，发布会因此延后1小时，最后到的来宾也不多，会后的宣传报道也较杂乱，影响较小。这家国内饮料企业由于筹备工作失误，导致此次发布会失败。

（资料来源　佚名.《社交礼仪》项目四［EB/OL］.［2019-10-22］.https://www.taodocs.com/p-310557636.html，有改动）

讨论：召开发布会之前，需要做好哪些准备工作？

（三）发布会的现场礼仪

1.会议签到

工作人员安排记者和来宾在事先准备好的签到簿上签下自己的姓名、单位、联系方式等内容，然后引领记者及来宾到会场就座。

2.遵守程序

严格遵守发布会程序，主持人和发言人在发布会前不要单独会见记者或提供任何信息。在发布会开始时主持人宣布发布会的主要内容、提问范围、进行的时间，发布会的时间一般不要超过两个小时。发布会的主持人要始终把握发布会主题，维护好会场秩序。主持人、发言人的讲话时间不宜过长，过长会影响记者提问。

3.现场控制

在发布会举行过程中，往往会出现各种不确定情况，有时甚至还会发生难以预料的变故。面对众多媒体界人士主办单位要能够针对突发状况做出及时反应，确保发布会顺利进行。主持人、发言人要善于把握全局、沉着应变，随时把握会场气氛。主持人和发言人既要明确分工、各司其职，又要相互配合、彼此支持，保持口径一致。

4.主动真诚

发布会自始至终都要注意对待媒体的态度，要温文尔雅、彬彬有礼。媒体希望接待人员对其尊重热情，并对其工作提供方便。这些合理要求要尽量予以满足。

当主持人邀请媒体提问之后，如遇到媒体提出一些棘手的、尴尬的或涉及企业秘密的问题，发言人更要头脑冷静、随机应变，绝对不能认为媒体无理取闹而横加指责、打断对方或者发生冲突。当媒体提出的某些问题过于尖锐或敏感时，主持人要想方设法转移话题，不使发言人难堪。

>> 头脑风暴 5-3   国产饮料的逆袭

　　国内一家民营企业开发出了一种全新的果汁型饮料。这种饮料不仅营养丰富、无添加剂、口感舒适，而且符合健康和卫生标准，并与国际上饮料的流行趋势相吻合。然而，当时国内的饮料市场几乎已经全部被外国饮料所占领，将这种新型的国产饮料推上市场，并且争得一席之地，可以说是难上加难的。

　　如果想要在广告宣传上与财大气粗、经验丰富的外国饮料商决一雌雄，显然不是国内这家民营企业的强项。于是，这家民营企业的负责人决定另辟蹊径，在力所能及的情况下，为自己做一次"软广告"。

　　在饮料消费的旺季来临之前，这家企业专门租用了首都北京一座历史悠久的建筑物，召开了一次由新闻界人士为主要参加者的新产品说明会。在新产品说明会上，这家企业除了向与会者推介自己的新产品外，还邀请到了国内著名的饮料专家与营养专家，请其发表各自对这种饮料的看法，并邀请全体与会者品尝这种新饮料。

　　此后，不少与会的新闻界人士不仅争先恐后地在自己所属的媒体上发布了这条消息，而且纷纷自愿地为其点赞。有些新闻界人士甚至还站在维护国产饮料的立场上，为其摇旗呐喊。一时间该饮料名声大振，销量也随之大增，终于在列强林立的饮料市场上脱颖而出。

　　（资料来源　佚名.发布会礼仪［EB/OL］.［2020-05-21］.https://wenku.baidu.com/view/c5293958743231126edb6f1aff00bed5b8f37366.html，有改动）

　　讨论：这家国内民营企业开发出的全新果汁型饮料，是如何做到在市场上脱颖而出的？

（四）发布会的善后事宜

　　发布会举行完毕之后，组织者需在一定的时间之内，对其进行一次认真的评估和总结，并积累经验和教训。

　　①对发布会的组织、布置、主持、回答问题等方面的工作做总结，整理、保存发布会的资料。

　　②收集了解媒体各方对发布会的反应和报道。

　　③在听取了媒体的意见、建议之后，对于组织的失误、过错或出现的不利于企业的报道，都要主动采取一些相应的补救措施进行危机公关。

>> 业务链接 5-10   不利报道的处理

　　1.事实准确的批评性报道，应虚心接受，闻过则改。

　　2.因误解而出现的失实性报道，应通过适当途径加以解释，消除误解。

　　3.对有意歪曲事实的恶意报道，应讲究策略、方式，据理力争，尽量挽回声誉。

三、展览会礼仪

（一）展览会的含义

展览会是企业为了展示产品和服务、拓展渠道、促进销售、宣传品牌而进行的活动，具有专业、有针对性、直观、形象、生动的特点，可以提高组织的知名度，吸引客户洽谈合作，树立良好的品牌形象。

微动画 5-7
展览会礼仪

>> 头脑风暴 5-4　　　"加工熟食，欢迎参观"

南京一家板鸭店过去曾在加工场门口挂了一个牌子："工场重地，谢绝参观"，购买板鸭的人想从门缝里看看加工过程，也被工作人员劝离。后来该店接受一位礼仪专家的建议，将加工场门口的那块牌子改成："加工熟食，欢迎参观"。购买熟食的顾客可以进去参观加工现场，不仅能看到盐水鸭、板鸭的制作过程，还可以获得商家赠送的一张优惠券。许多人参观后兴致勃勃地选购了熟食。该店的生意由淡转旺，销售量日渐上升。该店经理感慨地说："我们店以前在电视台、电台做了多次广告，花钱不少，效果不大。这次就换了一个牌子，改了几个字，销量大大增加，这是宣传和语言艺术的效果。"

在德国，工厂大门虽然平时把守得很严，但每年到一定的时候就要打开，恭恭敬敬地邀请四面八方的人进厂参观，这天被称为"开门日"。厂门一开，接待员殷勤地接待参观者、耐心地解答问题，厂内有饮料、小吃，并且供应价格十分便宜的午餐，为年轻人安排游艺活动，年纪大的人可以参加有奖抽签或购买彩票，守候在门口的保安员向每位客户赠送一份纪念品。参加"开门日"的人数之多、场面之热闹，可以和节日媲美。

（资料来源　佚名.个人礼仪［EB/OL］.［2019-05-20］.https://wenku.baidu.com/view/60e742a30a4c2e3f5727a5e9856a561253d321df.html，有改动）

讨论：展览会的作用重要吗？展览会应该如何策划？

参展企业应了解展览会的类型、企业品牌、产品特点、展台风格、展位的周边环境及竞争对手的情况，通过掌握的资料对整个参展活动进行精心策划，设计完美的方案，选择合适的人员如接待员、主持人、解说员等，对其进行分工和培训，充分表现组织的特色，取得满意的效果。

微课堂 5-9
货物畅销 必不可少——展览会礼仪

（二）展会组织人员的礼仪

在举办展览会时，参展组织的整体形象对参展的成败影响极大。会展展位上的工作人员代表组织的形象，应形象气质佳，亲和力强，待人接物成熟周到。

▶ 知识拓展 5-6　　　参展组织人员的形象礼仪

参展全体工作人员的仪容仪表要有严格的要求和统一的规定，服装应传统、简约、规范、正式。男士应穿深色西装和白衬衫，佩戴素色或条纹式领带，穿深色袜子和黑色系带皮鞋；女士应穿深色西装套裙和白衬衫、肉色长筒或连裤式丝袜和黑色高跟或半高跟皮鞋。男士应理发、剃须，不留胡子或大鬓角；女士应选择端庄、素雅的发型，不染彩色头发，并且化淡妆，不使用香气过于浓烈的化妆品。为了说明身份，应在左胸佩戴胸卡，标明个人的单位、职务、姓名。

参展的全体工作人员应时刻注意礼貌待人，不仅将礼貌待人放在心里，而且落实在行动上。不允许迟到、早退、无故离岗、怠慢参展公众。当公众走近本组织的展位时，应面带微笑，主动向对方说："你好！欢迎光临！"对于公众提出的问题，应认真回答，不允许置之不理，或以不礼貌的言行对待对方。可以引领公众进行参观，当公众离去时，应真诚地向对方说"谢谢光临"或"再见"。

1. 接待员礼仪

接待员在展位接待区，负责公众接待、资料发送、名片收集以及引领客户、提供饮品等服务。接待员需要有良好的形象气质、动听的声音、机智的应变能力、流利的解说能力、丰富的礼仪常识等。

2. 主持人礼仪

主持人一般需要穿着有企业或产品标识的服装，宣传推广企业的品牌、产品或服务。主持人应积极主动，有良好的宣传推广意识，有出色的沟通能力。

3. 讲解员礼仪

讲解员负责向公众讲解、介绍企业的产品与服务，调查、记录客户意向等工作。讲解员需要有较高的素质，应掌握向公众介绍或说明展品的方法和技能，运用解说技巧，使解说在实事求是的前提下扬长避短，强调"人无我有""人有我优"，突出自己展品的特色，并且因人而异，具有针对性。但是，争抢、尾随公众兜售展品，弄虚作假或是强行向公众推介展品，则是不可取的。在必要时，讲解员可以对展品进行现场示范，还可以邀请公众亲自动手操作。

》》 头脑风暴 5-5　　　　"门庭冷落"与"门庭若市"

在某次多媒体展览会上，泰国的一家多媒体展商展位布置较大，却门庭冷落，专业人员无用武之地。而邻近展位的 LG 电脑因有礼仪小姐出色的解说和表演、资料礼品的有序派发而使展位门庭若市。同样是参加展览会，最终的结果却不一样。

（资料来源　佚名. 展览礼仪企划的重要作用［EB/OL］.［2021-01-26］. http://www.valuedshow. com/guide/2825.html，有改动）

讨论：两个展览为什么结果不同？展览会需要注意哪些礼仪呢？

在宣传型展览会上，讲解员解说的重点应放在推广企业的形象上，使解说围绕着企业与公众的双向沟通进行，时刻宣传企业的成就和理念，争取使公众认可企业。同时讲解员还要擅于沟通，与公众充分交流，挖掘潜在客户，完成调查记录。

▶ 知识拓展 5-7　　　　*展品形象*

展览会的展品，应外观考究，质量优良，陈列美观有序，布置兼顾主题的突出与公众的注意力。

展览会上向公众发放的资料，应印刷精美、图文并茂、信息丰富，注明参展单位的主要联络方式，如销售部门的电话、传真以及电子邮箱等。

（三）展览会中的礼仪

在展览会中，参展组织、公众或者其他组织之间可以建立联系、进行合作、达成交易、拟定协议、签署合同。面带微笑、态度友好、语言文明礼貌、举止彬彬有礼，有助于消除对方的反感、漠视和抵触心理；态度刁蛮、表情冷漠、语言失礼、举止粗鲁，不尊重和体谅对方，会加强对方的防卫性和攻击性，为自己增添阻力和障碍。

▶▶ **知识拓展5-8**　　　**展览会的沟通原则**

参展组织、公众或者其他组织不应将自身利益建立在有害对方的基础上。在不损害自身根本利益的前提下，应尽可能地为对方着想，为对方留下余地，主动为对方保留一定的利益。应使双方的利益和要求都得到一定程度的兼顾，达成双方都能够接受的妥协，才能取得成功，获得更大的利益，实现互利互惠，彼此双赢。不要寸步不让、寸土必争地讨价还价，不要"你死我活""赶尽杀绝"，要保持与对方的良性互动关系。

四、洽谈会礼仪

微课堂5-10

[二维码]

上下沟通 内外协调——洽谈会礼仪

洽谈会是在商务交往中，有关各方为了保持接触、建立联系、进行合作、达成交易、拟定协议、签署合同、要求索赔，或是为了处理争端、消除分歧，所进行的面对面的讨论与协商。

（一）洽谈会的座次礼仪

举行双边洽谈时，应使用长桌或椭圆形桌子，宾主应分坐于桌子两侧。若桌子横放，则面对正门的一方为上，属于客方；背对正门的一方为下，属于主方。若桌子竖放，则应以进门的方向为准，右侧为上，属于客方；左侧为下，属于主方。

在进行洽谈时，各方的主谈人员应在自己一方居中而坐。其余人员则应遵循右高左低的原则，依照职位的高低，自近而远地分别在主谈人员的两侧就座。举行多边洽谈时，为了避免失礼，按照国际惯例，一般均以圆桌为洽谈桌来举行圆桌会议。

▶▶ **知识拓展5-9**　　　**洽谈会仪容仪表礼仪**

参加洽谈会的仪容仪表礼仪应与参加展会的礼仪保持一致。在洽谈会上，有时会遇到这样一些人：男的穿夹克衫、牛仔裤、短袖衬衫、T恤衫，配旅游鞋或凉鞋；女的则穿紧身装、透视装、低胸装、露背装、超短装、牛仔装、运动装或休闲装，并且全身上下戴满各式首饰。这样装扮的人，给他人的印象是不尊重自己、不尊重别人、不重视洽谈、不讲究礼仪。

（二）洽谈会的注意事项

1.知己知彼

孙子曰："知彼知己者，百战不殆。"在洽谈前如果能够了解对方，在洽谈中就能够扬长避短、避实就虚。

2.洽谈过程

洽谈的过程是一环扣一环、一气呵成的，即经历"探询、准备、磋商、小结、再磋商、终结以及洽谈的重建"七个步骤。对于每一个步骤，都有一系列台前与幕后的准备工作要做，并且需要当事人具体问题具体分析，随机应变。

3.洽谈策略

对于"以弱为强、制造竞争、趁热打铁、出奇制胜、利用时限、声东击西"等洽谈策略，不仅应清楚，关键是灵活运用。

（三）洽谈的方针

1.礼敬对手

洽谈各方你敬我一尺，我敬你一丈，有助于赢得对手的尊重与好感。

2.依法办事

整个洽谈活动遵循"法律至尊，依法办事"。如果在洽谈中搞人情公关，即与对方称兄道弟，向对方施以小恩小惠，是极其错误的。

3.平等协商

洽谈各方应平等协商，相互尊重与谅解，不应仗势压人、以大欺小，不应通过强制、欺骗来达成协议。双方在地位上不平等，则很难达成心悦诚服的协议。

4.求同存异

只要公平、合理、自愿，尽最大限度维护或争取了各自的利益，达成了某种程度上的共识，就是可以接受的。妥协是通过有关各方的相互让步来实现的。

5.人事分开

在洽谈会上，应当理解洽谈对手的处境，不要对对方提出不切实际的要求。对"事"要严肃，对"人"要友好，对"事"不可以不争，对"人"不可以不敬。

▶▶ **知识拓展5-10**　　　**座谈会礼仪**

座谈会是单位邀请有关人员参会讨论某些问题，以达到沟通信息、联络感情的目的。

1.及时通知并说明内容

应及时发送通知，注明会议时间、地点、座谈内容，以及举办座谈会的单位或部门名称。如果用电话通知，最好找到参加者本人，并告知其详细内容。

2.创造出融洽、热烈的气氛

在座位安排上，会议主持者最好和参会者围圈而坐。开会时，主持者应讲明座谈会宗旨，以便参加者能有目的地思考，积极发言。如果参加者与主持者互相不熟悉，主持者应先做自我介绍，必要时也可以请参加者互相介绍，以融洽会议气氛。

3.鼓励插话与争论

为了使座谈会气氛活跃、热烈，可以鼓励大家采取插话和争论的方式进行座谈，这样才能使与会者知无不言、言无不尽。

五、报告会礼仪

微动画5-8

（一）报告会组织者的礼仪

1.充分的会前准备

要想顺利组织一次报告会，组织者在会前要做好充分的准备工作（见

报告会礼仪

表 5-9）：

表 5-9　　　　　　　　　　　　　报告会前的准备工作

序号	事项名称	事项内容
1	主题	确定此次报告会要讨论的主题，如有必要可以列出提纲
2	时间	列出会议各项议程的时间安排表
3	地点	选定报告会的地点，会议室的布局要适合会议主题
4	人物	确定参会人员，认真了解参会者的学术领域、研究成果以及饮食习惯、爱好等，以免造成错误和误会
5	函件	给拟邀请的人发邀请函，函件内容要包括会议的主办方、主题、时间、地点、其他与会者，并在发出后尽量与之取得联系，确认是否收到函件，是否有时间参会，以便做会议准备 信函可以使用传真、电子邮件等，信函格式和称呼要得体大方
6	物品	根据会议的类型、目的、时间、地点，准备需要的物品，比如笔、纸、笔记本、投影仪等

2.报告会接待人员的礼仪

接待人员在引导时应走在客人前方。上楼、下楼时与客人的距离为一、两个台阶，不要走得太快，要让客人走楼梯的内侧，自己走外侧。进电梯时自己应先进并按住电梯按钮，再请客人进入，出电梯时要请客人先出。

3.报告会进行中的礼仪

（1）报告会的座次安排

人员座次一般按等腰三角形分布，领导和资历深的人坐中间，其他人依次左右排开。入场前摆好桌牌，以便与会者对号入座。

（2）主持报告会的礼仪

主持人介绍参会人员，介绍时注意顺序，使用敬语。同时应该礼貌地用手示意，而不要用手去指点。一般介绍与会者的姓名、单位、职务、研究领域和研究成果。主持人要控制会议时间和会议进程，避免跑题或议而不决。

4.报告会结束礼仪

赠送报告会的纪念品，合影留念。同与会者告别，此时可以交换或者索要名片，以便今后联系。报告会应形成文字结果，或者形成阶段性的决议，落实到纸面上，应该有专人负责相关事项的跟进。

5.报告会禁忌

主要为人员禁忌，要根据事先了解到的与会者个人信息，对与会者的饮食起居做出合理的安排。如果有些与会者的详细资料，事先无法获得，则要在与会者到达后征求与会者意见并迅速做出调整和安排。

（二）参加报告会人员的礼仪

1.会前接函与回函礼仪

收到邀请函后要及时回复，告诉对方是否能够参加。如果不能参加，最好说明情况，以免引起误解。如果有兴趣参加，应进一步通过函件了解会议详细信息，以便做

微课堂 5-11

运筹帷幄　有条不紊——报告会礼仪

好准备。

▶▶ 知识拓展 5-11　　参加报告会的着装礼仪和仪态礼仪

1.着装礼仪

注重个人着装，体现仪表美，能够给人留下良好的印象，增加交际魅力。注意着装也是每个商务人士的基本素养。着装应整齐、整洁、完好，同时兼顾"文明大方、搭配得体、富有个性"三个原则。

2.仪态礼仪

女士的坐姿应该是双脚着地，双腿并拢。男士的坐姿是不可把双腿张得太开。当与别人谈话时不要晃动身体、双手交叉，或是做出挠头发、抠耳朵、抠鼻子等不雅举止，也不要在说话和听讲的时候玩笔或反复按笔。

走路时，不可在行人中穿进穿出，不可快跑冲进电梯。与其他人一起行走的时候，应该确保自己不占道。

2.到会礼仪

准时到会，早到10分钟显得比较守时。如果时间充裕，可以先去盥洗室整理衣裳、补妆。

3.就座礼仪

如果受到邀请参加一个排定座位的会议，最好等待接待人员将自己引领到适当的座位。如果有其他特殊规定，应该遵守。

4.提问和作答礼仪

（1）提问礼仪

态度真诚，语气恳切。选择合适的称呼语，如"先生""女士""总经理"等。使用请求语，如"请""麻烦您""劳驾"等。对方答复自己的询问时，应神态专注，温和地看着对方。问询完毕应向对方表示感谢。

（2）作答礼仪

热情回答他人的询问。回答问话应耐心、细致、周到、详尽。当被问到不了解的情况时，应向对方表示歉意，或者帮助找其他人解答，决不可敷衍应付或信口开河。

5.结束礼仪

在报告会结束时，应该对报告会组织者给予的接待致谢，并交换名片，表示重视和尊重。

【任务实施】

实施描述：请根据小白和同事实际组织的会议场景进行会议准备，同时练习会议的筹备，会议进行中、会议结束后的礼仪和参会人员礼仪。

实施准备：会议相关物品。

实施步骤：

1.学生以小组为单位，在教师的指导下进行会议的筹备，会议进行中、会议结束后的礼仪和参会人员礼仪等练习。

2.以小组为单位进行会议礼仪能力PK赛，选出每组最佳技能手。

【任务评价】

会议礼仪考核评分标准见表5-10：

表5-10　　　　　　　　　　　　会议礼仪考核评分标准

序号	考核内容	考核要点	分值	自评分	互评分	教师评分
1	会议基本礼仪	会议前的筹备，会议期间、会议结束后的礼仪要求和规范，参会人员的礼仪要求和规范	10			
2	发布会礼仪	发布会的筹备、现场、善后事宜的礼仪要求和规范	20			
3	展览会礼仪	参展组织人员、展览会中的礼仪要求和规范	20			
4	洽谈会礼仪	洽谈会的座次礼仪、洽谈的方针、洽谈会的注意事项	20			
5	报告会礼仪	报告会组织者、参加报告会人员的礼仪要求和规范	20			
6	整体印象	具有良好的商务会议礼仪习惯，塑造大方、得体、高雅的职业形象和企业组织形象	10			
总分			100			
小组自评						
小组互评						
教师评价						
小组成员个人得分	姓名					
	得分					
说明	小组任务得分=小组自评分×20%+小组互评分×30%+教师评分×50%。小组成员个人得分由小组长和教师根据个人任务完成的情况分配分数					

任务三　仪式礼仪

【任务目标】

知识目标：

1.掌握签约、交接、庆典、剪彩仪式的程序。

2.掌握签约、交接、庆典、剪彩仪式的程序礼仪规范和要求。

3.掌握参加仪式的人员礼仪要求和规范。

能力目标：

1.能够按照礼仪规范筹备仪式。

2.能够按照礼仪规范参加仪式。

素质目标：

1.养成细致、周到的工作风格。

2.建立热情、主动的工作态度。

3.具有创新思维、较强的集体意识和团队合作精神。

【任务导入】

山东跨界国际贸易有限公司与某集团即将签署战略合作协议，深入推进"互联网+贸易"，由小白及其部门同事筹备仪式并参与签约仪式。

微动画 5-9

[二维码]

签约仪式有
哪些礼仪呢

微课堂 5-12

[二维码]

秩序规范 庄
重热烈——
签约仪式礼仪

任务要求：小白和同事能够展示适宜的仪式礼仪吗？他们需要遵守哪些要求和规范呢？

【知识储备】

仪式是国际交往或社会交往中重大庄严的正式场合，主办方为了表示对活动的重视，按照惯例举行的某种规范化形式。

一、签约仪式礼仪

签约仪式，通常是指双方或多方经过会谈、协商，签订某项合同、形成某项协议或协定，再互换正式文本的仪式，是一种比较隆重的活动，礼仪规范比较严格。

（一）签约仪式的准备

1.签约仪式的人员

参加签约仪式的人员，一般是仪式双方参加会谈的全体人员，双方人数、人员职位应大体相等。如果有更多的相关人员参加签约仪式，双方参加的人数和身份应通过协商予以明确，双方领导人的级别一般也应对等。

▶▶ 知识拓展 5-12　　签约仪式人员的仪表礼仪

参加签约仪式的人员都应注意自己的仪表，服饰整洁、挺括，仪态庄重、友好、大方，既不过于严肃，也不过分夸张。

签字人、助签人以及随员应当穿着深色西装套装、中山装套装或西装套裙，并且配以白色衬衫与深色皮鞋，男士系单色或深色领带。

礼仪人员、接待人员可以穿自己的工作制服，或是旗袍等礼仪性服装。

2.签约仪式的场所

举行签约仪式的场所，一般视参加签约仪式人员规格、人数多少及协议中内容的重要程度等因素来确定。签字厅可以选择在客方所住的宾馆、酒店，或主方的会客厅、会议室。有时为了扩大影响，还可以选择在某个新闻发布中心。签约仪式场所的布置，总体原则是整洁、安静、庄重。

>> **业务链接 5-11**　　　　签字厅的布置

　　一间标准的签字厅，室内应铺设地毯，摆放签字用桌椅。正规的签字桌应为长桌，横放于室内，在其后摆放适量的座椅。双方签约时，可以放置两张座椅，供签字人就座；多方签约时，可以仅放置一张座椅，供各方签字人签字时轮流就座，也可以为每位签字人各放置一张座椅。签字人就座时，一般应面对正门。

　　在签字桌上，铺设深绿色的台泥，提前放好待签的文本以及签字笔等签字所用文具。涉外的签约仪式，签字桌上应插放有关各方的国旗，位置应在该方签字人座椅的正前方，顺序应遵守以面对房间正门为准的"右高左低"的国际惯例。

3.签约仪式的文本

　　谈判结束后，应按照达成的协议，准备签约的正式文本。主方应做好文本的定稿、翻译、校对、印刷、装订等，文本应以精美的白纸印制，并以高档质料如真皮、软木等作为封面。应为签约的有关各方提供一份待签文本，必要时还可以向各方提供一份副本。

4.签约仪式的座次

　　双方签约时，应请客方签字人在签字桌右侧就座，主方签字人同时就座于签字桌左侧。双方的助签人，分别站立于己方签字人的外侧，以便随时为签字人提供帮助。双方其他随员，可以按照职位的高低，依次自左至右（客方）或自右至左（主方）地列成一行，站立于己方签字人的身后。当一行站不完时，可以按照以上顺序和"前高后低"的惯例，排成两行、三行或四行（如图5-20所示），也可以在己方签字人的正对面就座（如图5-21所示）。原则上双方随员人数应相近。

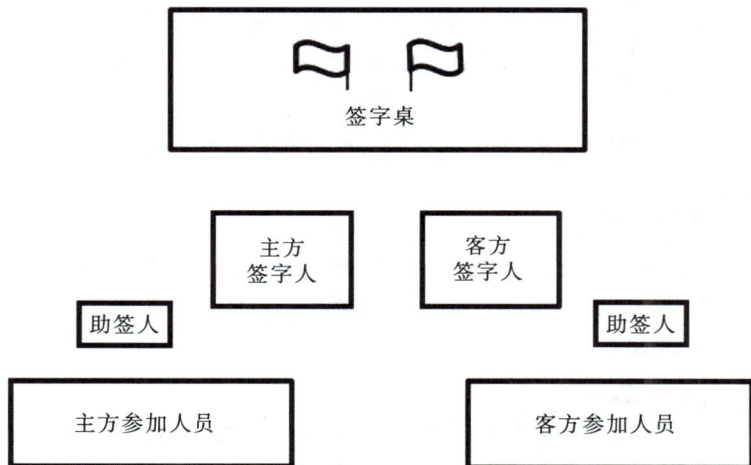

图5-20　随员站立于己方签字人身后

　　如果是多方签约，一般仅设一把签字椅。各方签字人签字时，依照有关各方事先同意的先后顺序，依次上前签字。各方的助签人应随签字人一同行动，按照"右高左低"的惯例，站立于签字人的左侧。有关各方的随员，应按照一定的顺序，面对签字桌就座或站立。

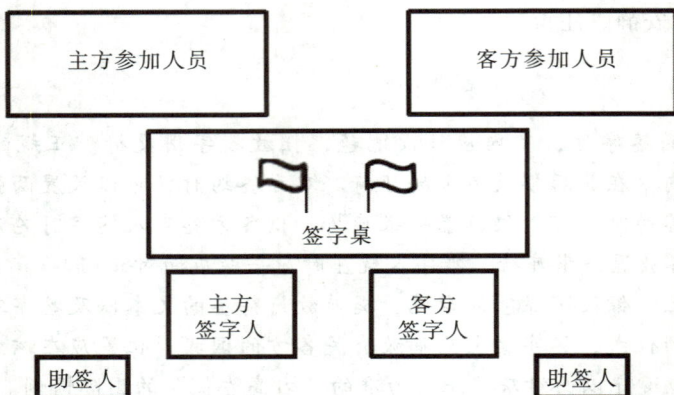

图5-21　随员在己方签字人对面就座

（二）签约仪式的程序

签约仪式的程序包括签约仪式开始、双方签字人正式签署文本、共饮香槟酒互相道贺、签约仪式结束四个步骤，见表5-11：

表5-11　　　　　　　　　　　　　　签约仪式的程序

步骤	业务程序	业务规范
步骤1	签约仪式开始	双方人员进入签约厅，签约人首先入座，其他人员分客方、主方，按照身份顺序就位。助签人员分别站在己方签约人的外侧，协助翻开签约文本，指明签约处
步骤2	双方签字人正式签署文本	双方签约人首先在本方保存的文本上签字，签字时应名列首位，然后由助签人员互相交换、传递签约文本，双方签字人随后在对方保存的文本上签字。签字完毕，双方签约人郑重交换签约文本，并热情握手。参加签约仪式的其他人员鼓掌祝贺
步骤3	共饮香槟酒互相道贺	签约仪式有时备有香槟酒，服务人员用托盘端上香槟酒，主方、客方全体参加签约仪式的人员共同举杯庆贺。一般双方参加签约仪式的最高领导人、签约人相互碰杯
步骤4	签约仪式结束	双方最高领导人、客方先退场，然后主方再退场

二、交接仪式礼仪

微课堂5-13

有条不紊　周全周到——交接仪式礼仪

交接仪式是指施工单位依照合同将已经建设、安装完成的工程项目或大型设备，经验收合格后正式移交给使用单位时，所专门举行的庆祝典礼。

（一）交接仪式准备

1.来宾的邀请

来宾的邀请，通常应由东道主——施工、安装单位负责。在拟定来宾名单时，施工、安装单位应主动征求接收单位的意见，接收单位可以对来宾名单提出合理建议。

来宾的人数应视具体情况而定，综合考虑场地条件和接待能力。参加交接仪式的来宾为各有关方面的代表，包括施工单位、安装单位、接收单位、上级主管部门、当地政府、行业组织、社会团体、新闻界的有关人员，以及协作单位的有关人员等。邀请来宾时，应心诚意切、努力争取，但是不必勉强对方。

2.场地的选择

在选择交接仪式场地时，应考虑仪式的重要程度、出席人数、具体程序与内容是否保密等几个方面的因素。可以安排在已经建设、安装完成并已验收合格的工程项目或大型设备所在地，有时也可以安排在东道主公司会议厅，或者由施工、安装单位与接收单位双方共同认可的其他场所。

▶▶ 知识拓展5-13　　　举行交接仪式的场地

1.已经建设、安装完成并已验收合格的工程项目或大型设备所在地

该场地的优点是可以使全体出席交接仪式的人员身临其境，获得对被交付使用的工程项目或大型设备的直观、形象的了解，方便来宾在交接仪式过后进行参观。不过，交接仪式准备的工作量较大，而且需要取得接收单位的同意和配合。

2.东道主单位的会议厅

该场地的优点是可以免除大量的接待工作，会场的布置也十分便利。特别是在被交付的工程项目、大型设备不宜外人参观，或者暂时不方便外人参观的情况下，更为合适。但东道主单位需要付出更多的人力、财力和物力，而且来宾不能获得对交付的工程项目或大型设备的直观感受。

3.交接双方认可的其他场所

由于某些原因，经施工、安装单位提议，接收单位同意，选择双方共同认可的其他场所，如宾馆的会议厅、多功能厅，出租的礼堂等。在其他场所举行交接仪式，尽管开支较高，但是可以省去大量的布置工作，而且还可以提升交接仪式的档次。

3.现场的布置

交接仪式现场应营造一种热烈、隆重、喜庆的气氛。主席台需铺设红毯，在主席台上方，悬挂红色横幅，写上交接仪式的具体名称，根据需要预备足量的桌椅。

现场四周及正门入口处，可以悬挂彩带、彩旗和带有庆贺标语的彩色气球，放置盆花，用以美化环境。

如果来宾赠送的花篮较多，可以按照先后顺序，呈一列摆放在主席台正前方，或是摆放在入口处门外的两侧，或者两处同时摆放。

4.物品的准备

交接仪式上使用的物品应由东道主提前准备，主要有验收文件、一览表、钥匙等。验收文件是指已经公证的由交接双方正式签署的接收证明性文件。一览表是指交付给接收单位的全部物资、设备或其他物品的名称、数量明细表。钥匙是指用来开启被交接的建筑物或机械设备的钥匙。交接仪式上赠送给来宾的礼品，应突出纪念性、宣传性，可以将被交接的项目、大设备制作成微缩模型或画册、明信片、纪念章、钥匙扣等。

（二）交接仪式程序

交接仪式的程序包括主持人宣布交接仪式开始、奏国歌并演奏东道主单位的标志性歌曲、正式进行交接、各方代表发言、宣告交接仪式结束五个步骤，见表5-12：

表5-12　　　　　　　　　　　　　　交接仪式程序

步骤	业务程序	业务规范
步骤1	主持人宣布交接仪式开始	主持人应邀请来宾代表在主席台上就座，并请全体参加人员保持安静，然后宣布交接仪式正式开始。全体人员应鼓掌，表达祝贺之意
步骤2	奏国歌并演奏东道主单位的标志性歌曲	此时全体人员应肃立，这一环节会使交接仪式显得更加庄严、隆重
步骤3	由施工、安装单位与接收单位正式进行交接	由施工、安装单位的代表，将有关工程项目和大型设备的验收文件、一览表、钥匙等象征性物品，正式递交给接收单位的代表。此时双方应面带微笑、双手递交、接收有关物品，并热情握手。有时这一环节可以由上级主管部门或地方政府的负责人进行剪彩
步骤4	各方代表发言	有关各方的代表发言。依次为施工、安装单位代表，接收单位代表，来宾代表等。发言一般为礼节性的，宜简短忌冗长，时间以三分钟左右为宜
步骤5	宣告交接仪式正式结束	主持人宣布交接仪式结束，随后东道主与接收单位邀请各方来宾一同参观有关工程项目或大型设备，也可以组织其参观图片展览、观看影片或发放宣传资料等

（三）参加交接仪式礼仪

1.东道主的礼仪

东道主参加交接仪式的人员，应仪容整洁、服饰得体、举止大方，树立本单位的良好形象。举行交接仪式前，双方负责人应提前到达现场，并在门口恭迎来宾。东道主应指定专人负责迎送、接待、引导、陪同等服务工作，东道主的全体人员应具有主人翁意识，当来宾提出问题或者需要帮助时，应尽力相助。

2.来宾的礼仪

来宾接到正式邀请后，应以单位或个人的名义，及时发出贺电或贺信，也可以在出席交接仪式时，当面交给东道主。

微动画5-10

庆典活动有
哪些礼仪呢

如果代表公司参加交接仪式，应略备贺礼赠送给东道主，如花篮等。花篮两侧悬挂红色缎带，右书"恭贺xx交接仪式隆重举行"，左书本单位全称。

如果被邀请代表来宾发言，应提前预备一份书面贺词，内容简明扼要，主要是向东道主道喜祝贺。如果因故不能出席，应尽早通知东道主。

在交接仪式的整个过程中，应注意仪表，身着正装，精神饱满，热情洋溢，郑重地向东道主负责人握手道贺。全程听从东道主安排，如有事离开应向东道主负责人道别。

微课堂5-14

分兵把守 精
心隆重——
庆典仪式礼仪

三、庆典仪式礼仪

庆典仪式，是各种庆祝仪式的统称，是公司组织为庆祝重大节日或重大事件而举行的活动典礼或仪式。庆典仪式能激发成员的自豪感和荣誉感，鼓舞成员的斗志，扩大组织的影响力和知名度，树立良好的公众形象。

庆典仪式的种类很多，常见的庆典仪式有：节庆庆典，是在重大节日和纪念日举行的庆祝仪式；庆功庆典，是组织因获得某项荣誉及取得重大成就、重大业绩、重大进展而举行的庆祝仪式。

（一）组织庆典仪式的礼仪

1.庆典仪式的时间选择

好的时机可以为庆典增色，增强活动效果。举行庆典活动应适时，有的庆典活动时间是固定的，如节日、纪念日等，只能提前，不能推后；有的庆典活动要结合市场时机来考虑，使庆典活动与市场时机相契合，还要考虑有关人员能否出席、天气好坏等因素。

2.庆典仪式的地点选择

选择地点时，应结合庆典的规模、影响力和公司的实际情况决定，可以选择公司的礼堂、会议厅、广场，以及外借的大厅等。场地的大小应与参加者人数的多少相适应。

3.庆典仪式的现场布置

庆典仪式现场应悬挂标明庆典具体内容的横幅、彩灯、彩带、彩旗、鲜花、气球，张贴宣传标语，调试好音响设备等。审查庆典播放的乐曲，应播放喜庆、欢快的乐曲，不要随意播放背离庆典主题的乐曲。

4.庆典仪式的参加人员

出席庆典仪式的人员，应与庆典的主题相关，一般包括当地政府领导、上级主管部门领导、社会知名人士、大众传媒人士、合作伙伴、组织员工等。出席人员名单确定后，应尽早发出邀请，并准确掌握出席人员的情况。

5.庆典仪式的程序安排

拟定庆典仪式的程序时，应坚持两个原则：第一，时间宜短不宜长，最好不超过一个小时；第二，程序宜少不宜多，程序过多会分散出席者的注意力，给人凌乱之感。庆典仪式的程序包括主持人宣布庆典仪式开始、奏国歌、公司负责人致辞、来宾代表发言、文艺演出、邀请来宾参观六个步骤，见表5-13：

表5-13　　　　　　　　　　　　　　庆典仪式的程序

步骤	业务程序	业务规范
步骤1	主持人宣布庆典仪式开始	邀请来宾就座，出席人员保持安静，介绍嘉宾
步骤2	奏国歌	全体人员起立，奏国歌，或者演奏本公司标志性歌曲
步骤3	公司负责人致辞	介绍庆典的缘由，感谢来宾的光临
步骤4	来宾代表发言	提前约定好来宾代表致贺词。 其他贺电、贺信等可以不必全部宣读，但应公布署名单位和个人
步骤5	文艺演出	慎选内容，不要有悖于庆典的主旨
步骤6	邀请来宾参观	来宾参观本单位，邀请重要来宾题字、留言并参加宴请、座谈

>> 业务链接5-12　　　　怎样做好庆典仪式的接待工作

庆典仪式的接待工作，应挑选形象较好、年轻精干、表达能力和应变能力较强的人员承担。接待人员的工作主要有以下几项：

1. 在举行庆典仪式的现场迎接和送别来宾。
2. 引导来宾至指定的地点签到、入座、题字留言等。
3. 来宾的茶水点心供应、纪念品发放。
4. 庆典仪式现场的秩序维护和安全保卫工作。
5. 对于非常重要或年事已高的来宾，应安排专人始终陪同、关心照顾。
6. 在庆典仪式正式开始前可以设置接待室，让来宾休息、交谈。
7. 庆典仪式过程中应热心细致地照顾好全体来宾，不能得过且过、马马虎虎。

（二）参加庆典仪式的礼仪

在举行商务庆典之前，公司要对全体员工进行必要的礼仪培训，并要求其严格遵守。如果员工穿着打扮散漫、举止行为失当、精神面貌不佳，容易造成对本组织形象的"反面宣传"。

1. 仪表整洁

公司员工可以穿着统一的制服，也可以穿着礼仪性服装。参加庆典前应洗澡、理发，男士应剃须，女士应化妆，不允许蓬头垢面、身上散发异味。

2. 遵守时间

遵守时间是基本的商务礼仪，不要迟到、无故缺席或中途退场。庆典仪式应准时开始，准时结束。

3. 行为自律

参加庆典仪式时，行为不能自由放纵，否则会使来宾对庆典或公司产生不好的印象。庆典仪式举行期间不要四处走动，在起立或坐下时，不要把座椅弄响。庆典整个过程中，要表情庄重、全神贯注、聚精会神，不要与人交头接耳，不要表现出对庆典仪式毫无兴趣的态度。

4. 态度友好

主办方的员工对待来宾应态度友好。不要围观来宾、议论来宾，或对来宾持有敌意。要主动热情地问候来宾，友善地答复来宾的问题。对于来宾的讲话，不"鼓倒掌"、胡乱起哄；不打断来宾的讲话，挑衅质疑，与其辩论，或对其人身攻击。

5. 发言简短

微课堂5-15

喜气洋洋 盛
事迎门——
剪彩仪式礼仪

发言应在规定的时间内结束，宁短勿长。上下场时应沉着冷静，开口讲话前应平心静气。发言开始，应说"大家好"或"各位好"；发言结束，应说"谢谢大家"。发言时应少做手势；提及感谢对象时，应目视对方；表示感谢时，应郑重地欠身施礼。对于来宾的鼓掌，应以自己的掌声来回礼。

四、剪彩仪式礼仪

▶▶　知识拓展5-14　　　　剪彩仪式

剪彩仪式，是公司成立开业、大型会展开幕时举行的剪断彩色绸带的庆祝活动。剪彩仪式的现场一般选在公司、展会正门外的广场或者正门内的大厅，铺设红色地毯，悬挂写有"×××剪彩仪式"等字样的大型横幅、气球、彩旗等，摆放花篮、花盆。剪彩仪式宜紧凑、忌拖沓，时间不宜超过半小时。

（一）剪彩仪式的准备

1.剪彩物品

（1）红色缎带

红色缎带，即剪彩仪式之中的"彩"，应由一整匹未曾使用过的红色绸缎在中间结成数朵花团而成。红色缎带上所结的花团不仅要生动、硕大、醒目，而且具体数目还和现场剪彩者的人数直接相关。剪彩有两种模式：第一，花团的数目较现场剪彩者的人数多一个，可以使每位剪彩者都处于两朵花团之间，显得正式；第二，花团的数目较现场剪彩者的人数少一个，不同常规，不失新意。

（2）新的剪刀

新的剪刀是专供剪彩者在剪彩仪式上使用的，每位剪彩者应人手一把，而且必须崭新、锋利。剪彩仪式前，应逐个检查剪刀，确保剪彩者在正式剪彩时可以一举成功，避免出现一再补剪。剪彩仪式结束后，主办方可以将每位剪彩者使用的剪刀包装之后送给剪彩者，作为纪念。

（3）白色手套

白色手套，是专为剪彩者准备的。剪彩者剪彩时最好戴上一副白色薄纱手套。白色薄纱手套应数量充足、大小适度、崭新平整、洁白无瑕。

（4）大型托盘

大型托盘是托在礼仪小姐手中，用来盛放红色缎带、剪刀、白色薄纱手套的。托盘应是大小适中、崭新、洁净的，首选银色不锈钢材质，上铺红色绒布或绸布。可以为每位剪彩者配置一个托盘，红色缎带专门由托盘盛放，这样显得更加正式。

2.剪彩人员范围

剪彩者可以是一个人，一般不多于5人。多由上级领导、主管部门领导、合作伙伴、社会知名人士等担任。如果是多位剪彩者，应分别告知他与何人共同剪彩，并征得其同意。确定剪彩者名单后，应尽早郑重告知，使其有所准备，不要在剪彩仪式开始前临时找人凑数。否则，既是对剪彩者的失礼，甚至可能弄砸剪彩仪式。

▶▶　知识拓展5-15　　　　剪彩者的位次礼仪

按照国际惯例，剪彩者的位次为"中间高于两侧，右侧高于左侧"。如果剪彩者只有一人，则其剪彩时居中站立即可。如果剪彩者不止一人，则主剪者站立于中间的位置，右侧高于左侧。距离中间站立者越近位次越高、越远位次越低。

（二）剪彩仪式的程序

剪彩仪式的程序包括来宾就位、宣布仪式开始、奏国歌、宾主发言、剪彩、后续活动六个步骤，见表5-14：

表5-14　　　　　　　　　　　　　　　　剪彩仪式的程序

步骤	业务程序	业务规范
步骤1	来宾就位	通常只为剪彩者、来宾和本单位的负责人安排座席。剪彩者应就座于前排。如果不止一人，则应按照剪彩时的顺序就座。剪彩者多采取站立姿势，剪彩者及发言人按照中为上、右为上的位次在现场站成一排
步骤2	宣布仪式开始	主持人宣布仪式开始，介绍到场的重要来宾，全体到场者热烈鼓掌
步骤3	奏国歌	全场起立，可以随之演奏本公司标志性歌曲
步骤4	宾主发言	发言者依次为东道主单位的代表、上级主管部门的代表、地方政府的代表、合作单位的代表等。内容应言简意赅，重点分别为介绍、道谢与致贺，每人不超过3分钟
步骤5	剪彩	主持人介绍剪彩者，必要时可以演奏音乐、燃放鞭炮，全体到场者热烈鼓掌
步骤6	后续活动	东道主陪同来宾参观、题字、留言、座谈、就餐，向来宾赠送纪念品

>> **头脑风暴5-6**　　　张市长剪彩

　　某公司举行新项目开工剪彩仪式，邀请当地政府张市长和各界知名人士参加，请他们坐在主席台上。仪式开始时，主持人宣布："请张市长下台剪彩！"却见张市长端坐没动。主持人很奇怪，重复了一遍："请张市长下台剪彩！"张市长还是端坐没动，脸上还露出一丝恼怒。主持人又宣布了一遍："请张市长剪彩！"张市长才很不情愿地勉强站起来去剪彩。

　　（资料来源　佚名.下台剪彩［EB/OL］.［2020-10-11］.https：//www.xuesai.cn/souti/AC88776A.html，有改动）

　　讨论：请说明主持人的失礼之处。

（三）剪彩仪式的礼仪

1.助剪者礼仪

当主持人宣布进行剪彩之后，助剪者率先登场，应排成一行从两侧同时登台或从右侧登台。拉彩者与捧花者应站成一行，拉彩者位于两边拉直红色缎带。捧花者各自双手捧一朵花团。托盘者自成一行站立在拉彩者与捧花者身后1米左右。助剪者应面带微笑，目光虚视台下。

▶ **知识拓展5-16**　　　剪彩仪式的助剪者

　　助剪者，即在剪彩者剪彩的过程中从旁为其提供帮助的人员。助剪者多由东道主方的女职员担任，也可以由外请的专业礼仪小姐担任。

　　助剪者可以分为迎宾者、引导者、服务者、拉彩者、捧花者、托盘者。迎宾者的任务，是在现场迎来送往；引导者的任务，是在剪彩时带领剪彩者登台或退场；拉彩者的任务，是在剪彩时展开、拉直红色缎带；捧花者的任务，是在剪彩时手托花团；托盘者的任务，是为剪彩者提供剪刀、手套等剪彩用品；服务者的任务，是为来宾尤其是剪彩者提供饮品、安排休息之处。

迎宾者与服务者不止一人。引导者可以是一个人，也可以为每位剪彩者各配一人；拉彩者通常为两人；捧花者的人数视花团的具体数目而定，一般为一花一人；托盘者可以为一人，也可以为每位剪彩者各配一人。有时，礼仪小姐可以身兼数职。

助剪者要仪表庄重、大方、文雅，着装选择统一的套裙或旗袍，穿黑色高跟皮鞋，配肉色连裤丝袜，化淡妆，并以盘起发髻的发型为佳。

2.剪彩者礼仪

剪彩者从右侧出场，引导者在左前方引导剪彩者，使其就位。如果有几位剪彩者，主剪者走在前面，其他剪彩者紧随其后。托盘者应前行一步，到达剪彩者的右后侧，为其递上剪刀、手套。剪彩者应微笑、道谢并拿起剪刀、戴好手套。

剪彩者应向拉彩者、捧花者点头示意，聚精会神地将红色缎带一刀剪断。如果为多名剪彩者，其他剪彩者应注意主剪者的动作，协调行动将红色缎带剪断。同时还应和礼仪小姐配合，注意让花团落于托盘内。剪彩者举起剪刀向众人微笑致意，不要久停，然后把剪刀、手套放回托盘内，并举手鼓掌。所有参加人员应鼓掌响应。剪彩者可以依次与东道主握手道贺，并在引导者引导下从出场方向退场。随后助剪者列队从右侧退场。

▶▶ 知识拓展5-17   剪彩者的礼仪

剪彩者是剪彩仪式的主角，应着套装、套裙或制服，头发梳理整齐，适当修饰容貌，不穿便装，不戴帽子，不戴墨镜。

在剪彩仪式的过程中，剪彩者的言谈举止要庄重。剪彩者可以与主办方进行礼节性谈话，或与其他剪彩者进行赞赏性谈话，但时间都不宜过长。不要无休止地高谈阔论或旁若无人地纵情谈笑。主持人宣布剪彩仪式开始后，剪彩者应全神贯注地听主持人讲话，不要继续谈笑或向别人打招呼。主持人向全体到场者介绍剪彩者时，剪彩者应面带微笑向大家欠身或点头致意。

【任务实施】

实施描述：请根据小白和同事的实际工作场景，做好仪式准备、仪式程序和参加仪式人员礼仪的练习。

实施准备：仪式相关物品、实训室。

实施步骤：

1.学生以小组为单位，在教师的指导下进行仪式准备、仪式程序和参加仪式人员礼仪的练习。

2.以小组为单位进行仪式礼仪展示PK赛，选出每组最佳技能手。

【任务评价】

仪式礼仪考核评分标准见表5-15：

表5-15   仪式礼仪考核评分标准

序号	考核内容	考核要点	分值	自评分	互评分	教师评分
1	签约仪式礼仪	签约仪式准备、签约仪式程序、礼仪的要求和规范	20			
2	交接仪式礼仪	交接仪式准备、交接仪式程序、参加交接仪式礼仪的要求和规范	20			
3	庆典仪式礼仪	组织庆典仪式、参加庆典仪式礼仪的要求和规范	20			
4	剪彩仪式礼仪	剪彩仪式的准备、剪彩仪式程序、剪彩仪式礼仪的要求和规范	20			
5	整体印象	在各类仪式上表现自如，防止在仪式上失礼于人	20			
总分			100			
小组自评						
小组互评						
教师评价						
小组成员个人得分	姓名					
	得分					
说明		小组任务得分=小组自评分×20%+小组互评分×30%+教师评分×50%。小组成员个人得分由小组长和教师根据个人任务完成的情况分配分数				

任务四　宴请礼仪

【任务目标】

知识目标：

1.掌握中餐宴请的类型。

2.掌握中餐宴请的时间、地点、点餐、上菜、餐具使用、用餐程序、用餐礼仪的规范和要求。

3.掌握西餐宴请的入座、上菜、餐具使用、交谈礼仪的规范和要求。

能力目标：

1.能够按照礼仪规范组织宴请活动。

2.能够按照礼仪规范参加宴请活动。

素质目标：

1.具备中西餐宴会服务的素养。

2.根据被宴请方的特点和饮食习惯选择中西餐宴会菜品。

3.营造出和谐友好的人际关系与社交氛围。

【任务导入】

山东跨界国际贸易有限公司要宴请一位重要客户和他的助理，领导让小白和部门的同事参加此次宴会，小白同时负责此次宴会的接待工作。

任务要求：小白和同事在筹备宴请和参加宴请的过程中，能够展示出合适的宴请礼仪吗？他们需要注意哪些事项？

【知识储备】

中华饮食文化源远流长，在《礼记·礼运》中就记载有"夫之礼仪，始诸饮食"，意思是所有的礼仪，开端于饮食。一日三餐，每天都离不开饮食。人类自进入文明社会后，更加注重宴请礼仪，宴请中需要讲究的礼仪也逐渐规范。到了现代社会，宴请礼仪有了更大的发展和融合，不仅有对古代宴请礼仪的继承和发展，又有对西方宴请礼仪的接纳和融合。

一、中餐宴请的类型

微动画 5-11

如何做好
宴会的接待

通用的中餐宴请形式主要有宴会、便宴、家宴、工作餐。

（一）宴会

宴会是一种隆重而正规、讲究排场与气氛的大型聚餐活动，它往往是为宴请主要客人而精心安排的，在比较高档的饭店或是其他特定的地点举行。

微课堂 5-16

夫之礼仪　始
诸饮食——
中餐礼仪 1

（二）便宴

便宴是一种非正式宴会。它的形式比较简单，不注重规模、档次。

（三）家宴

家宴即在家里举行的宴请活动，也就是家常便饭。

（四）工作餐

工作餐是现代生活中经常采用的一种非正式的宴请形式，是在商务交往中具有业务关系的合作伙伴，为进行接触、保持联系、交换信息或洽谈生意而通过用餐的形式进行的商务聚会。

二、中餐宴请的礼仪

微课堂 5-17

夫之礼仪　始
诸饮食——
中餐礼仪 2

（一）中餐宴请的时间

中餐正式宴请的具体时间，应遵从民俗惯例，并且应讲究主随客便。主人优先考虑被邀请者，特别是主宾的实际情况。如果可能，应先和主宾协商一下，力求双方时间适合，以显示自己的诚意，并对具体用餐时间进行必要的控制。

（二）中餐宴请的地点

1.环境幽雅

宴请不仅是为了"吃东西"，也是"吃文化"。如果用餐地点档次过低，环境不好，即使菜肴再有特色，也会使宴请大打折扣。在可能的情况下，应选择清静、优雅的地点用餐。

2.卫生条件良好

确定宴请的地点时，一定要注意卫生状况，如果用餐地点太脏、太乱，会破坏用餐者的食欲。

3.交通便利

还应考虑被邀请者交通是否方便，宴请的地方有没有停车场，有没有公共交通线路通过，是否需要为被邀请者预备交通工具等。

（三）中餐点餐的礼仪

"国以民为本，民以食为天。"节约粮食是中华民族的传统美德，节约粮食就是热爱生命。因此商务宴请时点餐应提倡节约，不仅要吃饱、吃好，而且要量力而行，不要为了讲排场、充阔气而大点、特点。

点餐时应心中有数，做到不超支、不乱花、不铺张浪费。可以根据个人预算，在用餐时现场点菜，这样自由度较大，而且要兼顾个人的财力和客人的口味；也可以点套餐或包桌，这样费用固定，菜肴的档次和数量相对固定，方便高效。

》》 业务链接5-13   点餐的注意事项

无论是哪种宴会形式，首先要解决的都是菜肴的安排。应充分考虑客人的口味，依此来确定菜肴的具体品种。因此，应了解客人在就餐方面的特殊要求和禁忌。如回族人不吃猪肉，上海人好甜食，而四川、湖南人则偏好辣椒，沿海城市的人喜欢吃海鲜等。同时，可以邀请客人吃一些当地特色菜肴，特色即是文化，会给人留下较深的印象。

点餐可以从定档定标、菜品数量、菜式选择、荤素搭配四个方面考虑。点餐要先评估预算，请客人先选菜。如果客人谦让点菜权，主人也不必过于勉强，点菜应有一定档次，不要同时点几道同类型的菜。点完菜应询问客人用什么酒水，最后点主食，注意南北差异。点菜速度要快，如果用餐时间紧张，不要点需较长时间做好的菜，不清楚的情况下可以找服务员确认。如果是第一次去的餐厅，可以请服务员推荐几道特色菜，然后选择一些家常菜。

（四）中餐上菜的礼仪

中餐上菜的次序，通常首先是冷盘，接下来是热炒，随后是主菜，然后是汤、点心、甜点，最后是果盘。了解中餐的上菜次序，不仅有助于在点餐时巧做搭配，而且可以避免因为不懂而出洋相、闹笑话。

1.冷盘

中餐的冷盘分成两种：一种是小菜，通常会准备2～4种；另一种属于主菜类，以拼盘形式上菜，属于开胃菜，通常是筵席的第一道菜。

2. 热炒

中餐的热炒通常有4盘，安排在开胃拼盘后上菜，现在许多筵席会省略这道菜。

3. 主菜

在开胃菜之后继续上主菜，主菜的道数通常是4、6、8等偶数。菜肴使用不同的材料，配合酸、甜、苦、辣、咸五味，以炸、蒸、煮、煎、烤、炒等各种烹调方法制作而成。

4. 特殊菜色

中餐有些特殊菜色，食用时需用到手，如明虾等可能用手来剥皮；薄饼卷北京烤鸭等菜品应注意包紧，避免内馅掉落。宴请主人应准备洗指水盘，宾客用完这些菜色后，可以将油腻的手指清洗干净。

5. 汤

喝汤时应注意不要发出声音，在正式晚宴上喝汤发出声音是非常失礼的。应用汤匙来喝汤，快喝完时不要将汤碗拿起，而应以左手拇指和食指轻扶碗沿，向桌心方向稍微倾斜，以利于取汤。

6. 点心

一般宴会不供应米饭，而以糕、饼、面、包子、饺子等替代。

7. 甜点

甜点包括甜点和甜汤，如馅饼、蛋糕、冰糖莲子银耳甜汤、杏仁豆腐等。

8. 水果

水果种类繁多，多半以水果拼盘的形式呈现。

微课堂5-18

天之礼仪　始
诸饮食——
中餐礼仪3

▶▶ 知识拓展5-18　　　中餐点餐的三原则

中餐点餐有时会因为各种原因，难以做到人人满意，无形中增加了点菜难度。中餐点餐一般遵循以下三个原则：

一看人员组成。人均一菜是比较通用的规则。如果男士较多，可适当加量。

二看菜肴组合。一桌菜最好是有荤有素，有冷有热，尽量做到全面。如果男士较多，可以多点些荤食。如果女士较多，则可以多点几道清淡的菜品。

三看宴请的重要程度。如果是普通的商务宴请，平均一道菜在50～80元左右即可。如果宴请的对象是比较重要的人物，则要点上几个高档的菜，如龙虾、鲍鱼等。

需要注意的是，点餐时不应询问服务员菜品的价格，或是讨价还价，这样会在客人面前显得小气，客人也会觉得不自在。

（五）中餐餐具使用礼仪

中餐餐具有杯、盘、碗、碟、筷、匙等样式。

1. 筷子

筷子是中餐最主要的餐具。筷子在古时又称为"箸"。中餐使用筷子取菜、用餐是有讲究的。首先，不论筷子上是否残留食物，都不要去舔，用舔过的筷子夹菜，非常不礼貌、不卫生；其次，在与人交谈时应放下筷子，不要拿着筷子指指点点；另外，在吃米饭或馒头时，不要把筷子竖插在米饭或馒头上，因

微动画5-12

如何正确
使用筷子

微演练5-5

必须要知道
的餐桌礼仪

为中国人只有在祭奠死者时才这样做,是不吉利的;最后,筷子只用来夹菜,不要用来剔牙或者夹取食物之外的东西。

"微演练5-5:必须要知道的餐桌礼仪"的演练要求及参考评价见表5-16:

表5-16　"必须要知道的餐桌礼仪"的演练要求及参考评价

演练项目	必须要知道的餐桌礼仪	
演练准备	礼仪实训室等	
演练要求	着职业装,化职业妆	
演练方法	1.将学生分组,每组5~6人 2.由教师指导,学生分组练习 3.小组内的成员依据创设的情境进行讨论,找出存在的问题	
演练评价	知识应用	1.掌握餐桌礼仪内容 2.掌握餐桌礼仪规范
	能力提升	1.能够正确地运用餐桌礼仪 2.能够避免进餐时对他人的不尊重
	素质培养	1.建立正确的审美观、价值观 2.提升个人修养 3.知行合一,按照礼仪要求勇于实践
	成果展示	在商务活动场合表现出正确的宴请礼仪

▶▶ 知识拓展5-19　　　筷子的禁忌

一忌掷筷。在餐前发放筷子时,应把筷子一双双理顺,然后轻轻放在每位用餐者的餐桌前;相距较远时,可以请人递过去,不要随手掷在桌上。

二忌杂筷。不要用杂色筷,一个品种一双,或一双一个花色图案,也不能用一长一短的筷子。

三忌叉筷。筷子不要一横一竖交叉摆放,不要一根是大头,一根是小头。筷子应摆放在碗旁边,不要摆放在碗上,因为客人用餐结束后把筷子平放在碗口,是表示对主人的不满。

四忌敲筷。即在等待就餐时,不要坐在餐桌边,手拿筷子敲盆、敲碗、敲桌子。

五忌挥筷。夹菜时,不要用筷子在菜盘中上下翻动。遇到别人夹菜时,应注意避让。

六忌泪筷。即夹菜时,把菜汤滴在桌子上。

七忌截筷。即不能随意把对方夹过来的菜中途夹走。

八忌舞筷。在说话时,不要把筷子当作道具,在餐桌上乱舞;也不要在请别人用菜时,把筷子戳到别人面前。

另外,在结婚喜宴上不能使用白色筷子,而在葬礼宴上则不能使用红色筷子。

2.匙

匙也称勺子，主要用来舀取食物。有时用筷子取食时，也可以用勺子来辅助，尽量不要单独使用勺子去取菜。

用勺子舀取食物时，不要过满，免得溢出来弄脏餐桌或自己的衣服；可以在原处"暂停"片刻，汤汁不再往下流时再移回来享用。用勺子舀取食物后，应立即食用或放在自己碟子里，不要再把它倒回原处。

如果取用的食物太烫，不要用勺子舀来舀去，也不要用嘴对着吹，可以先放在自己的碗里等凉了再吃。不要把勺子塞到嘴里，或者反复吮吸、舔食。暂时不用勺子时，应放在自己的碟子上，不要直接放在餐桌上。

3.碗

碗主要是用来盛放主食、羹汤的。在正式宴会中，不要端起碗进食，尤其不要双手捧碗用餐。碗内盛放的食物，应以筷子、汤匙加以辅助食用，不要直接用手取用或用嘴吸食；碗内若有剩余食物，不要将食物直接倒入口中，也不要用舌头舔食。不要向暂时不用的碗内乱放东西，也不要把碗倒扣过来放在餐桌上。

4.盘子

中国人注重餐具的搭配，尤其是盘子，款式类型繁多，应根据菜品的不同使用不同大小、造型的盘子。如鱼形的鱼盘，用来盛放整条鱼。还有扇形、贝壳形、长方形、方形等各种盘子，用来搭配不同的菜品，不仅美观，还能突出菜品的特点和品质。用餐时，餐桌上的盘子一般应保持原位，不要堆在一起。

食碟主要是用于暂放从公用的菜盘中取来享用的菜肴。使用食碟时，一般不要取放过多的菜肴。食物残渣、骨头、鱼刺不要直接从嘴里吐在餐桌上或食碟中，而应使用筷子轻轻夹放到食碟前端，食碟放满时可以示意服务员更换新碟。

>> 业务链接5-14　　中餐副餐具的使用

副餐具是指进餐时发挥辅助作用的工具，常见的有水杯、香巾、水盂、牙签等。

1.水杯

水杯主要用于盛放清水、果汁等饮料。使用时需要注意三点：一是不要用水杯来盛酒；二是不要倒扣水杯；三是喝入口中的饮品不要再吐回水杯里。

2.香巾

中餐用餐前，一般会为每位用餐者送上一块香巾，即一块湿毛巾。现在多数酒店会将其直接包装在印有酒店标志的包装袋内供客人使用。香巾主要用来擦手，擦拭后应再放回盘子里，由服务员拿走。用餐结束时，服务员会再送上一块香巾，此时香巾主要是用来擦嘴的，不要用来擦脸或抹汗。

3.水盂

水盂即盛放清水的水盆。用餐者取食某些食物如龙虾、螃蟹、烤鸡等后清洗手指是必要环节。使用方法是两手轮流沾湿指尖，然后轻轻浸入水中涮洗，洗毕将手置于餐桌下，用纸巾擦干。

4.牙签

用餐时尽量不要当众剔牙，必须剔牙时，应用另一只手掩住口部。剔牙后，不要叼着牙签，更不要用其来扎取食物。

（六）中餐用餐程序

微课堂5-19

夫之礼仪 始诸饮食——中餐礼仪4

1.迎宾

宴会开始前，主人应站在大厅门口迎接客人。客人到来后，主人应主动上前握手问好，表示对客人的欢迎。

微演练5-6

招待客人时如何为客人搬椅子

2.引导入席

客人被引到休息厅或宴会厅。一般是主人陪同主宾进入休息厅或宴会厅的主桌，接待人员引导其他客人入席。

"微演练5-6：招待客人时如何为客人搬椅子"的演练要求及参考评价见表5-17：

表5-17 "招待客人时如何为客人搬椅子"的演练要求及参考评价

演练项目	招待客人时如何为客人搬椅子	
演练准备	中餐实训室等	
演练要求	着职业装，化职业妆	
演练方法	1.将学生分组，每组5～6人 2.由教师指导，学生分组练习 3.小组内的成员依据创设的情境进行讨论，找到存在的问题	
演练评价	知识应用	掌握中餐宴请招待客人时为客人搬椅子的礼仪规范
	能力提升	1.能够正确地运用中餐宴请招待客人时为客人搬椅子的礼仪 2.能够避免在为客人搬椅子时出现礼仪错误
	素质培养	1.建立正确的消费观、价值观 2.尊重他人、礼貌待人 3.知行合一，按照礼仪要求勇于实践
	成果展示	在中餐宴请场合招待客人时能够正确地为客人搬椅子

微动画5-13

中餐饮酒时的礼仪

3.致辞、祝酒

正式宴会上一般都有致辞和祝酒环节。我国习惯是在开宴之前祝酒，客人致答谢词。

▶▶ **知识拓展5-20**　　敬酒的礼仪

敬酒的礼仪颇为讲究，敬酒可以在用餐的过程中随时进行。致正式祝酒词，应在特定的时间进行，不能因此影响来宾用餐。祝酒词适合在宾主入座后、用餐前开始，也可以在吃过主菜后、甜品上桌前进行。

在饮酒特别是祝酒、敬酒时干杯，需要有人率先提议，可以是主人、主宾，也可以是在场的其他人。提议干杯时，应起身站立，右手端起酒杯，或者用右手拿起酒杯后，再以左手托扶杯底，面带微笑，目视其他人特别是自己的祝酒对象，同时表达祝福的话语。有人提议干杯后，其他人应手拿酒杯起身站立。即使是滴酒不沾，也应拿起杯子，这是对他人的尊重。干杯前，可以象征性地和对方碰一下酒杯，碰杯的时候，应让自己的酒杯低于对方的酒杯。除此之外用酒杯杯底轻碰桌面，也可以表示和对方碰杯，尤其是离对方比较远时。然后将酒杯举到眼睛的高度，说完"干杯"后，将酒一饮而尽或适量饮用，再手拿酒杯与提议者对视一下。如果主人亲自敬酒干杯，则要回敬主人，和主人再干一杯。

一般情况下，敬酒应以年龄大小、职位高低、宾主身份为先后顺序，分明主次。如果有更高身份或年长的人在场，应先给尊长者敬酒，不然会使大家难为情。即使和不熟悉的人在一起饮酒，也应先确认一下身份或是留意别人对他的称呼，避免出现尴尬。

如果因为生活习惯或健康等原因不适合饮酒，可以委托亲友、下属、晚辈代喝或者以饮料、茶水代替。作为敬酒人，应充分体谅对方，在对方请人代酒或用饮料代替时，不要非让对方饮酒不可，也不要好奇地"打破砂锅问到底"。若他人没主动说明原因，就表示对方认为这是他的隐私。

4.用餐

主人应努力调节宴会气氛，不时地选择恰当的话题进行交谈，使整个用餐过程愉快、有趣。

5.送别

用餐完毕，主人和主宾起身离座，互相致谢，宴会即告结束。按惯例，宴请结束是不用宣布的。

▶▶ **知识拓展5-21**　　　　*中餐的用餐形式*

中餐的用餐形式，依据不同的标准有多种划分。按照餐具使用，可以划分为分餐式、公筷式、自助式、混餐式等。

1.分餐式

分餐式是指侍者会在用餐过程中将主食、菜肴以及酒水等平均分配给每一位用餐者。大家可以各自食用自己餐盘中的食物。这种用餐方式实际上是借鉴了西方餐饮中的分餐制，具有卫生、方便、节约的优势，适用于各种宴会。

2.公筷式

公筷式是指用餐时，每一道菜肴都专门配备一套餐具，属于公用餐具，每一位用餐者需要先用公用餐具将所需食物夹到自己的餐盘中，用自己的餐具食用。这样的用餐方式卫生、方便，是一种既照顾到中国就餐气氛又保持分餐礼节的用餐方式。

3.自助式

借鉴西方的现代用餐方式，不排席位，也不安排统一的菜单，把能够提供的全部主食、菜肴、酒水陈列在一起，用餐者根据个人喜好，酌情选择、享用。这种方式可以节省费用，而且礼仪讲究不多，宾主都方便。在举行大型活动，来宾数量较多时，可以选择此种方式。

4.混餐式

混餐式是指多人一起用餐时，主食、菜肴被置于公用的碗盘内，用餐者使用自己的餐具，直接从中取用。这是中餐用餐的一种传统方式，能够体现和睦、团结、热烈的气氛，但是不够卫生。因此，更适合于便宴或家宴。

（七）中餐赴宴礼仪

微课堂5-20

[二维码]

夫之礼仪 始诸饮食——中餐礼仪5

微演练5-7

[二维码]

餐桌入座礼仪记得左进右出

1.接受邀请，按时出席

接到邀请后，不论能否出席，都应尽早作出答复，以便对方安排席位。不能应邀的，应婉言谢绝。确有意外不能前去的，要提前解释，并深致歉意。作为主宾不能如约的，更应郑重其事，甚至登门解释、致歉。接受邀请的，按时出席。赴宴迟到是非常失礼的，有时一个人的迟到会影响所有人的进餐。

2.问候致意，左侧入座

当抵达宴请地点时，首先应跟主人握手，问候致意。对其他客人，无论认识与否，都应礼貌问候。通常客人的座位由男女主人安排，客方不要自己决定，亦不要过分客气、推让。在服务人员的引导下按照主人安排的座次入席，不能乱坐座位。如果与上司同行，必要时应为上司做介绍。当主人或上司入座后，应和其他客人礼让，并从椅子左侧入座。

"微演练5-7：餐桌入座礼仪记得左进右出"的演练要求及参考评价见表5-18：

表5-18 "餐桌入座礼仪记得左进右出"的演练要求及参考评价

演练项目	餐桌入座礼仪记得左进右出	
演练准备	中餐实训室等	
演练要求	着职业装，化职业妆	
演练方法	1.将学生分组，每组5~6人 2.由教师指导，学生分组练习 3.小组内的成员依据创设的情境进行讨论，找到存在的问题	
演练评价	知识应用	掌握中餐宴请入座的礼仪规范
	能力提升	1.能够正确地运用中餐宴请入座礼仪 2.能够避免出现入座时的礼仪错误
	素质培养	1.建立正确的消费观、价值观 2.尊重他人、礼貌待人 3.知行合一，按照礼仪要求勇于实践
	成果展示	在中餐宴请场合正确入座

3.姿势端正，风度优雅

入座后要姿势端正，把脚放在本人座位下，不要任意伸直，手肘不要靠近桌沿，双手放在自己的腿上。神态自若、风度优雅地和邻座的上司或客人轻声交谈，或是神态安详地倾听别人的谈话。不要东张西望、坐着发呆，或摆弄餐具餐巾、先动筷子。不要弄出响声、起身走动，如果有事情可以向主人打招呼。

4.相互礼让，取用适量

用餐的时候不要当众修饰仪容，如梳理头发、化妆补妆、宽衣解带、脱袜脱鞋等；

也不要摇头晃脑，满脸油汗，发出声音。取菜时，不要翻来翻去，或在公用的菜盘内挑挑拣拣，夹起来又放回去。应注意相互礼让，依次而行，取用适量，不要起身甚至离座去取距离较远的菜品。可以建议其他宾客品尝某些菜肴，但不要不由分说，擅自为别人夹菜、添饭。

5.主动交谈，避免冷场

用餐的时候，应主动与同桌人交谈，以调节气氛，避免出现冷场。注意不要只同个别人交谈，或者只和自己熟悉的人交谈。在交谈的时候，应选择轻松愉快的话题，不要选择过于严肃沉重甚至让人感到悲伤的话题。需要注意的是，说话声音不能太大或窃窃私语；可以谈笑风生，但不要喧宾夺主或反客为主。

6.依次离席，礼貌致谢

用餐的时候，不要离开座位四处走动。如果有事需要提前离席，应向主人及同席的客人致歉，可以说声"失陪了""我有事先行一步"等。主人示意宴会结束起身离席后，客人才可依次离席，离开前应向主人道谢，如"谢谢您的款待""您真是太好客了""菜肴丰盛极了"，并向其他客人告别，握手告辞。

离席时应注意以下几点：

①如果已经提出离席，应从座位上站起，不要口里说走，身子却坐着不动；

②告知离席并致谢后，不要拉住主人谈个没完，影响主人照顾别的客人；

③离席的男宾应先与男主人告别，女宾则相反，然后再向主人家庭的其他成员告别；

④如果多人同时离席，只需与主人微笑握手并言谢就可以了；

⑤应让第一主人、第一主宾先起身离席，其他人员随后依次离席；

⑥离席时，年轻者应主动帮助照顾年长者，让他们先行离席。

"微演练5-8：中餐用餐礼仪"的演练要求及参考评价见表5-19：

表5-19　　　　　　　　"中餐用餐礼仪"的演练要求及参考评价

演练项目	中餐用餐礼仪	
演练准备	中餐实训室等	
演练要求	着职业装，化职业妆	
演练方法	1.将学生分组，每组5～6人 2.由教师指导，学生分组练习 3.小组内的成员依据创设的情境进行讨论，找到存在的问题	
演练评价	知识应用	1.掌握中餐用餐礼仪的规范 2.掌握中餐用餐礼仪的注意事项
	能力提升	1.能够正确地运用中餐用餐礼仪 2.能够避免在中餐用餐过程中出现礼仪错误
	素质培养	1.建立正确的消费观、价值观 2.尊重他人、礼貌待人 3.知行合一，按照礼仪要求勇于实践
	成果展示	在中餐宴请场合展现出正确的用餐礼仪

微演练5-8

中餐用餐礼仪

▶ 知识拓展 5-22　　　　中餐用餐的十点注意事项

1.在餐桌上，手势、动作幅度不宜过大，不能用餐具指点他人。

2.使用餐具时动作要轻，不要相互碰撞。

3.食物应小口送入口中，细嚼慢咽，不要大口地狼吞虎咽。

4.汤、菜太烫时，不要用嘴去吹，应放在碗里晾凉后再吃。

5.喝汤的时候，不要发出"呼噜呼噜"的响声。

6.食物或饮料一经入口，除非是骨头或鱼刺等，一般不宜再吐出来。需要处理骨刺时，可用餐巾掩嘴，用筷子取出后放在自己的骨碟中。

7.口中有食物时，勿张口说话，如果别人问话，应等食物咽下后再回答。

8.饮酒应留有余地，不善饮酒者，主人敬酒时可以婉言谢绝，或用饮料象征性地表示一下。不要粗鲁劝酒，一般不宜猜拳行令。

9.自觉做到不吸烟，更不能边吸烟、边吃菜、边饮酒。

10.如果需要清嗓子、擤鼻涕、吐痰等，尽量去洗手间解决。不要伸懒腰、打哈欠，毫无控制地打饱嗝。

三、西餐宴请礼仪

微课堂 5-21

温文尔雅 颇具风度——西餐礼仪 1

西餐是我们对西方餐饮的总称。西餐菜品精致美观，用餐时配酒，用餐礼仪优雅。西餐实行分餐制，即各自点菜，各持一份，就餐时用刀叉取食。

（一）入座礼仪

进入西餐厅以后，会有服务生带领入座。遵守女士优先的原则，男士或服务生可以为女士拉开椅子，让女士先坐。入座或离座应从座椅的左侧为宜。座位的安排以远离出口的位置为上。

（二）西餐上菜礼仪

西餐菜序，是指西餐正规的上菜顺序。与中餐相比，西餐的菜序具有明显的不同。比如，中餐上菜的顺序是先冷后热，先炒后炸，以汤收尾。而西餐，汤往往是正餐开始的前奏。西餐有正餐和便餐之分，在菜序上二者有很大差异。正餐的菜序如下：

1.头盘

头盘是西餐的第一道菜，也称开胃菜。开胃菜一般有冷头盘和热头盘之分，常见的品种有鱼子酱、鹅肝酱、熏鲑鱼、奶油鸡酥盒、焗蜗牛等。开胃菜一般都具有特色风味，味道以咸和酸为主，而且数量较少，质量较高。

2.汤

与中餐极大不同的是，西餐的第二道菜是汤。西餐的汤大致可以分为清汤、奶油汤、蔬菜汤和冷汤等四类，品种有牛尾清汤、奶油汤、海鲜汤、美式周打蛤蜊汤、意式蔬菜汤、俄式罗宋汤、法式焗葱头汤等。冷汤的品种较少，有德式冷汤、俄式冷汤等。

3.副菜

副菜是西餐的第三道菜，也称为副菜，一般为鱼类菜肴，品种包括各种淡、海水鱼类、贝类及软体动物类。通常水产类菜肴与蛋类、面包类、酥盒类菜品均被称为副菜。

因为鱼类等菜肴肉质鲜嫩，比较容易消化，所以放在肉类菜肴的前面。鱼类菜肴讲究使用专用的调味汁，品种有鞑靼汁、荷兰汁、白奶油汁、大主教汁、水手鱼汁等。

4.主菜

主菜是西餐的第四道菜，也称为主菜，为肉、禽类菜肴。肉类菜肴的原料是取自牛、羊、猪、小牛仔等各个部位的肉，其中最有代表性的是牛肉或牛排。牛排按其部位又可分为沙朗牛排（也称西冷牛排）、菲利牛排、"T"骨型牛排、薄牛排等。烹调方法常用烤、煎、铁扒等，熟度为一成熟、三成熟、五成熟、七成熟、全熟，配用的调味汁主要有西班牙汁、浓烧汁、蘑菇汁等。

禽类菜肴的原料取自鸡、鸭、鹅，通常将兔肉和鹿肉等野味也归入禽类菜肴。禽类菜肴品种最多的是鸡，有山鸡、火鸡、竹鸡，可以煮、炸、烤、焖，主要的调味汁有黄肉汁、咖喱汁、奶油汁等。

5.蔬菜类菜肴

蔬菜类菜肴安排在肉类菜肴之后，可以与肉类菜肴同时上桌，也可以算一道菜，或称之为配菜。蔬菜类菜肴在西餐中被称为沙拉。与主菜同时上的沙拉，称为生蔬菜沙拉，一般用生菜、西红柿、黄瓜、芦笋等制作，主要调味汁有醋油汁、法国汁、千岛汁、奶酪沙拉汁等。

还有一些蔬菜是熟食的，如花椰菜、煮菠菜、炸土豆条。熟食的蔬菜通常与主菜的肉食类菜肴一同摆放在餐盘中，称为配菜。

沙拉除了用蔬菜制作之外，还有一类是用鱼、肉、蛋类制作的，这类沙拉一般不加味汁，在进餐顺序上可以作为头盘。

6.甜品

西餐的第六道菜是甜品，在主菜之后食用，如布丁、冰淇淋、奶酪、水果等。面包的位置位于主菜的左侧。左手拿起面包，右手把面包撕成小块，然后用左手拿着小块面包，用右手涂抹奶油。在意大利餐厅，可用手将面包撕成一小块，蘸有调味料及香料的橄榄油。

7.咖啡、茶

西餐最后上饮料，如咖啡或茶。咖啡中一般加糖和淡奶油，茶中一般加香桃片和糖。

▶▶ **知识拓展5-23**　　　　西餐酒水的搭配

饮酒时如何搭配食物？饮酒时食物的搭配根据个人口味而定。食物和酒类可以分为四种口味，即酸、甜、苦和咸味。

1.酸味

酒不能和沙拉搭配，原因是沙拉中的酸极大地破坏了酒的醇香。但是，如果沙拉和酸性酒类同用，酒里所含的酸就会被沙拉的乳酸分解掉，成为绝好的搭配。所以，可以选择酸性酒类和酸性食物一起食用。酸性酒类与咸味食品共用，味道也很好。

2.甜味

用餐时，可以依个人口味选择甜点。吃甜点时，糖分过高的甜点会将酒味覆盖，使酒失去了原味，因此应选择略甜一点的酒类，这样酒才能保持原来的口味。

3.苦味

依据个人喜好，苦味酒和带苦味的食物一起食用，苦味会减少。如果想减淡或除去苦味，可以将苦味酒和带苦味的食物搭配食用。

4.咸味

许多酒类能降低含咸食品的盐味。许多国家和地区的人食用海产品如鱼类时，都会配用柠檬汁或酒类，主要原因是酸能降低鱼类的咸度，使鱼的味道更加鲜美可口。

微课堂5-22

温文尔雅 颇具风度——西餐礼仪2

（三）西餐餐具使用礼仪

中餐的餐具主要是碗、筷，西餐则是刀、叉、汤匙。刀、叉又分为前菜用、鱼类用、肉类用、甜点用，而汤匙除了前菜用、汤用、咖啡用、茶用之外，还有调味料用汤匙。调味料用汤匙即添加调味料时使用的汤匙，多用于甜点或是鱼类菜肴。

1.刀叉、汤匙的拿法

刀叉的使用是右手持刀或汤匙，将食物切成小块，左手持叉，用叉送入嘴内。就餐时按刀叉顺序由最外面的一把依次向里取用。刀叉的拿法是轻握尾端，食指按在柄上；汤匙则用握笔的方式拿即可。如果感觉不方便，可以换右手拿叉，但不宜频繁更换。每道菜吃完后，将刀叉并拢摆放在盘内，以示吃完。如未吃完，则摆成八字或交叉摆，刀口应向内。

2.刀叉的使用礼仪

吃带有腥味的食品，如鱼、虾、野味等均配有柠檬，可用手将汁挤出滴在食品上，以去腥味。吃鸡、龙虾时，经主人示意，可以用手撕开吃，也可用刀叉把肉割下，切成小块吃。切带骨头或硬壳的肉食时，一定要把肉叉牢，刀紧贴叉边下切，以免滑开。切割牛排时应由外向内。嚼食肉类时，两唇合拢，不要出声，嚼肉时勿说话或以刀叉比划。

吃体积较大的蔬菜时，可用刀叉来折叠、分切。较软的食物可以放在叉的平面上，用刀整理一下。不容易叉的食品，或不易上叉的食品，可用刀把它轻轻推上叉。分切时，注意不要因用力过猛撞击盘子而发出声音。

3.喝汤的礼仪

西餐的汤分为清汤和浓汤。汤用深盘或小碗盛放，喝汤时用汤匙由内往外舀起送入嘴内。即将喝尽时，可以将盘向外略托起。喝汤时不能发出声音。汤匙使用完毕后，放在靠自己身前的底盘上，或是放在盘中。

4.喝咖啡的礼仪

喝咖啡时，用食指和拇指端起咖啡杯，不需要端起咖啡底盘。勿用咖啡匙舀起咖啡，品尝是否够甜。

微演练5-9

不能不知道的红酒礼仪

5.使用酒杯的礼仪

西餐中使用的酒杯多种多样，共计20多种，一般在餐桌上用餐者面前餐刀的上方，会放置3~4只酒杯，其中香槟杯、红葡萄酒杯、白葡萄酒杯必不可少。根据每道菜式，按照由外侧向内侧的顺序依次取用，便不会出错。

"微演练5-9：不能不知道的红酒礼仪"的演练要求及参考评价见表5-20：

表 5-20　　　　　"不能不知道的红酒礼仪"的演练要求及参考评价

演练项目	不能不知道的红酒礼仪	
演练准备	西餐实训室等	
演练要求	着职业装，化职业妆	
演练方法	1.将学生分组，每组 5～6 人 2.由教师指导，学生分组练习 3.小组内的成员依据创设的情境进行讨论，找到存在的问题	
演练评价	知识应用	掌握西餐红酒礼仪的规范
	能力提升	1.能够正确地运用西餐红酒礼仪 2.能够避免出现西餐红酒礼仪的错误
	素质培养	1.建立正确的消费观、价值观 2.尊重他人、礼貌待人 3.知行合一，按照礼仪要求勇于实践
	成果展示	在西餐宴请场合展现出正确的红酒礼仪

>> 头脑风暴 5-7　　　　"意外"频出的西餐

　　刘女士和张先生在一家西餐厅就餐，刘女士点了烤羊排，张先生点了海鲜大餐。主菜上桌后，两人的话匣子也打开了，张先生一边听刘女士聊童年往事，一边吃着海鲜，心情愉快极了。正在陶醉时，他感觉有根鱼骨头塞在牙缝中，让他不舒服。张先生心想，用手去掏太不雅了，所以就用舌头舔，但舔也舔不出来，还发出"啧啧喳喳"的声音。好不容易舔吐出来了，张先生将它随手放在餐巾上，之后吃虾时又在餐巾上吐了几口虾壳。刘女士对这些不太计较，可这时张先生想打喷嚏，他拿起餐巾遮嘴，用力打了一声喷嚏，餐巾上的鱼刺、虾壳随着气流飞出去，其中一块正好飞落在刘女士的烤羊排上，这下刘女士有些不高兴了。接下来，刘女士的话明显少了许多，饭也没怎么吃。

　　（资料来源　佚名.商务礼仪案例集［EB/OL］.［2020-07-24］.https://wenku.baidu.com/view/4af7fc141cd9ad51f01dc281e53a580217fc5062.html，有改动）

　　讨论：张先生在西餐用餐的过程中，有哪些不符合礼仪之处？请具体说明。

　　宴会进行中，如果不慎发生异常情况，如用力过猛使刀叉撞击盘子，发出声响，或餐具摔落地上，或打翻酒水等，应沉着不必着急。餐具碰出声音，可以轻轻向邻座（或向主人）说一声"对不起"；餐具掉落可让服务员送一件；酒水溅到邻座身上，应向其表示歉意，协助擦干；如果对方是女士，只需把干净餐巾递上即可，由其自己擦干。

>> 头脑风暴 5-8　　　　备受赞赏的郭经理

　　郭晓凡是外贸公司的一位业务经理，一次，因为工作的需要，郭先生设宴招待一位来自英国的生意伙伴。宴请结束，令对方最为欣赏的，不是郭先生专门为其准备的丰盛菜肴，而是郭先生在陪同对方用餐时的细微表现。英国客人原话是："郭先生，你在用餐时一点儿响声都没有，使我感到你的确具有良好的教养。"

（资料来源　佚名. 礼仪［EB／OL］.［2018-07-01］. https://wenku. baidu. com / view / 33c1a0fdc8d376eeaeaa31f1.html，有改动）

讨论：郭经理为什么受到英国客人的欣赏呢？请具体说明。

（四）西餐交谈礼仪

无论是主人还是宾客，都应与同桌的人交谈，特别是左右邻座。不要只同几个熟人或只同一两个人交谈。邻座如不相识，可先做自我介绍。交谈时声音不要过大，否则可能会引起邻座的不满。交谈时切勿将刀叉对着对方，这是对对方的不尊敬，容易造成对方的厌恶。

【任务实施】

实施描述：请根据小白及同事的实际宴请场景进行宴请准备，同时练习中餐的准备、点菜、上菜、就座、餐具使用、用餐礼仪和西餐的入座、上菜、餐具使用、交谈礼仪。

实施准备：中餐、西餐宴请相关的物品，中餐、西餐实训室。

实施步骤：

1.学生以小组为单位，在教师的指导下进行中餐宴请的类型、时间、地点、点餐、上菜、餐具使用、用餐程序、用餐礼仪和西餐宴请的入座、上菜、餐具使用、交谈礼仪等练习。

2.以小组为单位进行宴请礼仪展示 PK 赛，选出每组最佳技能手。

【任务评价】

宴请礼仪考核评分标准见表5-21：

表5-21　　　　　　　　　　　宴请礼仪考核评分标准

序号	考核内容	考核要点	分值	自评分	互评分	教师评分
1	中餐礼仪	中餐宴请的类型、时间、地点、点餐、上菜、餐具使用、用餐程序、用餐礼仪的要求和规范	40			
2	西餐礼仪	西餐宴请的入座、上菜、餐具使用、交谈礼仪的要求和规范	40			
3	整体印象	具备符合各项商务活动的礼仪风范，形成文明商务人士的职业素养	20			
总分			100			
小组自评						
小组互评						
教师评价						
小组成员 个人得分	姓名					
	得分					
说明	小组任务得分=小组自评分×20%+小组互评分×30%+教师评分×50%。小组成员个人得分由小组长和教师根据个人任务完成的情况分配分数					

项目微测试

一、不定项选择题

1.恰当地介绍别人，掌握正确的先后次序是十分重要的，下面符合礼仪的是（　　）。

A.先将职位低的人介绍给职位高的人

B.先将女士介绍给男士

C.先将年轻者介绍给年长者

D.先将下级介绍给上级

2.名片是现代商务活动中必不可少的工具之一，下列做法不正确的是（　　）。

A.为显示自己的身份，应尽可能多地把自己的头衔都印在名片上

B.为方便对方联系，名片上一定要有自己的私人联系方式

C.在用餐时，要利用好时机多发名片，以加强联系

D.接过名片后要马上看并读出来，再放到桌角以方便随时看

3.主持报告会应注意的事项包括（　　）。

A.主持人介绍参会人员时注意顺序，使用敬语

B.应该礼貌地用手示意，而不要用手去指点

C.一般要介绍与会者的姓名、单位、职务、研究领域和研究成果

D.主持人要控制会议时间和会议进程，避免跑题或议而不决

4.主人陪同客人同乘一辆轿车时应该（　　）。

A.主人为同车的第一主宾打开轿车的右侧后门

B.用手挡住车门上沿，防止客人碰到头

C.客人坐好后再关门，注意客人的手和衣服，然后主人从车尾绕到左侧为其他客人开门或自己上车

D.如主人亲自驾车，要后上车，先下车，以便照顾客人上下车。

5.吃西餐的时候，刀叉的拿法应该是（　　）。

A.左叉右刀　　　　　　　　　　　B.左刀右叉

C.根据个人的喜好　　　　　　　　D.只用叉不用刀，或只用刀不用叉

二、判断题

1.上下级握手时，下级应先伸手，以示尊重。　　　　　　　　　　　（　　）

2.在社交场合女士可以戴晚礼服手套握手。　　　　　　　　　　　　（　　）

3.递名片时，名片的文字应正面朝向自己。　　　　　　　　　　　　（　　）

4.接递名片时，应恭恭敬敬，双手接递；接递同时进行时用左手递右手接。

　　　　　　　　　　　　　　　　　　　　　　　　　　　　　　（　　）

5.在电梯里应该先到先行，客人先上，主人可以先下，然后一边扶着门，一边为客人指路。　　　　　　　　　　　　　　　　　　　　　　　　　　　　（　　）

6.签约仪式上，双方人员的身份应该对等。　　　　　　　　　　　　（　　）

7.剪彩时不要戴帽子或墨镜，可以穿便装。　　　　　　　　　　　　（　　）

8.宴会上，不要在嘴里含着食物时说话。 （　　）

9.宴会上，若食物太热，可以用嘴吹凉。 （　　）

10.参加宴请时，嘴里若有鱼刺、骨头等可以直接往外吐。 （　　）

三、思考题

1.自我介绍有哪几种方式？

2.为他人做介绍的顺序是什么？

3.握手的顺序是什么？

4.如何布置签约场所？

5.剪彩的正确做法是什么？

四、实务题

乘车座次礼仪

某公司的王先生年轻肯干，很快引起了总经理的注意，拟提拔为营销部经理。公司慎重起见，决定再进行一次考查。恰巧总经理要去省城参加一个商品交易会，需要带两名助手，总经理选择了公关部的杜经理和王先生。王先生自然同样看重这次机会，也想趁机好好表现一下。

出发前，由于司机小李乘火车先行到省城安排一些事务，尚未回来，所以他们临时改为搭乘董事长驾驶的轿车一同前往。上车时，王先生很麻利地打开了前车门，坐在驾车的董事长旁边的位置上。董事长看了他一眼，但王先生并没有在意。

出发后，董事长驾车很少说话，总经理好像也没有兴致，似乎在闭目养神。为了活跃气氛，王先生说："董事长驾车的技术不错，有机会也教教我们，如果都能自己开车，办事效率肯定会更高。"董事长专注地开车，不置可否，其他人均无应和，王先生感到没趣，便也不再说话。一路上，除了董事长向总经理询问了几件事，总经理简单地回答后，车内再也无人说话。到达省城后，王先生悄悄地问杜经理："董事长和总经理好像都有点不太高兴。"杜经理告诉他原委，他才恍然大悟，"噢，原来如此。"

会后从省城返回，车子改由司机小李驾驶，杜经理由于还有些事处理，需在省城多住一天，同车返回的还是四人。王先生想，这次不能再犯类似的错误了。于是，他打开前车门，请总经理上车。总经理坚持要与董事长一起坐在后排，王先生诚恳地说："总经理您如果不坐前面，就是不肯原谅来时我的失礼之处。"并坚持让总经理坐在前排才肯上车。

回到公司后，同事们知道王先生这次是同董事长、总经理一起出差，猜测肯定提拔王先生，都纷纷向他祝贺，然而，提拔之事却一直没有人提及。

请问：结合所学的礼仪知识，你认为王先生的失礼表现在哪些地方？

项目评价

项目五的参考评价表见表5-22：

表 5-22 　　　　　　　　　"商务礼仪——唱响商务之歌"参考评价表

考核日期：			总评成绩：				
	序号	内容	完成情况		标准分	自评分	教师评分
			完成	未完成			
自自测内容	1	掌握对他人做自我介绍、为他人做介绍的称呼			4		
	2	掌握介绍自己、介绍他人、介绍集体的顺序和方式			4		
	3	掌握握手的顺序和方式			4		
	4	掌握致意的方式			4		
	5	掌握递送名片、接受名片的规范和索取名片的方式			4		
	6	掌握会议、会议室、宴请的座次			4		
	7	掌握电梯礼仪、接待领导的电梯礼仪和与客户共乘电梯的礼仪要求			4		
	8	掌握乘车座次、上下车、乘车的礼仪规范			4		
	9	掌握会议组织者的礼仪、参加会议人员的礼仪和会议发言礼仪的规范			4		
	10	掌握发布会的筹备、发布会的现场礼仪和发布会的善后事宜的要求			4		
	11	掌握展览会参展组织人员的礼仪和展览会中的礼仪规范			4		
	12	掌握洽谈会的座次礼仪、洽谈会的注意事项和洽谈的方针			4		
	13	掌握报告会组织者的礼仪和参加报告会人员的礼仪要求			4		
	14	掌握签约仪式的准备和签约仪式的程序规范			4		
	15	掌握交接仪式的准备、交接仪式的程序和参加交接仪式的礼仪规范			4		
	16	掌握组织庆典仪式的礼仪和参加庆典仪式的礼仪规范			4		
	17	掌握剪彩仪式的准备、剪彩仪式的程序和剪彩仪式的过程规范			4		
	18	掌握中餐宴请的类型、时间、地点、点餐、上菜、餐具使用、用餐程序、用餐礼仪的要求和规范			4		
	19	掌握西餐宴请的入座、上菜、餐具使用、交谈礼仪的要求和规范			4		
	20	自我管理			4		
	21	规范操作			4		
	22	爱岗敬业			4		
	23	团队协作			4		
	24	沟通表达			4		
	25	创新创造			4		

项目六 涉外礼仪——迈向国际舞台

山东跨界国际贸易有限公司，本周将迎来美国、德国、日本3个国家的项目考察团，公司将接待任务安排给了小白所在的部门。对于接待国际考察团，小白和部门同事应该遵从哪些国际商务礼仪准则呢？这3个国家的风俗习惯、社交礼仪、饮食习惯与我国相比，有哪些异同呢？与这3个国家的代表团进行商务谈判时，应该注意哪些事项呢？

任务一 世界主要国家习俗与禁忌

【任务目标】

知识目标：

1.熟悉涉外商务礼仪的准则。

2.了解世界主要国家的基本概况。

3.掌握世界主要国家的社交礼仪与民俗禁忌。

能力目标：

1.能够遵循涉外商务礼仪的准则。

2.掌握世界主要国家的习俗和禁忌。

3.掌握世界主要国家在商务交往中涉及的礼俗与禁忌。

素质目标：

1.培养形成商界文明人士律己、敬人的职业素养。

2.养成在涉外商务交往中具有恰当的言谈和举止。

【任务导入】

山东跨界国际贸易有限公司本周将迎来美国、德国、日本3个国家的项目考察团，公司将接待任务安排给了小白所在的部门。

任务要求：小白所在部门在接待美国、德国、日本3个国家的考察团时应该遵从哪些国际商务礼仪准则？需要了解哪些风俗习惯、社交礼仪、饮食习惯呢？

【知识储备】

每个国家都有自己特有的民风民俗、礼仪规范和禁忌，因此在涉外商务交往中，需要注意的礼仪较多，并且较为复杂。一次精心安排的礼仪接待，可以给外国友人宾至如归的体验，留下良好的第一印象；反之，如果处理得不好，在接待过程中触碰到外国友人的一些禁忌而不自知，不仅会影响到东道主和来宾之间的关系，甚至有可能会直接影响到国家、民族之间的关系。

一、涉外商务礼仪的内涵

微动画 6-1

涉外商务礼仪是指在涉外商务交往中，用以维护自身形象、企业形象和本国形象并向外宾表示尊重、友好、礼貌的各种礼节及惯用形式。

涉外商务礼仪准则认知

二、涉外商务礼仪的准则

（一）主权平等

微课堂 6-1

主权平等原则是指国家不论大小一律平等，这一条是国际法的基本原则之一，也是联合国建立的一个基石。各国之间的交往，都必须遵循这一原则，国际礼仪也是如此。

大国风范 合作共赢——涉外商务礼仪准则

每一个人在参与国际交往时，都必须意识到自己既代表着团队的形象，也代表着国家和民族的形象。主权平等，意味着在商务交往过程中要不卑不亢，言行从容得体，堂堂正正。在外国人面前既不应该表现得畏惧自卑，低三下四，也不应该表现得自大狂傲，放肆嚣张。

（二）服从大局

无论是谁，在涉外交往的时候，都要服从国家的相关规定，以大局为重，不能固执己见，更不能因为个人利益而做出有损国家利益的事情。

（三）求同存异

在涉外交往中，对于我国与交往对象所在国之间的礼仪与习俗的差异性，是应当予以承认的。尤为重要的是，要了解和尊重，而不是评判是非，鉴定优劣。

>> 头脑风暴 6-1　　　不了解习俗差异而引发尴尬

张女士由于业务出色随团到中东地区某国家考察，抵达目的地后，受到东道主的热情接待，并举行宴会款待。在宴会期间，为表示敬意，主人一一为客人递上当地的特产饮料，轮到张女士接饮料时，一向习惯于"左撇子"的张女士不假思索地用左手去接，主人见此情景，脸色骤变，不仅没有将饮料递到张女士手中，反而是重重地放在桌上。

（资料来源　佚名.商务涉外礼仪［EB/OL］.［2019-10-03］.https://www.jinchutou.com/p-102582745.html，有改编）

讨论：（1）为什么主人对张女士的态度发生了变化，张女士的行为哪里不对？

（2）应当如何对待中外礼仪与习俗的差异性？

（四）平等相待

平等就意味着相互尊重。在涉外交往时，不能过分排外，歧视异族，也不能崇洋媚外。对于交往的国家，不应有三六九等之分，尊重对方就要不论对方的国家是否强大，企业是否庞大，或者风俗习惯、宗教法律等是否和我们相同，都要做到一视同仁。

在商务交往时，应尊重不同的文化，尊敬所访问的国家或者是来访的外国宾客的文化习俗，面对宗教、文化、习俗不同的国家，平等相待。

（五）遵时守约

遵时守约，在国际交往中是取信于人的一项基本要求。在现代社会，信誉就是效率，信誉就是形象。所以，涉外商务人员在国际交往中，必须认真、严格遵守自己的所有承诺，许诺一定要兑现，约见一定要守时。

（1）谨慎许诺。

在涉外交往中，许诺必须谨慎，量力而行，避免因做不到而失信。

（2）如约而行。

承诺一旦做出，必须要兑现，如果要对已有的约定进行变动，应提前做出解释。

（3）失约致歉。

如果由于难以抗拒的因素致使失约，要第一时间通知对方，并郑重其事地做出道歉，不能一再推诿，避而不谈。

（六）女士优先

女士优先是国际社会公认的一条重要的礼仪原则。女士优先的含义是：在一切社交场合，每一名成年男子，都有义务主动、自觉地去尊重女士、照顾女士、体谅女士、关心女士、保护女士，并且还要想方设法、尽心竭力地去为女士排忧解难。

（七）尊重隐私

商务人员在涉外商务交往中，务必严格遵守"尊重隐私"这一涉外商务礼仪的主要原则。在国际交往中，人们普遍讲究尊重个人隐私，并且将能否尊重个人隐私视为一个人有无教养、能否尊重和体谅交往对象的重要标志之一。商务交往中不能涉及的私人问题见表6-1：

表6-1　　　　　　　　　　　商务交往中不能涉及的私人问题

私人问题	内容
信仰政见	要真正实现交往的顺利、合作的成功，必须不以社会制度划线，抛弃政治见解的不同，处处以友谊、信任为重
个人经历	西方人会将"请问您是哪里的人""您是哪一所学校毕业的"等类似的个人经历看作"个人秘密"，主张"英雄莫问出处"，反对询问既往经历
年龄大小	西方人一般都希望自己永远年轻，面对"老"字则讳莫如深。中国人听起来非常顺耳的"老人家""老先生""老夫人"这一类尊称，西方人并不愿接受
健康状况	在国外，人们反感他人对自己的健康状况过多发问。因为在市场经济条件下，每个人的健康状况都被看作重要的"资本"
经济状况	西方人十分忌讳他人打听个人收入的多寡。纳税数额、股票收益、私宅面积、汽车型号、服饰品牌、度假地点等，因与个人收入相关，所以在与西方人交谈时不宜提及
恋爱婚姻	西方人认为被问"有没有恋人""结了婚没有""有没有孩子"等问题会令人感到不愉快、让人难堪。在一些国家，面对异性谈论此类问题，甚至还会被对方控告，吃上官司
家庭住址	一般情况下，西方人不邀请外人前往其居所做客，非常忌讳他人无端干扰其宁静。他们不喜欢轻易地将个人住址、住宅电话号码等私人信息"泄密"
所忙何事	在国内，熟人见面，免不了要询问一下对方："忙什么""上哪里去"。但是，西方人对于这类问题会"顾左右而言他"，甚至还会缄口不语

（八）入乡随俗

"三里不同风，十里不同俗"。商务人员在涉外交往中，要真正做到尊重交往对象，就必须遵循"入乡随俗"原则。要对当地所特有的风俗习惯进行认真的了解和充分的尊重，这是因为：

①世界上各个国家、各个地区、各个民族，在其历史发展的进程中，形成了各自的宗教、语言、文化、风俗习惯，并且存在着不同程度的差异。

②商务人员在涉外交往中应尊重交往对象所特有的习俗，以此增进中外之间的理解和沟通，从而有助于更好地向交往对象表达我方的尊敬、友好之意，促进商务活动的顺利进行。

（九）热情有度

所谓热情有度，是指对交往对象既要热情友善又要注意尺度，不能有碍于人，影响于人。在涉外商务交往中，要遵守"热情有度"这一原则，关键是要掌握好4个方面的度，即举止有度、关心有度、距离有度、批评有度。

（十）三思而后语

当对方使用与我们不同的语言时，就会减弱沟通的效果，而且很容易产生误会和误解。如果需要翻译来帮助沟通时，要看着对方直接跟对方说，而不是跟翻译说。如果不用翻译，就要使用简单、直接的言语方式。

三、世界主要国家的习俗与禁忌

（一）欧洲

微课堂6-2

绅士淑女
庄重矜持——
英国人的习俗
与禁忌

欧洲也称作"欧罗巴洲"，名字源于希腊神话人物"欧罗巴"。欧洲位于东半球的西北部，面积居世界第六，人口数量居世界第三，仅次于亚洲和非洲。欧洲是世界上资本主义经济最发达的地区之一，工业生产水平和农业机械化程度、生活水平、环境以及人类发展指数都较高。随着对外贸易的发展，我国与欧洲国家的交往也日益频繁，作为商务人士，了解和掌握欧洲主要合作国家的基本概况、礼仪礼节和习俗禁忌，是与欧洲企业达成友好合作的前提。

1.最具绅士风度、淑女气质的英国人

英国位于欧洲西北部大西洋的不列颠群岛上，是由大不列颠岛上的英格兰、苏格兰、威尔士以及爱尔兰岛东北部的北爱尔兰和一些附属岛屿共同组成的一个岛国。英国风景优美，国土面积约24万平方千米。官方和商业通用语为英语，居民多信奉基督教新教。英国首都是伦敦，国歌是《上帝保佑女王》，国花为玫瑰花，货币为英镑，国鸟为红胸鸲，国石为钻石。英国是世界上工业最发达的国家之一、世界最大贸易国之一。

▶▶ **知识拓展6-1** 　　英国人的性格特点

1.寡言含蓄。英国人性格孤僻，生活刻板，办事认真，往往寡言少语，对新鲜事物持谨慎态度，具有独特的、冷静的幽默。

2.保守冷漠。英国人保守、冷漠，感情轻易不外露，即便有很伤心的事，也常常不表露出来。他们很少发脾气，能忍耐，不愿意与别人做无谓的争论。

　　3.恪守传统。英国人较为守旧，一般都热衷于墨守成规，矜持庄重。一般家庭喜爱用前几代人传下来的旧家具、旧摆设、旧钟表。

（1）英国人的饮食习惯

　　英国人爱吃烤面包，每餐要吃水果，午、晚餐喜欢喝咖啡，夏天吃各种水果冻、冰激凌；冬天爱吃布丁、浓汤、火腿、新鲜蔬菜等。

　　英国人爱喝茶，把喝茶当作每天必不可少的享受。早晨喜欢喝红茶，他们称之为"床茶"；上午10时左右再喝一次，名为"早茶"；下午4时左右喝"下午茶"；晚饭后也要来一次"晚饭茶"。英国人喝茶的习惯不同于中国，倒茶前，先往杯子里倒入冷牛奶或鲜柠檬，加点糖，再倒茶，制成奶茶或柠檬茶，如果先倒茶后倒牛奶会被认为缺乏教养。英国人也喜欢喝威士忌、苏打水、葡萄酒和香槟酒，有时还喝啤酒、烈性酒，彼此间不劝酒。在斋戒日或者星期五，英国人正餐一律吃炸鱼，不吃肉。英国人的社交礼仪见表6-2：

表6-2　　　　　　　　　　　　　　　　英国人的社交礼仪

社交礼仪	内容
称呼礼仪	非常讲究"绅士"风度和"淑女"气质，待人彬彬有礼，人们交往时常用"谢谢""请""对不起"等礼貌用语。见面时对尊长、上级和初次交往的人用尊称，亲人和朋友之间常用昵称
女士优先	英国人在社交场合遵循"女士优先"原则。如进入厅房、乘坐电梯时，让女士先进。乘公共汽车、电车时，要让女士先上。斟酒要先给女宾或女主人。在街头行走，男士走外侧，保护女士免受伤害。丈夫偕同妻子参加社交活动，习惯先将妻子介绍给贵宾认识
时间观念	英国人的时间观念很强，拜会、洽谈生意或访谈前必须预先约定，准时很重要，最好提前几分钟到达。他们的相处之道是严守时间，遵守诺言
节庆习俗	英国人除了宗教节日外，在全国性的节日中，国庆和除夕之夜是最热闹的。国庆日是每年6月的第二个星期六。除夕之夜全家围坐，举杯畅饮，辞旧迎新，人人高唱"辞岁歌"。除夕夜必须瓶中有酒，盘中有肉，象征着来年富裕有余。苏格兰人则提着煤块去拜年，把煤块投入亲友的炉子里，并说："祝你家的煤长燃不熄"，以求吉利

（2）英国人的习俗禁忌

　　英国人忌讳别人过问他们的个人生活，也非常不喜欢谈论男人的工资和女人的年龄，甚至家里的家具值多少钱，也是不该问的。在英国购物，最忌讳的是砍价，英国人不喜欢讨价还价，认为这是很丢面子的事情。英国人忌用人像、大象、孔雀作为服饰图案和商品装饰，他们认为大象是愚笨的，孔雀是淫鸟、祸鸟，孔雀开屏也被认为是自我吹嘘和炫耀。忌13和3这两个数字。

　　与英国人坐着谈话时，忌两腿张得过宽，更不能跷二郎腿，若站着谈话，不可把手插入衣袋，忌当着英国人的面耳语和拍打肩背。英国人忌送百合花，他们认为百合花意味着死亡。

微演练6-1

英国人的习俗禁忌

　　"微演练6-1：英国人的习俗禁忌"的演练要求及参考评价见表6-3：

表6-3   "英国人的习俗禁忌"的演练要求及参考评价

演练项目	英国人的习俗禁忌	
演练准备	礼仪实训室、会议室、文件等相关物品	
演练要求	着职业装，化职业妆	
演练方法	1.将学生分组，每组5～6人 2.由教师指导，学生分组练习 3.小组内的成员依据创设的情境进行讨论，找到存在的问题	
演练评价	知识应用	掌握英国人的习俗禁忌
	能力提升	能够掌握英国人的习俗禁忌，确保与英国人往来各项活动顺利、友好地进行
	素质培养	1.建立正确的涉外商务交往礼仪准则 2.尊重他人、礼貌待人 3.仪尚适宜
	成果展示	与英国客户进行商务往来，按照礼仪准则，确保商务活动顺利、友好地进行，并达成合作

微动画 6-2

法国人性格
特点及习俗

2.浪漫、殷勤的法国人

法国位于欧洲西部，面积约为55万平方千米，是西欧面积最大的国家，大部分居民信奉天主教。首都是巴黎，国花为鸢尾花，国歌为《马赛曲》，法语为国语，货币为欧元，国石是珍珠，国鸟是高卢鸡。法国有"艺术之邦、时装王国、葡萄之国、奶酪之国、名酒之国、美食王国"等美称。

▶▶ **知识拓展6-2**   **法国人的性格特点**

1.浪漫多于严谨。法国悠久的历史和独特的文化，塑造了法国人独特的浪漫气息。法国人的浪漫更多的是一种处世态度，体现在生活的许多方面，如法国人在待人方面很热情，处事方面较为随意。法国人对未来和前途充满美好的幻想，对婚恋富于激情。法国人时间观念不是很强，思维方式中诗情画意的成分多些。

2.享受胜于奋斗。"超前享受"是法国人与其他国家人在性格方面的最大区别。法国人可能只要有了一份稳定的收入，就会通过银行贷款或以分期付款的方式购买汽车及其他大额物品，把大部分薪水用于消遣或旅游。

3.酷爱花卉。法国人爱好摆弄花草树木，鲜花是法国人生活中不可缺少的组成部分，花卉香水业是法国重要的经济产业。度假旅游是法国人最大的嗜好，即使两三天的短假期也常出门踏青。

（1）法国人的饮食习惯

法国人十分讲究饮食。在西餐之中，法国菜可以说是最讲究的。法国人最爱吃的是蜗牛和青蛙腿，爱吃面食和奶酪，种类很多。在肉食方面，他们爱吃牛肉、猪肉、鸡肉、鱼子酱、鹅肝，不吃肥肉、宠物的动物内脏、无鳞的鱼和带刺的鱼。不吃辣，喜欢肉质肥、汁液浓的食物，偏爱鲜嫩。法国人吃饭的程序也比较讲究，首先喝开胃酒，第一道为冷盘，冬天用汤代替冷盘，主菜至少包括两个热菜，一荤一素，热菜之后是饭后甜食加咖啡或茶，最后，主人还会建议喝消化酒。法国人的社交礼仪见表6-4：

表6-4　　　　　　　　　　　　　　法国人的社交礼仪

社交礼仪	内容
吻面礼仪	法国是非常著名的以吻表示感情的国家。吻面礼不但使用得最多、最广泛，而且在具体使用的时候也有严格的界限。各地区吻的次数不等，大多数地方吻两次。男士之间无须行吻面礼，而施握手礼；女士只有在不认识对方的情况下才握手，否则一天中第一次见面和道别时都要与对方行吻面礼
吻手礼仪	在法国一定的社会阶层中，吻手礼颇为流行。在施吻手礼时，注意嘴不要接触到女士的手，也不能吻戴手套的手，不能在公共场合吻手，更不得吻少女的手
馈赠礼仪	法国人热情好客，宜选具有艺术品位和纪念意义的物品，但不宜以刀、剑、剪、餐具或带有明显广告标志的礼物作为礼品，低档的葡萄酒千万不能作为礼物。接受礼物时，要当着送礼者的面打开包装，法国人不太重视"礼尚往来"。到法国家庭做客时，不可忘记带花，且花的支数应为单数。平时拜访送礼切忌送菊花，因为在法国，菊花代表哀伤
服饰礼仪	法国人对于衣饰的讲究，在世界上是最为有名的。在正式场合，通常要穿西装、套裙或连衣裙，颜色多为蓝色、灰色或黑色，质地则多为纯毛。在选择发型、手袋、帽子、鞋子、手表、眼镜时，都十分强调要使之与自己的着装相协调一致 有身份的法国人在正式场合露面时，往往不会将同一套服装连穿两次。法国女士在参加社交活动时一定会化妆。法国男士也非常注重自身形象，许多人经常出入美容院，而且身上略洒香水

（2）法国人的习俗禁忌

法国人喜欢公鸡，认为公鸡是勇敢顽强的化身，讨厌核桃，认为核桃会带来不吉利。法国人喜爱蓝色、白色、红色，忌讳黄色、墨绿色，忌讳数字13和星期五。法国人在社交中禁忌询问个人私事。

3.沉稳、严谨的德国人

德意志联邦共和国位于中欧西部，绝大多数是德意志人，面积约35万平方千米。居民主要信奉基督教新教和天主教，首都是柏林。德国建筑风格独特，国语为德语，国花为矢车菊，货币为欧元，国歌为《德意志之歌》，国鸟是白鹳。德国是发达的资本主义国家之一，人民生活水平与幸福指数颇高。

▶ **知识拓展6-3**　　**德国人的性格特点**

1.严肃沉稳。德国人往往沉默寡言、严肃拘谨，但态度诚恳。在公共社交场合，德国人显得非常拘泥于形式，不擅长幽默。他们一板一眼、正襟危坐，做事谨慎小心，一切按规矩和制度行事。

2.勤劳整洁。德国人拥有坚毅的品质，能为自己所身处的企业奋斗，不会因为现状不乐观而放弃前进的斗志。德国人特别注意家庭环境卫生，一般黎明即起，清扫庭院，起居室整理得井然有序、一尘不染。

3.准时高效。德语中有一句话，"准时就是帝王的礼貌"。德国人邀请客人，往往提前一周发邀请信或打电话通知被邀请者。如果是打电话，被邀请者一般会马上口头做出答复。

4.遵纪守法。德国人在遵纪守法方面具有很强的自觉性，同时德国也是一个执法严格的国家。在企业里，下级绝对服从上级，一切按规章办事，缺少灵活性和主动性。员工们以服从为天职，而领导者则以是否服从命令、遵纪守法作为衡量员工好坏的标准之一，这也是形成德国人拘泥、呆板性格的原因之一。

（1）德国人的饮食习惯

德国人的饮食习惯与中国不同的是三餐的着重点不一样，中国人重视午餐，而德国人讲究早餐。在德国的旅馆或政府机构的餐厅，早餐大都是自助形式，有主食、肉类、蔬菜、饮料、水果等，不仅品种丰富，且色香味俱佳。在普通百姓家，不论其家境，其早餐的内容一般都大同小异：饮料包括咖啡、茶、各种果汁、牛奶等，主食为各种面包，以及与面包相配的奶油、干酪和果酱，外加香肠和火腿。

德国人吃饭的效率很高，往往十分钟内就能解决早餐。中国人看重的午餐在德国往往是一个由土豆、沙拉生菜和几块肉组成的拼盘，外加一杯饮料，或者是面条加一杯咖啡，他们简化午餐是为了节约时间。德国人的家庭晚餐通常是冷餐，内容却是很丰盛的：一盘肉食的拼盘；鲜嫩可口的蔬菜，如小萝卜、西红柿、黄瓜等；新鲜的水果，如葡萄、樱桃等。有的家庭主妇还摆出各种风味的干酪，主食多是面包。晚餐时间比较宽裕，一家人会围坐在桌前，边吃边聊。德国人的社交礼仪见表6-5：

表6-5　　　　　　　　　　　　　德国人的社交礼仪

社交礼仪	内容
握手礼仪	和德国人握手时应坦然地注视对方，握手的时间宜稍长一些，晃动的次数宜稍多一些，握手时所用的力量宜稍大一些
称呼礼仪	重视称呼，是德国人在人际交往中的一个鲜明特点。对德国人称呼不当，通常会令对方大为不快，须称其头衔，不直呼其名
宴会礼仪	宴席上，德国男士坐在女士和地位高者的左侧，女士离开和返回饭桌时，男士会站起来以示礼貌。请德国人进餐，事先必须安排妥当
社交礼仪	德国人在交往中的特点是纪律严明，法制观念极强，极端讲究信誉，重视时间观念，非常尊重传统，待人热情，十分注重感情
节庆习俗	慕尼黑啤酒节又称"十月节"，起源于1810年10月12日，节日期间主要的饮料是啤酒，所以人们习惯性地称其为啤酒节。啤酒节每年九月末到十月初在德国的慕尼黑举行，持续两周，到十月的第一个星期天为止，是慕尼黑一年中最盛大的活动

（2）德国人的习俗禁忌

微示范6-1

怎样与德国人打招呼

德国人在服饰和其他商品包装上忌用纳粹标志或者类似符号，不宜随意以玫瑰花或蔷薇花送人，前者为示爱，后者则专用于悼亡。德国人忌讳数字13和星期五。在社交场合与德国人交往忌讳交叉谈话，谈话要注意隐私保护。用餐时，吃鱼用的刀叉不得用来吃肉或奶酪。若同时饮用啤酒与葡萄酒，宜先饮啤酒后饮葡萄酒，否则被视为有损健康。食盘中不宜堆积过多的食物。

"微示范6-1：怎样与德国人打招呼"的示范要求及描述见表6-6：

表6-6　　　　　　　　"怎样与德国人打招呼"的示范要求及描述

示范项目	怎样与德国人打招呼
教学模式	教学做一体化
建议学时	0.5学时
教学地点	一体化实训室
项目描述	1.掌握各种礼貌称谓 2.掌握与德国人打招呼的正确方式

（二）美洲

美洲分为北美洲和南美洲，位于太平洋东岸、大西洋西岸。我国与美洲国家涉外合作的项目也非常之多。在国际交往中，要了解、尊重美洲有关国家的习俗，避讳其禁忌，做到因人施礼。

微动画6-3

美国人性格特点及习俗

1.自由、随性的美国人

美利坚合众国地处北美洲中部，国土面积约937万平方千米，拥有3亿多人口，是世界上仅次于中国和印度排名第三的人口大国，有"民族熔炉"之称。美国接近80%的居民信仰基督教和天主教，少数人信仰犹太教和东正教等，也有无宗教信仰者。首都为华盛顿，总统府是白宫，国旗为星条旗，国歌为《星光灿烂的旗帜》，国花为玫瑰花，国鸟为白头海雕，货币为美元。

▶▶ **知识拓展6-4**　　　**美国人的性格特点**

1.热情开朗。美国人待人热情、开朗大方、易于接近。商务交往中即使是初次结交，美国人也会侃侃而谈，使人毫无拘束之感。当你走在街上，对陌生美国人无意多看了几眼，他也许会向你微笑着点头致意，或者招呼一声"Hello"。

2.讲求实际。美国人非常务实，他们善于在逆境中不气馁，看准目标，孜孜以求。美国人在金钱上也非常务实，付出劳动便要取得报酬，所以他们在劳动与报酬方面计算得清清楚楚。美国人搭乘别人的汽车要分担汽油费，使用亲友的电话要交电话费。

3.独立进取。美国人不喜欢依赖别人，也不喜欢别人依赖他们。美国人从小便养成独立奋斗、不依赖父母的习惯。美国人从小就培养子女的自强自立能力，对他们将来的社会生活大有裨益。

4.求变好动。美国人不满足于安逸的生活，喜欢挑战自己，喜欢变换工作，喜欢旅游、冒险和体育运动，甚至是衣食住行也要不断地变化，从变化中求得新的感觉、新的刺激，从中获得新的成功乐趣。

（1）美国人的饮食习惯

美国人通常在家里吃早餐，时间一般在8点之前。但是，商务人士也会在早餐时商议工作，被称为"工作早餐"。有时，商政界的同事也一同就餐来开始这一天的工作。比如，美国总统经常和国会领导人共用早餐，借此来了解自己所提法案的进展情况。

美国人在家用早餐时很随意，一般为三明治、烤面包、面包圈、鸡蛋、咖啡或者牛奶、果汁、麦片。节假日时，美国很多家庭只吃两顿饭，将早餐和午餐合并，通常都很丰富。如果遇到好的出游天气，美国家庭会去户外野餐、烧烤等。

美国人的晚餐是一天中最为丰盛的，晚餐一般会先上一道美味的浓汤，由去壳蛤蜊肉、面粉、土豆丁、牛奶、洋葱、盐、牛油、胡椒粉等做成。主菜有炸虾、炸鸡、牛排、烤羊排、烤牛肉、火腿、海鲜等，还会有蔬菜、面条、面包、米饭等。

微示范6-2

美国礼仪知多少

美国人喜欢在饭后吃甜点，如蛋糕、冰激凌等，最后再用一杯咖啡完美结束。值得注意的是，美国人不喜欢在餐碟中剩食物，同时也不爱喝茶、吃蒜或过辣食品，不吃肥肉、动物内脏、蛇等异常食物。美国人的社交礼仪见表6-7：

表6-7   美国人的社交礼仪

社交礼仪	内容
称呼礼仪	美国人性格开朗、举止大方，即使素不相识，谈笑间也毫不拘束。美国人第一次同他人见面常直呼对方的名字，不一定握手，有时只是笑一笑。这种不拘礼节地打招呼，跟其他国家的握手礼意义相同。在分手时也不一定跟别人道别或握手，只是大家挥挥手，或者说声"明儿见""回头见""再见"等
社交礼仪	当被邀请去朋友或同事家做客时，必须预备小礼物送给主人。打长途电话要经主人同意。离开时，应留下电话钱，但可以说："送一点钱给孩子买糖果吃"等
节庆习俗	国庆节，也称独立日，是7月4日；感恩节，又叫火鸡节，是北美独有的节日，在每年11月的第四个星期四举行，现已成为家人团圆、朋友相聚的全民性节日；母亲节（5月的第2个星期日）和父亲节（6月的第3个星期日），都是表示对双亲含辛茹苦养育的崇敬和感激，为全国重要节日；情人节（2月14日），情人之间互赠卡片

"微示范6-2：美国礼仪知多少"的示范要求及描述见表6-8：

表6-8   "美国礼仪知多少"的示范要求及描述

示范项目	美国礼仪知多少
教学模式	教学做一体化
建议学时	0.5学时
教学地点	一体化实训室
项目描述	1.掌握美国各项礼仪习俗 2.能够熟练运用各种美国人特有的礼仪准则与美国人交往

（2）美国人的习俗禁忌

微课堂6-4

自由奔放 独立进取——美国人的习俗与禁忌

美国人禁忌数字13和星期五，认为这个数字和日期，是厄运和灾难的象征。禁忌有人在自己面前挖耳朵、抠鼻孔、打喷嚏、伸懒腰、咳嗽等，这些都是不文明、缺乏礼教的行为。若喷嚏、咳嗽实在不能控制，则应避开客人，用手帕掩嘴，尽量少发出声响，并要及时向在场的人表示歉意。美国人禁忌有人冲他伸舌头，认为这种举止是污辱人的动作。他们讨厌蝙蝠，认为蝙蝠是吸血鬼和凶神的象征。

2.活泼、友善的加拿大人

加拿大位于北美洲北部，国土面积约为998万平方千米，居世界第二位。英语和法语同为官方语言。加拿大人多信奉天主教和基督教，国歌是《啊!加拿大》。加拿大风景优美，国树为枫树，素有"枫叶之国"的美誉，国花是枫叶，国兽为海狸鼠。

知识拓展6-5　　　加拿大人的性格特点

1.生性活泼，酷爱户外运动。在加拿大，人们无论春夏秋冬都特别喜爱运动。冬天全民投入冰雪运动，溜冰、滑雪几乎无人不能；夏日，男女老少都喜欢尽可能少穿着，躺在草坪和沙滩上享受太阳浴。

2.热情好客，待人诚恳。加拿大人在日常生活中非常愿意向别人伸出援助之手。加拿大人谦逊友善，乐于助人。加拿大人说话也非常风趣、幽默，商务活动中加拿大人会给人留有较好的印象。

（1）加拿大人的饮食习惯

加拿大早餐一般是麦片加牛奶，薄煎饼或者威化饼，煎的或煮的鸡蛋，煎蛋卷，果汁或咖啡，还有各式香肠、咸肉。午餐，上班族一般喜欢带上自己做的三明治，或去快餐店买个汉堡、沙拉、酸奶，再加一杯饮料。晚餐，通常为意大利面、沙拉、牛排、煎鸡胸肉或者三文鱼、炸鸡配土豆泥。加拿大饮食有着很大的地域差异。在东部沿岸，因英国人聚居多，当地菜肴多数是腌鱼、牛肉之类；而魁北克地区，因法语人口多，菜肴以法式为主。加拿大人常见的社交礼仪见表6-9：

表6-9　　　　　　　加拿大人的社交礼仪

社交礼仪	内容
见面礼仪	加拿大人在社交场合，一般都行握手礼，亲吻礼和拥抱礼仅适合友人和情人之间。男女相见时，一般由女子先伸出手来。女子如果不愿意握手，也可以只是微微欠身鞠一个躬。如果男子戴着手套，应先摘下右手手套再握手，女子间握手时则不必脱手套
社交礼仪	加拿大人在社交场合仪态比较庄重，举止优雅。在交谈时，会和颜悦色地面对着对方。加拿大人常用两手手指交叉置于桌上等姿态来缓和紧张气氛。当有人遇到不幸或心情不好的时候，他们一般也会采用这种姿势，说明他们对这人的处境表示理解和同情
服饰礼仪	在加拿大，不同的场合有不同的装束。在教堂，男士着深色西装，女士则穿庄重的衣裙。在参加婚礼时，男子或穿着西装，或穿便装。加拿大青年人喜爱那种能够体现现代生活的节奏感、使着装者显得潇洒的服饰
商务礼仪	加拿大人从事商务活动时，首次见面一般要先作自我介绍，在口头介绍的同时递上名片。在商务谈判中，与加拿大人交往要集中精力，不要心不在焉。在正式谈判场合，衣着要整齐庄重，加拿大人喜欢别人赞美他的服饰。加拿大人有较强的时间观念，他们会在事前通知对方参加活动的时间。同时参加宴会者也应准时到达，不能迟到

（2）加拿大人的习俗禁忌

加拿大人大多数信奉新教和天主教，少数人信奉犹太教和东正教。他们忌讳数字13和星期五，认为13是厄运的数字，星期五是灾难的象征。他们忌讳白色的百合花，认为它会给人带来死亡的气息，一般也不喜欢黑色和紫色。加

微示范6-3

加拿大人的习俗禁忌

拿大人不喜欢外来人把他们的国家和美国进行比较，尤其是拿美国的优越方面与他们相比，更是令人不能接受。

"微示范6-3：加拿大人的习俗禁忌"的示范要求及描述见表6-10：

表6-10   "加拿大人的习俗禁忌"的示范要求及描述

示范项目	加拿大人的习俗禁忌
教学模式	教学做一体化
建议学时	0.5学时
教学地点	一体化实训室
项目描述	1.掌握加拿大人的习俗禁忌 2.演练在与加拿大人交往中需要注意的习俗禁忌

（三）亚洲

亚洲是亚细亚洲的简称，是世界七大洲中面积最大、人口最多的一个洲。位于东半球，屹立在世界的东方，地跨寒、温、热三带，气候类型多样。亚洲有40多个国家和地区，文化丰富，在历史上亚洲各国之间交往频繁，关系密切，因此相互之间的影响不小，许多国家、民族的习俗、礼节都有相似之处。在亚洲，人们以信奉佛教为多，其次为伊斯兰教，也有一部分人信奉基督教，故亚洲可以说是受三大宗教影响最大的地区。

1.现代礼仪国度——日本

日本是位于亚洲东部的岛国，由本州、四国、九州、北海道4个大岛及其他6 800多个小岛组成，国土面积约为37万平方千米，人口约有1.2亿，是世界上最有名的长寿之国。日语为官方语言。居民中大多数信奉神道教和佛教。国歌为《君之代》，国石为水晶，国鸟是绿雉。民族构成单一，主体为大和民族，日本在环境保护、资源利用等方面堪称典范。日本以茶道、花道、书道为代表的传统文化保存较好，同时日本也是非常注重礼仪文化的国家之一。

▶▶ **知识拓展6-6**   **日本人的性格特点**

1.敏感。敏感是日本人的主要性格特点之一。这一性格特点也造就了日本人敏锐的观察力和极强的自控能力，与此同时，敏感在很大程度上也促进了日本人思想上的开化，使其情感更为细腻、丰富。

2.忠诚。日本人有很强的团体意识和团结精神，有忠君爱国的传统观念。原始古神道与儒家的"忠孝"结合形成日本人特有的观念，和合、协力、责任、廉耻、自我牺牲等观念即源于此。直到现在，日本人的思想深层依然保留这种意识，可以为自己的民族和团体奉献最大的忠诚。

3.重视他人。日本人不喜欢采用和别人相背离的行为。他们要决定自己行动时，首先会考虑别人是怎样的，或者那样做后别人会怎么看自己。日本人即使自己持有明确的意见，也避免使用"我是这样想的""我的意见是这样的"等直接的表达方式，而是采用"恐怕是这样吧？""我想这么考虑，你看如何呢"等婉转的措辞。

（1）日本人的饮食习惯

日本料理味道鲜美，保持原味，清淡不腻，很多菜品都是生吃，清淡少油是日本饮食的典型特征之一。在日本料理中，精进料理的用油皆为植物油，如菜籽油、大豆油等。日本料理季节性强，以日本人最爱吃的鱼为例，他们春季吃三文鱼，初夏吃松鱼，盛夏吃鳗鱼，初秋吃鲭花鱼，仲秋吃秋刀鱼，冬天吃河豚。日本人的社交礼仪见表6-11：

表6-11　　　　　　　　　　　　日本人的社交礼仪

社交礼仪	内容
餐饮礼仪	日本人的用餐礼仪近乎严苛，但日本人容许狼吞虎咽式吃法。例如，吃寿司，日本人不会用筷子吃寿司，而是习惯赤手拿着寿司浸一浸豉油，然后直接放入口中。又如，吃面，日本人直接从汤碗把面吸啜入口，且必会发出响声。依据日本人的习俗文化，吃面时发出响声是表示面食很美味，亦是对厨师表示赞赏的方式
服饰礼仪	和服是日本人的传统民族服装。和服高雅而秀美的图案与色彩，源自日本民族对山水的欣赏及对风土的眷恋，乃至于对人本精神与情境的细腻感受。每一套精美的和服，都经过了精心裁制，讲究穿着时的每一个细节及穿着过程 和服的种类很多，不仅有男女和服之分，亦有未婚、已婚之分，而且有便服和礼服之分。男式和服款式少，色彩较单调，多深色，腰带细，穿戴也方便。女性和服款式多样，色彩艳丽，腰带宽，不同的和服腰带的结法也不同，还要配不同的发型。已婚妇女多穿"留袖"和服，未婚小姐多穿"振袖"和服
节庆习俗	日本的节日受中国节日文化影响较深。日本也有元旦节，其他节日大多是依照各地神社的祭祀活动而沿袭下来，因此日语里称节日为"祭" 1月1日是元旦节，其庆祝方式相当于中国的春节。按照日本的风俗，除夕前要大扫除，并在门口挂上草绳，插上橘子。门前摆松、竹、梅，称为"门松"，取意吉利。除夕晚上全家团聚吃过年面，半夜听"除夕钟声"守岁

（2）日本人的习俗禁忌

日本人送礼时常送成双成对的礼物，如一对笔、两瓶酒很受欢迎。礼品包装纸的颜色也有讲究，黑白色代表丧事，绿色为不祥，也不宜用红色包装纸，最好用花色纸包装礼品。日本人忌讳荷花，认为荷花是丧花。在探望病人时忌用山茶花及淡黄色、白色的花。在数字上，日本人很忌讳数字4，因为日文中"4"的发音与"死"字相同，同时他们也不喜欢9。忌讳3个人一起合影，认为中间的人被左右两个人夹着，这是不幸的预兆。

日本人注重礼节，常用鞠躬礼，15度和30度鞠躬礼是对客人尊重的表现。如果遇到需要道歉的情况，一般采用45度鞠躬礼，表示深切歉意的时候用90度。

微课堂6-5

礼貌友善 独
立顽强——
韩国人的习俗
与禁忌

2.礼貌顽强的国度——韩国

韩国，全称大韩民国，位于东北亚朝鲜半岛南部，三面环海，行政首都是世宗，总统府和国会目前仍在首尔。韩国东南隔朝鲜海峡与日本相望，西临黄海，北部与朝鲜为邻，领土面积约10万平方千米。信奉佛教和基督教，韩语为官方语言。国歌是《爱国歌》，国花是木槿花，国鸟是喜鹊。韩国国门光化门如图6-1所示。

图6-1 韩国国门

（图片来源 https://graph.baidu.com/pcpage/similar?originSign=12122ba 61a2d844de 4b4b0162 5489806&srcp=crs_pc_similar&tn=pc&idctag=tc&sids=10006_10802_10600_10915_10913_11006_10924_1 0903_10018_10901_10941_10907_11012_10971_10968_10972_11031_122-01_17851_17070_18005_1810 1_19100_17201_17202_18300_18400_18312_18332_18412_19117_19123_19130_19300_19132_19164_19 194_19200_19210_19212_19215_19217_19218&logid=3795878642 & entra nce = general & tpl_from= pc&image=https%3A%2F%2Fss1.baidu.com%2F6ON1bjeh1BF3odCf%2Fit%2Fu%3D1550972717, 3613554894%26fm%3D27%26gp%3D0.jpg&carousel=503&index=0&page=1）

▶▶ **知识拓展6-7   韩国人的性格特点**

1.崇尚民族主义、爱国精神。韩国人有很强的民族意识，甚至有一定的民族优越感。韩国就像一个大家庭，每个国民都把国事当作家事。

2.尊重传统文化。韩国深受儒家文化的影响，现今韩国经济已经步入世界经济的前列，但这丝毫不影响韩国人对其文化和历史的尊重和保护。在韩国，处处可以见到对历史的尊重和珍视。

3.坚韧、顽强。韩国人的坚韧、顽强在经济发展中表现得很突出。韩国人在现代化的过程中，养成了坚持不懈、说到做到、雷厉风行的坚韧和顽强的性格。

（1）韩国人的饮食习惯

由于地理位置和气候，韩国饮食有着十分鲜明的特点，由各种蔬菜、肉类、鱼类共同组成。韩式泡菜、海鲜酱、大酱等各种发酵食品，以特殊的营养价值和特别的味道而闻名于世。韩国主要的饮食有韩定食（韩国式客饭）、韩国烤肉、火锅、包饭套餐、冷面、拌饭、汤茶、韩果。韩国人的社交礼仪见表6-12：

表6-12　　　　　　　　　　　　韩国人的社交礼仪

社交礼仪	内容
服饰礼仪	韩国服饰文化包括传统韩国服饰和现代韩国服饰。韩国的传统服装为韩服，优雅且有品位，是韩国的优秀传统文化之一。女士传统韩服是短上衣搭配宽大的裙子，端庄典雅；男士韩服则是裤子搭配短上衣、马甲，显出独特品位。韩服可根据身份、性别、年龄、用途、材料进行分类。根据生活、风俗来分，韩服分为婚礼服、花甲服、节日服、周岁服等
社交礼仪	韩国日常见面礼中常用的是鞠躬礼，韩国人崇尚儒教，尊重长者和老者。在韩国，对比自己年长或地位高的人进行问候的时候要有相应的礼节，除使用尊敬语外，还要边鞠躬边问候。在韩国，如果有人邀请你到家吃饭或者赴宴，应带上小礼品，最好挑选包装好的食品。韩国人用双手接礼物，但不会当着客人的面打开。初次谈话时，韩国人有可能会过多关心私人生活，如年龄、家庭关系、婚姻状态等
节庆习俗	传统节日包括春节、元宵节、端午节、中秋节等，节日会有盛大的纪念活动。韩国各类节庆活动与传统仪式格外引人注目，值得观赏，主要有雪花节、武术节、瓷器节、假面舞会、松茸节、饮食节等

（2）韩国人的习俗禁忌

①数字禁忌。韩国人普遍忌数字4，因为韩语中"4"与"死"同字同音，传统上认为是不吉利的。在韩国没有4号楼、4层楼、4号房，宴会厅里没有4号桌，敬酒不能敬4杯等。

②节日禁忌。韩国人禁忌颇多。逢年过节相互见面时，不能说不吉利的话，更不能生气、吵架。农历正月头三天不能倒垃圾、扫地、更不能杀鸡宰猪。寒食节忌生火，生肖相克忌步入婚姻，婚期忌单日。

③其他禁忌。在韩国吃饭，饭勺只能用来吃饭和喝汤，筷子只能夹菜，吃饭不能捧碗。同韩国人一起吃午餐，一般不宜喝烈性酒。拒绝喝别人敬的酒是不礼貌的，如果不能喝酒，可以杯中剩一点酒。

"微演练6-2：韩国人的习俗禁忌"的演练要求及参考评价见表6-13：

表6-13　　　　　　　"韩国人的习俗禁忌"的演练要求及参考评价

演练项目	韩国人的习俗禁忌	
演练准备	礼仪实训室、会议室、文件等相关物品	
演练要求	着职业装，化职业妆	
演练方法	1.将学生分组，每组5～6人 2.由教师指导，学生分组练习 3.小组内的成员依据创设的情境进行讨论，找到存在的问题	
演练评价	知识应用	掌握韩国人的习俗禁忌
	能力提升	能够掌握韩国人的习俗禁忌，确保与韩国友人的各项活动顺利、友好地进行
	素质培养	1.建立正确的涉外商务交往礼仪准则 2.尊重他人、礼貌待人 3.仪尚适宜
	成果展示	与韩国客户进行商务活动时能够按照礼仪准则确保商务活动顺利、友好地进行，并达成合作

3. 自由之国——泰国

"泰国"一名是由泰族语得来的，是"自由之地""自由之国"的意思。其东部与柬埔寨接壤，西部、西北部与缅甸交界，南部与马来西亚为邻，东南临泰国湾，西南濒安达曼海。泰国共有30多个民族，泰族为主要民族。其中90%以上的居民信仰佛教，马来族信仰伊斯兰教，还有少数人信奉基督教新教、天主教、印度教和锡克教。泰国被称为"千佛之国"，如图6-2所示，国歌为《泰王国歌》，国花是睡莲，国树是桂树，国鸟是火背鹇。

图6-2　泰国风光

（图片来源　http://k.sina.com.cn/article_6529293036_1852d1aec00100dvdl.html）

▶▶ **知识拓展6-8**　　　泰国人的性格特点

1. 爱独立。泰国人爱好独立，无论在日常生活还是在工作中，他们通常回避冲突，将自己置身于事外，尽量不同别人来往。

2. 安详、平和。泰国人在精神上追求重实而避虚、重中和而避极端。泰国人来自四面八方，长期以来形成了一种相互接受、民族融合的特性。同时，也受信奉佛教的影响，泰国人养成了心地平和、不愿树敌的性格。

3. 包容、忍让。泰国人认为一个人的自尊是最重要的，以至于不能被冒犯。泰国人尽量不令别人不舒服或讨厌，在这种处世原则的支配下，他们也希望得到同样的礼遇。日常中，他们的脸上常带着微笑，嘴里说着"没关系"，以此来包容和忍让别人的失误。

（1）泰国人的饮食习惯

泰国是一个临海的热带国家，绿色蔬菜、海鲜、水果都很丰富。泰国的美食国际知名，无论是口味辛辣的还是较为清淡的，和谐是每道菜所遵循的原则。泰国烹饪最初反映了水上生活方式的特点，水生动物、植物和草药是主要的配料。泰菜色彩鲜明、红绿相间，调料极为丰富，除了以椰浆作为基本调味料的咖喱酱，还有柠檬草、虾酱、鱼露以及十几种本地特产的香料。深受各地喜爱的柠檬虾汤和冬阴功汤都是非常美味的。

▶▶ **知识拓展6-9**　　　**泰国人的游艺民俗**

1.泰拳。泰拳是一种泰国传统搏击技术，特点是可以在极近的距离，利用手肘、膝盖等部位进行攻击，是一种非常狠辣的武术。

2.人妖。人妖主要指专事表演的从小服用雌性激素而发育的男性。大部分人妖都很漂亮，在泰国，有"不看人妖就等于没有到泰国"的说法，他们已经成为泰国旅游业的支柱之一。

（2）泰国人的习俗禁忌

在泰国，头部被认为是精灵所在的重要部位，除了僧侣之外，任何人都不能随便触摸别人头部。泰国人认为人的右手清洁而左手不洁，左手只能用来拿一些不干净的东西，因此重要的东西用左手拿会招来嫌弃。与左手一样，脚也认为是不干净的，用脚尖撞人或者指人都是不礼貌的，也绝对不能把脚掌冲向佛。

"微演练6-3：泰国人的习俗禁忌"的演练要求及参考评价见表6-14：

表6-14　　　　　　"泰国人习俗禁忌"的演练要求及参考评价

演练项目	泰国人的习俗禁忌	
演练准备	礼仪实训室、会议室、文件等相关物品	
演练要求	着职业装，化职业妆	
演练方法	1.将学生分组，每组5～6人 2.由教师指导，学生分组练习 3.小组内的成员依据创设的情境进行讨论，找到存在的问题	
演练评价	知识应用	掌握泰国人的习俗禁忌
	能力提升	能够掌握泰国人的习俗禁忌，确保与泰国友人各项活动顺利、友好地进行
	素质培养	1.建立正确的涉外商务交往礼仪准则 2.尊重他人、礼貌待人 3.仪尚适宜
	成果展示	按照礼仪准则与泰国客户进行商务交往，确保商务活动顺利、友好地进行，并达成合作

泰国人信仰佛教，见面时多采用合十礼。在为泰国客人提供服务时，不要使用左手递物，如果有客人索要纸笔，不要提供红色的笔，这是泰国人的禁忌。泰国人的社交礼

仪见表6-15：

表6-15　　　　　　　　　　泰国人的社交礼仪

社交礼仪	内容
会面礼仪	泰国是信奉佛教的国家，其礼仪在佛教影响下还融合了中国儒家的礼仪形式，泰国也是举世皆知的礼仪之邦 泰国人在与客人见面时，通常施合十礼。地位较低或年纪较轻的人，应该主动向地位高的和年纪大的人合十礼。在平时的交谈中，句末通常都会加敬语以示尊敬。在泰国，僧侣可以免于向任何人施礼
服饰礼仪	泰国的传统服装总体来说比较朴实。在很多场合，不少泰国人喜欢穿传统的泰式服装。在服饰上，泰国人喜欢用鲜艳的颜色。男子的传统民族服装叫"绊尾幔"纱笼和"帕农"纱笼。女筒裙是泰国女子的代表性下装。此外，泰国人最爱的饰品是金首饰，金项链下面往往挂一块金牌，男人则挂一个小佛像

4.天竺之国——印度

印度，是印度共和国的简称，位于亚洲南部，是南亚次大陆上最大的国家，是历史悠久的文明古国之一，是佛教的发祥地，具有绚丽丰富的文化遗产和旅游资源。英语和印第语同为官方语言。首都是新德里，全国总面积约为298万平方千米。印度各族人民称他们的国家为"婆罗多"，意为月亮，在印度，月亮是一切美好事物的象征，所以印度亦称为"月亮之国"。截至2023年4月，印度现有超过14亿人口，居世界第二，其中农村人口约占总人口的70%。

▶▶ **知识拓展6-10**　　　**印度人的性格特点**

1.积极乐观。印度民族是一个非常积极乐观的民族，其乐观的性格与全民信仰宗教有一定关系。

2.为人热情幽默，爱开玩笑。印度人性格外向，自来熟，特别喜欢开玩笑，重视人与人之间的关系。

3.时间观念不强，爱拖延。印度人有时会比约定的时间晚半个小时左右，等你打电话过去询问缘由时，对方可能会说"稍等一分钟"，意思就是等半个小时或者一个小时，有时候"明天见面"的意思就是一个星期或者一个月后重逢。

（1）印度人的饮食习惯

印度人的主食是大米和面食。日常饮食中，南北方有很大的差别，北方人以小麦、玉米、豆类等为主食，他们尤其喜欢吃叫"恰巴提"的薄面饼。南方和东部沿海地区的人们以大米为主食，爱吃炒饭。印度人喜欢吃带有辣味的、伴有咖喱的食物。在饮品方面，一般喜欢喝凉水或者饮用红茶、牛奶和咖啡。印度人的社交礼仪见表6-16：

表6-16　　　　　　　　　　　印度人的社交礼仪

社交礼仪	内容
服饰礼仪	在印度，可由不同的服饰和装扮看出当地人的宗教信仰、种族、阶级、区域等。印度男性多包有头巾。头巾有各种各样的包裹方法，其中锡克教男性头巾，具有特定样式 印度男性多穿一袭宽松的立领长衫，搭配窄脚的长裤。印度妇女的传统服饰是纱丽，两侧有滚边，上面有刺绣，穿时以披裹的方式缠绕在身上
游艺民俗	印度人善跳舞，从地区来看，印度舞蹈分为北印度舞蹈和南印度舞蹈两类。北印度舞蹈主要有克塔克舞，南印度的古典舞蹈主要有婆罗多舞、库契普迪舞和格塔克里舞。曼尼普里舞是印度四大古典舞蹈之一。印度舞很有感染力，这一点在很多印度经典的电影中也体现得淋漓尽致
节庆习俗	象头神节是印度重要的宗教节日之一，为期10天，印度教教徒将象头神的神像请回家中，寓意引入财富、智慧和吉祥。佛陀日，也叫"吠舍节"，在公历4、5月间的月圆日，是佛教节日，信徒要举行法会，到佛庙进香拜佛。在公历6、7月间，有印度教节日，节日期间，印度各地凡有札格纳特庙宇的地方都要举行沐浴节

（2）印度人的习俗禁忌

印度人忌讳白色，认为白色表示内心的悲哀，习惯用百合花当作悼念品；忌讳弯月的图案；忌讳1、3、7等数字；忌讳左手传递东西和食物，也不愿见到有人使用双手与他们打交道；印度教徒最忌讳众人在同一餐盘中取食，印度耆那教徒有忌杀生、忌食肉类、忌穿皮革和丝绸的习俗。

微示范 6-4

印度人的习俗禁忌

"微示范6-4：印度人的习俗禁忌知多少"的示范要求及描述见表6-17：

表6-17　　　　　　　　"印度人的习俗禁忌"的示范要求及描述

示范项目	印度人的习俗禁忌
教学模式	教学做一体化
建议学时	0.5学时
教学地点	一体化实训室
项目描述	1.掌握印度人的习俗禁忌 2.掌握与印度人交往中需要注意的习俗禁忌

（四）大洋洲

大洋洲，位于太平洋西南部和南部的赤道南北广阔海域中，是世界上最小的一个洲。大洋洲最主要的国家是澳大利亚和新西兰。近几年，澳大利亚、新西兰与我国的交往日益密切，除政治、外交、商务交往外，去澳大利亚旅游或者留学的人员也在不断增加。

1.友善、享乐的澳大利亚人

澳大利亚位于太平洋西南部与印度洋之间，是世界上城市化水平最高、风景优美的国家之一。澳大利亚资源丰富，工业发达，人民生活水平较高，是世界上最大的羊毛和牛肉输出国，有"骑在羊背上的国家"之称。居民大多数信奉基督教。国歌是《前进，美丽的澳大利亚》，国花为金合欢，国树是桉树，国鸟是琴鸟。

微动画 6-4

澳大利亚人的习俗禁忌

▶▶ 知识拓展 6-11　　　澳大利亚人的性格特点

1.友善。在澳大利亚，熟悉的人见面会热情地相互打招呼。澳大利亚人喜欢和陌生人交谈，特别是在酒吧，他们有时会主动过去和别人聊天，甚至称呼对方为"哥们儿"，在互相介绍后还可能要与对方一起喝杯酒，从此陌生人就成了朋友。

2.平等。澳大利亚是由移民组成的国家，来自世界各地的移民只有先来后到之分，没有高低贵贱之别，这样就形成了澳大利亚人平等的观念。直到现在，农牧场主与雇工、老板与雇员仍不存在高低上下的界限，雇主不仅不会表现出高人一等的傲慢，反而会由于地广人稀、劳力不足而对雇员很友善。

3.享乐。澳大利亚人既不像日本人那样勤奋，也不像美国人拥有强烈的竞争意识，而是很注重享受生活。澳大利亚人生活安定，工作有保障，又有诸多的社会福利和保险，基本不存在生活之忧。虽然节假日有双薪甚至三薪，但澳大利亚人宁愿去度假，所以公共休假日很难找人上班，也不要在此期间和澳大利亚人谈生意。

（1）澳大利亚人的饮食习惯。

澳大利亚是典型的移民国家，这也使其成为了一个荟萃多国饮食文化于一身的国家。澳大利亚生活节奏以闲适著称，但由于澳大利亚的工作日没有单独的午餐时间，因此每个人最多只会有半个小时到一个小时的时间轮流吃饭。澳大利亚人的工作餐通常是在面包店解决，常吃肉派、腊肠卷、肉馅饼、三明治等。澳大利亚人喜喝啤酒、咖啡，很喜欢在吃的时候加入番茄酱汁。由于受到英国、意大利等第一代移民国家的影响，澳大利亚人的传统主食仍是以西餐为主，如意大利面、通心粉、牛排、芝士焗海鲜等。澳大利亚人的社交礼仪见表6-18：

表6-18　　　　　　　　　　　澳大利亚人的社交礼仪

社交礼仪	内容
服饰礼仪	澳大利亚人的衣着可以用两个字来概括——休闲。休闲服装突出了澳大利亚人的随和、亲善和质朴。在澳大利亚，最讲究穿着的不是年轻人，而是老年人，他们喜欢穿鲜亮的衣服，老年男性则喜爱穿年轻时留下来的老式瘦型浅色西装，并配上一顶英式浅色礼帽
社交礼仪	澳大利亚的礼仪大多沿袭英式礼仪，有女士优先的习惯，非常注重公共场所的仪表。男士大多数时候不留胡须，出席正式场合时西装革履，女士则是西装套裙。见面时通常行握手礼，亲密的朋友相见时可行拥抱礼或亲吻礼。初次见面时称呼别人先说姓，再加上"先生"、"小姐"或"太太"等
沟通礼仪	英语在澳大利亚是通用的。澳大利亚人普遍采用英式礼仪，在迎送客人时，应以热情的微笑点头逐一问候。在交谈时，要避免问及他人隐私
节庆习俗	澳大利亚网球公开赛、墨尔本酒食节、蒙巴节、墨尔本国际花展、墨尔本杯赛马节等

微课堂 6-7

[QR code]

平等友善享乐包容——澳大利亚人的习俗与禁忌

（2）澳大利亚人的习俗禁忌

受基督教的影响，澳大利亚人对数字13和星期五普遍反感。他们特别忌讳兔子，认为碰到兔子是厄运的预兆。澳大利亚人好热闹，也很随和，但谈话时忌讳宗教、个人问题。忌食狗肉、猫肉、蛇肉，不吃味精、动物内脏和爪子。不干涉他人隐私的习惯在日常谈话中也能体现出来。

2.开朗、乐观的新西兰人

新西兰位于太平洋西南部，是一个岛国，全国总面积约27万平方千米。新西兰的首都是惠灵顿，通用语为英语。新西兰国家的名称来自荷兰语，意即"新的海中陆地"，由于新西兰距离其他大陆路途遥远，并且环境十分优美，故有"世界边缘的国家"、"绿色花园之国"和"白云之乡"的称号。新西兰居民主要信仰基督教新教和天主教。新西兰目前实行君主立宪制，是英联邦国家成员之一。国歌是《天佑女王》（God Save The Queen）。《天佑女王》一般只唱第一段。如在位的是男性君主，国歌改为《天佑国王》（God Save The King）。

▶▶ 知识拓展6-12　　　新西兰人的性格特点

1.友善、热情。在新西兰，当地居民无论对待本国人还是外来人，都会给予极大的热情，主动问好。当有人需要帮助时，他们也会及时地伸出援助之手。

2.强烈的公民意识。新西兰人自觉遵守国家的各项规章制度和社会道德规范。公民意识较强，对杂乱的环境非常反感，看到有人这样做时，甚至会发脾气。在交通工具上或公共场合，新西兰人说话声调很低，即使与自己的友人谈话也是如此。

（1）新西兰人的饮食习惯

新西兰人以英式西餐为主，偏爱牛肉、羊肉、鸡肉、鱼肉，忌狗肉。新西兰是世界上最大的奶制品国家之一，其奶酪、黄油、乳酪、冰激凌十分丰富。在口味上，他们喜欢清淡，少油腻。菜肴的制作一般以烤、焖、烩的烹制方法居多。新西兰人非常爱饮酒，很喜欢威士忌、葡萄酒和啤酒。他们受英国人习俗的影响，每天必饮红茶，甚至有"一天六饮"的习惯，分别是早茶、早餐茶、午餐茶、下午茶、晚餐茶和晚茶。新西兰人的社交礼仪见表6-19：

表6-19　　　　　　　　　　　新西兰人的社交礼仪

社交礼仪	内容
会面礼仪	在多数情况下，新西兰人与友人见面时行握手礼、鞠躬礼和面含微笑的注目礼。不过，新西兰人的鞠躬礼与我国的鞠躬礼稍有不同，他们鞠躬是抬着头的，而不是低头弯腰。在行握手礼时，与新西兰女士握手必须由女方先伸出手方可。新西兰人奉行"平等主义"，他们反对讲身份、摆架子，直呼其名备受欢迎，称呼官衔却令人反感
时间礼仪	新西兰人时间观念较强，与其约会须事先商定，准时赴约。客人可以提前几分钟到达，以示对主人的尊敬。交谈以气候、体育运动、旅游等为话题，会客一般在办公室进行。与新西兰人一起用餐时需要注意，他们一般喜欢安静就餐，不愿意与共同进餐者边吃边聊
服饰礼仪	新西兰人在服饰方面看重质量，讲究庄重，偏爱舒适，日常生活中以欧式服装为主，新西兰女士在外出参加交际应酬时一定会盛装，她们认为这是基本的礼貌修养
节庆习俗	国庆日是2月6日；新年是1月1日；复活节是4月14—17日；英女王官方寿辰日为六月的第二个星期六；劳动节是10月25日；圣诞节是12月25日

（2）新西兰人的习俗禁忌

受基督教、天主教的影响，新西兰人同样讨厌数字13和星期五，新西兰的毛利人信奉原始宗教，相信灵魂不灭，所以非常忌讳拍照、摄影。在与新西兰人交谈时，要避免涉及有关政治立场、宗教信仰以及职务方面的问题。与新西兰人打交道，注意不要在公众场合闲聊、剔牙、吃东西、喝饮料、嚼口香糖、紧腰带，这些都是不文明的行为。

（五）非洲

非洲位于东半球西南部，地跨赤道南北。非洲面积约3 020万平方公里，约占世界陆地面积的20.2%，为世界第二大洲。非洲是世界上民族成分最复杂的地区，大多数属于黑种人，居民多信奉原始宗教和伊斯兰教。

1.埃及

埃及是一个具有悠久历史和文化的古国。古埃及、古巴比伦、古印度、古代中国并称"四大文明古国"。埃及，全称阿拉伯埃及共和国，地跨亚、非两洲。北濒地中海，东临红海，海岸线约2 700千米。埃及人口和农业主要分布在尼罗河沿岸，是人类文明的发源地之一。埃及旅游资源丰富，文化古迹众多。

埃及目前将全国分为27个省。首都开罗是非洲第一大城市。埃及的国语是阿拉伯语。主要宗教伊斯兰教为埃及国教。埃及目前实行的是总统制共和政体，国庆日是每年的7月23日。

▶▶ **知识拓展6-13   埃及人的性格特点**

1.信仰虔诚。埃及人三句话不离真主。埃及穆斯林对真主的信仰是发自内心、自觉自愿的，已形成一种根深蒂固的世界观与人生观，进而落实在行动上。

2.热情好客。埃及自古不是一个封闭的国家，在埃及，多民族联姻司空见惯，甚至一些家庭好似"多国部队"，父母、儿女、女婿、儿媳分属不同的国籍。埃及人视外国人如同本国人，绝不会把他看作"洋人"或者"外国贵宾"。

3.乐善好施。埃及人喜欢帮助人，乐善好施，偷盗和犯罪行为较少，这无疑是宗教信仰造就的美德。

4.快乐健谈。埃及人爱说、爱笑、爱乐、爱热闹，几个朋友坐在一起，天南地北，古今内外，滔滔不绝。这从埃及的电影电视剧中也可见一斑。

（1）埃及人的饮食习惯

埃及人的饮食十分丰富，通常以"耶素"为主食，在口味上，他们一般要求清淡、甜、香，不油腻。他们惯用自制的甜点招待客人。埃及人有独特的生活习惯，通常晚餐在日落以后和家人共享，在晚餐时间，勉强请别人来谈公事是失礼的。

（2）埃及人的习俗禁忌

埃及人认为"右比左好"，右是吉祥的。做事要从右手和右脚开始。握手、用餐、递送东西必须用右手，穿衣先穿右边衣袖，穿鞋先穿右脚。用左手与他人握手或递东西是极不礼貌的，甚至被视为带有污辱性的。通常在埃及人面前尽量不要打哈欠或打喷嚏，如果实在控制不住应转脸捂嘴，并说声"对不起"。一般来说，埃及人喜欢绿色和白色，讨厌黑色和蓝色。他们在暗示美好的一天时，会用"白色的一天"，而不幸的一天则称作"黑色的一天"或"蓝色的一天"。在埃及，男士不要主动找女士攀谈，切勿夸奖埃及女子身材窈窕，因为埃及人以体态丰腴为美，不要评论埃及人家中物品，这种做法会被人理解为有索要此物的想法。

2.南非

南非的正式名称是南非共和国，它位于非洲大陆的最南端。从人口构成上讲，南非人可分为黑人、白人、有色人和亚洲人四大种族。南非的官方语言为英语。由于南非盛产钻石，它是举世闻名的"钻石之国"，风光极具特色。南非人信仰的主要宗教为基督教。南非现今实行总统制共和政体，国庆日是每年的5月31日。

（1）南非人的饮食习惯

南非人在饮食方面有"黑白"之分。白人主要以西餐为主，爱吃牛肉、鸡肉、鸡蛋和面包，爱喝咖啡和红茶；黑人的主食是玉米、薯类、豆类，爱吃牛肉和羊肉，不吃猪肉和鱼，并且不爱吃生食。餐食在烹调方面因受荷兰和英国的影响较大，基本上是欧式的。南非有一种名叫"南非国饮"的如宝茶，备受南非各界人士推崇，它与钻石、黄金一道称为"南非三宝"。南非人的社交礼仪见表6-20：

表6-20　　　　　　　　　　　南非人的社交礼仪

社交礼仪	内容
会面礼仪	南非的黑人和白人所遵从的社交礼仪差别很大。南非黑人往往会感情外露，形体语言十分丰富，而南非白人则大多较为矜持，往往喜怒不形于色。南非的社交讲究绅士风度、女士优先、守时践约等英式礼仪，见面时采用握手礼，称呼主要是"先生""小姐""夫人"。如果称呼南非黑人，需要在其姓氏后加上相应的辈分
服饰礼仪	南非人在正式场所讲究端庄、严肃。在公务活动和商务活动中，着装遵从国际惯例，穿着深色的西装或裙装，在日常生活中大多爱穿休闲装。白衬衣、牛仔裤、短裤都是他们喜爱的，而且他们偏爱艳丽的颜色，还特别喜欢穿花衬衣。另外，南非人也有穿着本民族服装的习惯
节庆习俗	人权日是3月21日；耶稣受难日为复活节前的星期五；家庭日为复活节后的第二天；自由日是4月27日；和解日是12月16日，会举行大型纪念活动

（2）南非人的习俗禁忌。

信仰基督教的南非人，最为忌讳13这一数字。对于星期五，特别是与13号同为一天的星期五，他们更是忌言忌提，并且尽量避免外出。与南非人打交道一定要了解他们的宗教信仰，很多南非黑人都信仰本部族传承下来的原始宗教。南非女子地位非常低下，一些被视为神圣宝地的地方，如火堆、牲口棚等绝对禁止女子靠近。跟南非人交谈，有4个话题不宜涉及：不要为白人评功摆好；不要评论不同黑人部族或派别之间的关系及矛盾；不要非议黑人的古老习惯；不要为对方生了男孩表示祝贺。

【任务实施】

实施描述：如果你是小白经理，请根据"任务导入"中创设的场景，为部门同事做好涉外接待准备。

实施准备：职业装、办公场所、训练室。

实施步骤：

1.学生以小组为单位，在教师的指导下掌握美国、德国、日本这3个国家的礼仪准则、风俗习惯、社交礼仪、饮食习惯等。

2.分小组进行角色扮演，进行礼仪演示。

【任务评价】

外国习俗与禁忌的掌握及运用考核评分标准见表6-21：

表6-21　　　　　　　外国习俗与禁忌的掌握及运用考核评分标准

序号	考核内容	考核要点	分值	自评分	互评分	教师评分
1	美国	礼仪准则、风俗习惯、社交礼仪、饮食习惯	20			
2	德国	礼仪准则、风俗习惯、社交礼仪、饮食习惯	20			
3	日本	礼仪准则、风俗习惯、社交礼仪、饮食习惯	20			
4	小组角色扮演	能够将各项礼仪习俗解释清楚，并进行完整、自然地演示	20			
5	整体印象	自然、自信、端庄、大方、适度，具有较强的集体意识和团队合作精神	20			
	总分		100			
	小组自评					
	小组互评					
	教师评价					
小组成员个人得分	姓名					
	得分					
说明	小组任务得分=小组自评分×20%+小组互评分×30%+教师评分×50%。小组成员个人得分由小组长和教师根据个人任务完成的情况分配分数					

任务二　世界主要国家商务谈判礼仪

【任务目标】

知识目标：

1.熟悉国际商务谈判礼仪的原则。

2.了解国际商务谈判和会议中的礼宾次序与国旗悬挂礼仪。

3.了解世界主要国家的谈判礼仪。

能力目标：

1.能理解并运用国际交往中的商务谈判礼仪原则。

2.掌握并能完成商务谈判的准备工作及座次安排。

3.在国际商务谈判过程中能够正确施行相关礼仪并实现谈判目标。

素质目标：

1.培养学生具有从事国际商务谈判活动的礼仪风范；

2.塑造举止优雅、谈吐文明、合作友善、互利共赢的商务谈判职业素养。

【任务导入】

本周，山东跨界国际贸易有限公司将迎来美国、德国、日本3个国家的项目考察团，考察团考察结束后将进行商业合作项目谈判。公司将本次谈判项目的准备、会场布置工作交给了小白所在的部门，部门总监安排小白经理负责为部门同事培训涉外礼仪知识及做好谈判的准备工作。

任务要求：小白和她的同事们应该掌握国际交往中商务谈判礼仪的哪些原则？如何完成商务谈判的准备工作及座次安排？如何根据世界主要国家的特点正确施行相关礼仪并实现谈判目标？

微动画6-5
世界主要国家的谈判礼仪

【知识储备】

微课堂6-8
求同存异　以礼相待——商务谈判礼仪原则及准备工作

一、国际商务谈判礼仪的原则

商务谈判礼仪原则，是商务谈判人员应该遵守的共同法则。商务人员要在纷繁复杂的谈判中获得成功，必须掌握基本的商务谈判礼仪原则。

（一）以礼相待，尊重对手

在整个洽谈过程中，谈判双方代表着各自的利益，都有维护和争取自己权益的责任和义务，要相互理解，要始终保持绅士风度或淑女风范。

（二）依法办事，不掺私情

随着社会法制的健全和全民法治意识的增强，商务谈判、签订合同、解决分歧，都应在法律允许的框架内进行，不可在洽谈过程中让情感战胜理智，更不能把严肃的业务往来建立在不可靠的个人情感基础之上，要有坚定的原则。

（三）坚持原则，灵活应变

有关各方要通过平等协商，在合理、合法、合情的前提下，进行必要的议价，找到双方都能接受的共同点。让步必须是双方的，妥协也必须是相互的，是相向而行的，适当让步，求得一致，灵活应变，实现双赢。

（四）求同存异，互谅互让

每次公平、合理的洽谈中，都没有绝对的赢家，也不会有绝对的败者。任何人都不可能签订不公平条约，有了这样的认识，就能对一些分歧相对淡然，多一分理解和谅解，从而缩小分歧，扩大共识，形成一致。

（五）人事分开，就事论事

在商务洽谈中，要充分理解对方的处境，不要提出不切实际的要求。即使针锋相对，双方意见相差甚远，甚至为了各自利益而争得不可开交，面红耳赤，也一定要记住不要有针对个人的攻击行为。当然，争执不下、拍案而起甚至怒目相向导致谈判中止、离席而去等，有时也是谈判技巧和谈判策略的一部分。

二、国际商务谈判的准备工作

凡事"预"则立，不"预"则废。商务谈判是交易、合作的重要环节，一定要做好充分的准备，准备工作包括以下内容：

（一）确定谈判议题

要确定谈判的主要议题有哪几个，要达到什么目的。

（二）确定谈判人员

确定出席商务谈判的人数和人员名单，要注意的是必须与对方谈判代表的身份、职务相当。

（三）广泛搜集信息

在双方洽谈之前，广泛搜集信息，尽早着手准备，以便在洽谈过程中，以己之长，克敌之短，达到预期的目的。国际商务谈判需要搜集、整理的信息见表6-22：

表6-22 国际商务谈判需要搜集、整理的信息

搜集信息	内容
对方公司的基本情况	如对方的法人资格、诚信状况、经营范围、主导产品、市场占有率、产品竞争情况、公司规模与管理水平等
对方主谈判手的基本情况	洽谈前一定要充分了解主谈判手的个人情况，包括他的年龄、学历背景、资历、个性特征、心理特点、做事风格，以及他对我方的态度与评价等
谈判程序	谈判程序包括探询、准备、磋商、小结、再磋商、终结、谈判的重建7个环节。每个环节都有自己特有的"起、承、转、合"，这都需要谈判人员沉着应对，对具体问题具体分析，并见机行事、随机应变
谈判地点	应通过有关各方协商而定。主方选择的地点要显示出自己的实力，谈判场所要整洁、宽敞、明亮、舒适，设施、物品齐备
谈判时间	谈判的时间安排应先征求对方的意见。如需要持续商讨，那么谈判开始和结束的日期要得到谈判各方的认同
谈判资料	谈判各方都要准备充分的资料，千万不能出现因资料准备不足而耽误议程的现象

三、国际商务谈判的座次安排

（一）双边谈判

双边谈判指的是由主方、客方两方人士所举行的谈判。在一般性的谈判中，双边谈判最为多见。双边谈判的座次排列，主要有两种形式可供选择。

微课堂6-9

并然有序 规
矩有礼——
商务谈判的
座次安排及
礼宾次序

1.横桌式

横桌式座次排列如图6-3所示，谈判桌在谈判室内横放，客方人员面对门而坐，主方人员背对门而坐。除双方主谈者居中就座外，各方的其他人士依其职务高低，各自先右后左、自高而低地分别在己方一侧就座。双方主谈者的右侧之位，在国内谈判中可坐副手，而在涉外谈判中则应由翻译人员就座。

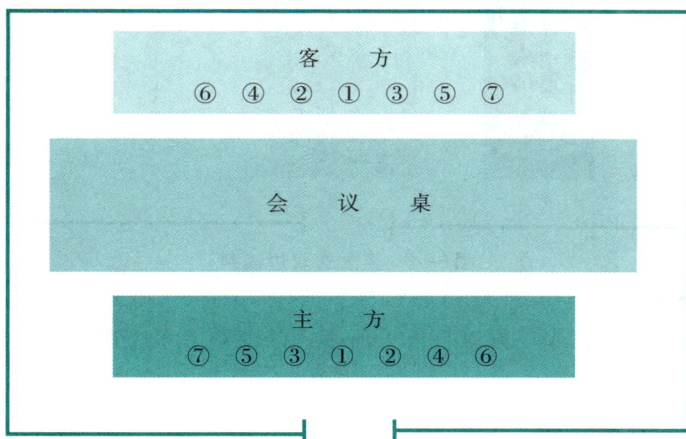

客　方
⑥ ④ ② ① ③ ⑤ ⑦

会　议　桌

主　方
⑦ ⑤ ③ ① ② ④ ⑥

图6-3　横桌式双边谈判

"微演练6-4：商务谈判的座次安排——横桌式"的演练要求及参考评价见表6-23：

微演练6-4

商务谈判的
座次安排

表6-23　　　"商务谈判的座次安排——横桌式"的演练要求及参考评价

演练项目		商务谈判的座次安排——横桌式
演练准备		会议室、文件等相关物品
演练要求		着职业装，化职业妆
演练方法		1.将学生分组，每组5～6人 2.由教师指导，学生分组练习 3.小组内的成员依据创设的情境进行讨论，找到存在的问题
演练评价	知识应用	1.掌握横桌式谈判座次安排 2.掌握主谈者右侧之位国内外安排的不同
	能力提升	能够正确掌握谈判座次安排
	素质培养	1.建立正确的涉外商务谈判礼仪准则 2.尊重他人、礼貌待人 3.仪尚适宜
	成果展示	商务谈判的座次安排——横桌式

2.竖桌式

竖桌式座次排列如图6-4所示，谈判桌在谈判室内竖放。具体排位时以进门时的方向为准，右侧由客方人士就座，左侧则由主方人士就座。在其他方面，则与横桌式排座相仿。

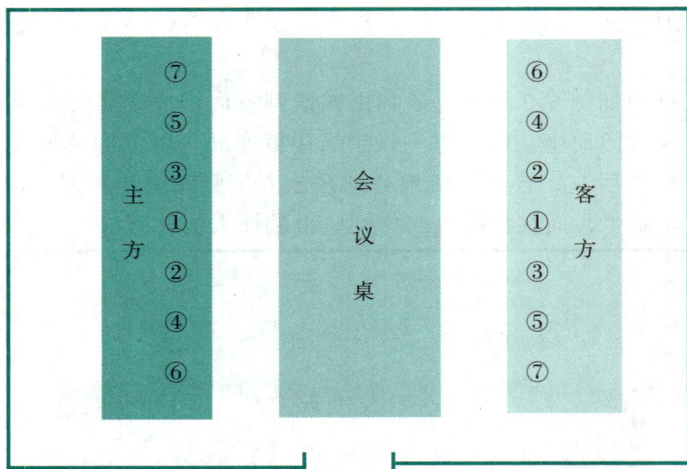

图6-4　竖桌式双边谈判

（二）多边谈判

多边谈判是指由三方或三方以上人士所举行的谈判。多边谈判的座次排列，也可分为两种形式。

1.自由式

自由式座次排列，即各方人士在谈判时自由就座，而无须事先正式安排座次。

2.主席式

主席式座次排列，是指在谈判室内面向正门设置一个主席之位，由各方代表发言时使用。其他各方人士，则一律背对正门，面对主席之位分别就座。各方代表发言后，也应下台就座。

▶▶ 业务链接6-1　　国旗悬挂礼仪

国旗是国家的象征和标志。在国际交往中，悬挂国旗成了一种惯例。

1.悬挂国旗的场合

常见的悬挂国旗的场合有一国驻外使领馆、国际会议会场、国际重大体育赛事场馆、国际谈判现场、重大外事活动现场等。

2.悬挂国旗的要求

悬挂国旗的一般要求为：室外悬挂的国旗要日出而升，日落而降；挂双方国旗时，右侧为上，左侧次之；国旗不得挂反或挂倒；不得升挂破损、污损、褪色或者不合规格的国旗；致哀时应降半旗。

四、国际商务谈判和会议中的礼宾次序

礼宾次序是指国际交往中对出席活动的国家、团体、各国人士，按某些规则和惯例进行排列的先后次序。礼宾次序既体现东道主对各国宾客所给予的礼遇，又表明各国主权平等的关系。礼宾次序安排不当或不符合国际惯例，会引起不必要的争执与交涉，甚至影响国家关系。国际商务谈判和会议中常见的礼宾次序排列方法有以下5种。

（一）按照身份与职务高低排列

官方活动一般按身份与职务的不同安排礼宾次序。比如，按国家元首、副元首、政府总理（首相）、副总理（副首相）、部长、副部长等顺序排列。各国提供的正式名单或正式通知供排序参考。由于各国的国家体制有所不同，各部门的职务高低有所不同，因此要根据各国的规定，按相当的级别进行安排。在多边活动中，有时也按其他方法排列。但无论采用何种排列方法，身份与职务的高低问题必须考虑。

（二）按照字母顺序进行排列

在举行大型国际会议或体育比赛时常用此法。多边活动中的礼宾次序，往往按参加国国名英文拼写字母顺序排列，一般以英文字母排列居多，个别情况会按其他语种进行排列。在国际会议上公布与会者名单、悬挂与会国国旗、安排座位等均按各国国名的英文拼写字母的顺序排列。例如，在召开联合国大会时，各专门机构的会议和悬挂会员国国旗等均按此来排序。联合国大会的席次也按英文字母排列，但为了避免有些国家经常上前排，因此每年抽签一次，决定由哪个字母打头，以便让各国都有机会排在前列。

（三）按照代表团的先后顺序排列

在一些国家举行的多边活动中，排列礼宾次序经常采用这种方法。东道国对同等身份的外国代表团，按派遣国通知代表团的日期排列，或按代表团抵达活动地点的时间先后排列，或按派遣国决定应邀派遣代表团参加该活动的答复时间先后排列。采取何种排列方法，东道国在致各国的邀请书中，都应明确注明。

（四）按照贵宾抵达的时间顺序排列

当各国大使同时参加派驻国的某项活动时，通常以其到达时间的早晚来排定其礼宾序列。在非正式的涉外活动中，也可用此法进行排列。

（五）不排列

所谓不排列，其实也是一种特殊的排列方法。当以上方法都不适用时，便可采用这种排列方法。比如有些国家并不参照惯例，而是把和本国关系密切的国家排在最前列。

在安排礼宾次序实践中，可交叉使用以上方法。但是，不论采用何种排列方法，均应事先向外国来宾进行通报。例如，在某一多边国际活动中，排列与会礼宾次序时，首先是按正式代表团的规格，即代表团团长的身份高低来确定。在同级代表团中则按派遣国通知代表团组成时间先后来确定，对同时收到组成日期的同级代表团则可以按国名英文拼写字母顺序排列。

五、世界主要国家的谈判礼仪

>> 头脑风暴6-2　　世界主要国家的谈判准备

韩国一家商业公司与英国一家商业公司有合作意向，双方约定选个时间双方见面举行谈判，负责谈判筹备工作的韩国公司经理把时间定为5月13日星期五，然后安排好了一切事宜后，开始向英国商业公司发送会议邀请书，邀请书上注明了会议的内容、时间、地点，一天后，韩国公司收到了英国商业公司的拒绝邀请通知。原来，英国对13这个数字本就比较排斥，恰好这天还是星期五，英国人忌讳13和星期五。当二者恰巧碰在一起时，不少英国人都会产生大难临头之感。

（资料来源　佚名.涉外商务礼仪案例分析——散文吧网站.［EB/OL］［2017-05-27］.https：//u.sanwen.net/subject/ysbzlqqf.html，有改编）

讨论：（1）与英国人进行商务谈判需要做哪些准备？

（2）英国人的商务活动有哪些特点？

（一）美国人谈判礼仪

微课堂6-10

互惠互利 合作磋商——世界主要国家的谈判礼仪

就谈判而言，美国人重视自由竞争，如图6-5所示，对自我礼仪和个人自由的强调常常会与合作精神、使命感和团队意识相矛盾。对美国人来说，商务谈判中交换与任务相关信息的过程是比较直接的，要求与喜好会直接陈述出来。在谈判桌上，他们也会谈论与生意无关的内容，如天气、运动等，但时间不会很长。一般来说，在5~10分钟后，讨论将进入正题。美国人习惯将绝大部分时间花在谈判和劝说的过程中。

图6-5　商务谈判（美国）

（图片来源　https：//graph.baidu.com/pcpage/similar?originSign=121d32e6f86e73c5cd64c01625489741&srcp=crs_pc_similar&tn=pc&idctag=tc&sids=10006_10802_10600_10915_10913_11006_10924_10903_10

018_10901_10941_10907_11012_10971_10968_10972_11031_12201_17851_17070_18005_18101_19100_17201_17202_18300_18400_18312_18332_18412_19117_19123_19130_19300_19132_19164_19194_19200_19210_19212_19215_19217_19218&logid=3789340668&entrance=general&tpl_from=pc&image=https%3A%2F%2Fss1.baidu.com%2F6ON1bjeh1BF3odCf%2Fit%2Fu%3D4045973845，3188251348%26fm%3D27%26gp%3D0.jpg&carousel=503&index=0&page=1）

业务链接6-2　　与美国人谈判的注意事项

美国人通常会公开表示不同意见，而且使用咄咄逼人的规劝手段，如威胁、警告之类。在整个谈判过程中，美国人都可能做出让步，解决一个问题之后接着进行下一个。所以，最后的协议就是一连串小的让步。

美国人非常重视时间，充分利用时间决定如何计划会议、如何打电话以及如何安排进餐。当谈判进程慢下来时，他们会失去耐心，他们认为不遵守时间观念的人是不够职业化的。

美国人的决策以冷酷、严格的事实为基础。商业就是商业，经济效益和业绩起作用，而不是人在起作用。面对复杂的谈判任务时，美国人喜欢将一个大的任务分解成一系列小的任务，比如，价格、包装和交货时间等问题可以依次解决，最后的协议就是这些小协议的总和。

（二）澳大利亚人谈判礼仪

澳大利亚人非常重视办事效率。谈判中，澳方派出的谈判人员一定是具有决定权的人，因此他们希望对方也派出同样具有决定权的人。他们极不愿意把时间都浪费在不能做决定的空谈中，而且在谈判中，谈及价格时不喜欢对方先报高价再慢慢减价，他们非常不愿意在讨价还价上浪费时间。

在澳大利亚，一般员工都非常遵守工作时间，下班时间一到，就会立即离开办公室。但经理层的责任感很强，对工作充满热情，待人不拘束，也乐于接受招待。需要注意的是，在澳大利亚人看来，宴请招待与生意无关，公私分明。

业务链接6-3　　与澳大利亚人谈判的注意事项

澳大利亚人的商务活动大多在小酒店进行，如果你提议喝一杯，除非事先说好，通常由你来付账。澳大利亚人时间观念非常强，拜访商界或政府办公室，需要提前预约，并准时赴约。澳大利亚人性格开朗，与宾客相见时喜欢热情握手，也可直呼其名，有些土著居民的问候方式则是彼此之间用中指相互勾拉一下。和澳籍英国移民后裔一起进餐时，不要在餐桌上提及有关生意方面的事。但是，如果和澳籍美国移民后裔一起进餐时，这就是一个洽谈生意的好时机。如果被邀请到澳大利亚人家里做客，可以给主人带瓶葡萄酒，最好给女主人带上一束鲜花。

到澳大利亚进行商务活动的最佳月份是3—11月，12月到次年2月为休假期。此外，圣诞节和复活节前后一周也不适合拜访。澳大利亚是一个讲求平等的社会，不喜欢以命令的口气指使别人。初次见面时，不要直接问个人问题，包括年龄、婚姻、收入等，特别不要问原国籍的问题。

（三）德国人谈判礼仪

很多德国人会说流利的英语。德国人十分重视安全感，所以，谈判者需要彻底了解他们所要完成的任务，在仔细、全面和准确地分析后做出决定，以便将风险降到最小。

在德国的大公司中，决策都是集中做出的，会成立委员会来做决定，一个人说了算的做法在中小型公司中较为普遍。德国人做决定比较慢。

▶▶ **业务链接6-4** 　　与德国人谈判的注意事项

德国商人，上午10时前、下午4时后，一般不愿意会谈。谈判日期应该约定在每周的工作日，他们通常早晨9时至下午5时上班，中间有1小时午休时间。

8月份是多数工厂、企业的夏季休息月份。德国人严格遵守时间表，准时交货意味着精确到某一天。"正式是尊敬的象征""商业是严肃的"等价值观流行于德国社会，是德国商人经营和往来的基础。

德国人很严谨，他们会要求供应商给出产品在技术方面的具体实例以证实该产品超群的性能。产品和服务必须被证明是超群的，德国人才有可能购买。

（四）日本人谈判礼仪

到日本从事商务活动宜选择2—6月、9—11月，其他时间的话，当地人多在休假或忙于过节。在日本文化中，间接而含糊的表达方式比直接而确切的表达方式更容易被人们所接受。因此商务人员在谈判过程中，应避免直接谈论有关钱财的问题和过分夸赞自己的产品和服务。日本人在商务活动中很注意名片的作用，他们认为名片表明一个人的社会地位，因此总是随身携带。日本商人比较重视建立长期的合作伙伴关系。他们在商务谈判中十分注意维护对方的面子，在谈判中先是一段很长的解释，然后才是要求或建议。

微演练6-5

与日本人进行商务活动的注意事项

日本人很守时，但他们也希望对方能耐心等待他们的集体决定，这种决定往往需要花很长时间。日本人即使自己持有明确的意见，也避免使用"我是这样想的""我的意见是这样的"等直接表达，而采用"恐怕是这样吧""我想这么考虑，你看如何呢"等委婉的措辞。与日本公司会面时，需要花大量的时间来做计划和准备工作，并推测日方经理的反应和需要。谈判时，要避免只对某一个人表示好感，那样会疏远其他人员。

"微演练6-5：与日本人进行商务活动的注意事项"的演练要求及参考评价见表6-24：

表6-24　　　"与日本人进行商务活动的注意事项"的演练要求及参考评价

演练项目	与日本人进行商务活动的注意事项
演练准备	礼仪实训室、会议室、文件等相关物品
演练要求	着职业装，化职业妆
演练方法	1.将学生分组，每组5~6人 2.由教师指导，学生分组练习 3.小组内的成员依据创设的情境进行讨论，找到存在的问题

演练评价	知识应用	1.掌握日本人的性格特点 2.掌握日本人的礼仪习惯 3.掌握日本人的习俗禁忌 4.掌握与日本人进行商务活动的注意事项
	能力提升	能够正确掌握日本客户商务活动礼仪准则，确保商务活动顺利、友好地进行，并达成合作
	素质培养	1.建立正确的涉外商务交往礼仪准则 2.尊重他人，礼貌待人 3.仪尚适宜
	成果展示	与日本客户进行商务活动，按照礼仪准则，确保商务活动顺利、友好地进行，并达成合作

（五）南非人谈判礼仪

在南非，人们举行社交活动的时候，一般都采用握手礼。有的部族的黑人对受尊敬的人习惯用左手握住右手手腕，然后用右手与对方握手。南非流行的打招呼方式是举起右手、手掌向着对方，其原意是表示"我的手并没有握石头"，现在则是友好的表示。到南非进行商务活动，可以穿着保守式样的西装，如图6-6所示：

图6-6　商务谈判（南非）

（图片来源 https：//graph.baidu.com/pcpage/similar? originSign=1210bb6868afcc37309550162548920&srcp=crs_pc_similar&tn=pc&idctag=tc&sids=10006_10802_10600_10915_10913_11006_10924_10903_10018_10901_10941_10907_11012_10971_10968_10972_11031_12201_17851_17070_18005_18101_19100_17201_17202_18300_18400_18312_18332_18412_19117_19123_19130_19300_19132_19164_19194_19200_19210_19212_19215_19217_19218&logid=3717268045&entrance=general&tpl_from=pc&image=https%3A%2F%2Fss0.baidu.com%2F6ON1bjeh1BF3odCf%2Fit%2Fu%3D10988065，1703888733%26fm%3D15%26gp%3D0.jpg&carousel=503&index=1&page=1）

参加一般的商务谈判，穿两件套或三件套的西装均可。南非人很少外出旅游，所以一年四季都可以拜访，不过需要提前预约，许多生意可以在私人俱乐部或对方家中做成。在南非进行商务活动，持英语名片最为方便。在商务谈判桌上，只允许使用英语对话。南非人为人处世非常大胆、直率，与对方进行交谈时，过分地委婉或者兜圈子，都是不受欢迎的。

【任务实施】

实施描述：请和小白一起为本次谈判工作做好准备。

实施准备：谈判相关材料、国旗摆台、座签、谈判材料、会议室。

实施步骤：

1.学生以小组为单位，在教师的指导下进行商务谈判相关准备工作。

2.分小组模拟商务谈判，分角色模拟谈判准备工作如各员工的分工等。

【任务评价】

世界主要国家的谈判礼仪考核评分标准见表6-25：

表6-25 　　　　　　世界主要国家的谈判礼仪考核评分标准

序号	考核内容	考核要点	分值	自评分	互评分	教师评分
1	谈判准备工作	确定议题、时间、人员，各项信息的搜集	20			
2	座次安排	掌握双边谈判、多边谈判座次安排	20			
3	国旗悬挂礼仪	了解悬挂国旗的场所并掌握悬挂要求	20			
4	国际商务谈判和会议中的礼宾次序	掌握国际商务谈判和会议中的礼宾次序	20			
5	世界主要国家商务谈判的礼仪	分小组模拟展示世界主要国家商务谈判的礼仪	20			
	总分		100			
	小组自评					
	小组互评					
	教师评价					
小组成员个人得分	姓名					
	得分					
说明	小组任务得分=小组自评分×20%+小组互评分×30%+教师评分×50%。小组成员个人得分由小组长和教师根据个人任务完成的情况分配分数					

项目微测试

一、不定项选择题

1.涉外商务礼仪的原则，对我国商务人员在涉外商务活动中的行为具有普遍的指导意义。具体包括（　　　　）。

A.谦虚适当原则　　　　　　　B.信守约定原则

C.尊重隐私原则　　　　　　　D.依法办事原则

项目六
扫码测一测

2.在涉外商务交往中，要遵守热情适度这一原则，关键是要掌握好（　　　）。

A.关心有度　　　　B.批评有度　　　　C.距离有度　　　　D.举止有度

3.法国人十分讲究饮食，最爱吃的是（　　　）。

A.蜗牛和青蛙腿　　B.面食和奶酪　　　C.寿司　　　　　　D.鹅肝

4.美国人的禁忌有（　　　）。

A.数字13和星期五，认为是厄运和灾难的象征

B.有人在自己面前挖耳朵、抠鼻孔、打喷嚏、伸懒腰、咳嗽等，认为这些都是不文明、缺乏礼教的行为

C.有人冲他伸舌头，认为这是污辱人的动作

D.讨厌蝙蝠，认为蝙蝠是吸血鬼和凶神的象征

5.韩国的主要饮食有（　　　）。

A.韩定食（韩国式客饭）、韩国烤肉

B.火锅、包饭套餐

C.冷面、拌饭

D.汤茶、韩果等

6.泰菜色彩鲜明、红绿相间，调料极为丰富。下列表述中，正确的有（　　　）。

A.以椰浆作为咖喱酱的基本调味料

B.有柠檬草、虾酱、鱼露以及十几种本地特产的香料

C.深受各地喜爱的柠檬虾汤和冬阴功汤都是非常美味的

D.很喜欢在吃的时候加入番茄酱汁

7.澳大利亚位于太平洋西南部与印度洋之间，（　　　）。

A.名称来自拉丁文，意为"南方之地"，是世界上城市化水平最高的国家之一

B.资源丰富，工业发达，人民生活水平较高

C.是世界上最大的羊毛和牛肉输出国，有"骑在羊背上的国家"之称

D.国歌是《前进，美丽的澳大利亚》，国花为金合欢，国树是桉树，国鸟是琴鸟

二、判断题

1.在美国人家中做客，不必过分拘礼，但不要轻易吸烟。上桌之后，客人一般要等女主人开始吃后才开始吃。饭后，也应由女主人领头离席，客人才离席。（　　　）

2.与英国人约会需要事先安排，准时赴约，可以稍稍晚到，但不可很早到达。（　　　）

3.同英国客户交谈时，谈谈天气、历史、建筑、园艺和有关王室被认为是恰当的，不要谈论涉及宗教、政治的话题。（　　　）

4.可以送百合花给英国客人。（　　　）

5.法国人忌讳数字13和星期五，忌讳男人向女人送香水。（　　　）

6.在德国赴宴时，吃鱼的刀叉不能再用来吃别的东西。（　　　）

7.印度人在见到熟人和客人时都双手合十，举于胸前，并面带微笑地道一句"萨瓦迪卡"。（　　　）

8.不能送牛皮制品的礼物给印度人。（　　　）

9.日本人见面一般都互致问候，脱帽鞠躬，表示诚恳、可亲。初次见面，互相鞠躬，交换名片，握手。　　　　　　　　　　　　　　　　　　　　　　　（　　）

10.注意不要在清晨、深夜和用餐的时间拜访日本人。　　　　　　　　　　　（　　）

11.给日本客人送礼物时，不用绿色包装纸包装，同时，尽量避免赠送数字为4和9的礼品。　　　　　　　　　　　　　　　　　　　　　　　　　　　　　　　（　　）

12.去泰国旅游或进行商务活动，在进入当地人家的客厅时，应先脱去鞋子。
　　　　　　　　　　　　　　　　　　　　　　　　　　　　　　　　　　　（　　）

13.到泰国从事商务活动的最佳时间是3月到11月，与大公司打交道须在赴泰国前2个月约定。　　　　　　　　　　　　　　　　　　　　　　　　　　　　　　（　　）

三、思考题

1.商务谈判需要搜集、整理的信息有哪些？

2.国际商务谈判和会议中常见的礼宾次序排列方法有哪几种？

3.主权平等原则的内涵是什么？

四、实务题

1.通过对本项目世界主要国家的相关内容学习，你能总结出涉外礼仪学习的规律和方法吗？请思考和讨论后画出涉外礼仪学习的思维导图。

2.首先，以小组为单位，运用大家总结出来的学习方法，分别在欧洲、亚洲选一个自己感兴趣或者曾经去过的国家；其次，列举这个国家的礼仪习俗并一起学习；最后，用PPT向全班同学做分享汇报。

项目评价

项目六的参考评价表见表6-26：

表6-26　　　　　　　　"涉外礼仪——迈向国际舞台"参考评价表

考核日期：			总评成绩：				
	序号	内容	完成情况		标准分	自评分	教师评分
			完成	未完成			
自测内容	1	涉外商务礼仪准则			5		
	2	欧洲地区礼仪习俗			5		
	3	美洲地区礼仪习俗			5		
	4	亚洲地区礼仪习俗			5		
	5	大洋洲地区礼仪习俗			5		
	6	非洲地区礼仪习俗			5		
	7	谈判准备工作			10		
	8	座次安排			10		
	9	国旗悬挂礼仪			10		
	10	国际商务谈判和会议中的礼宾次序			10		
	11	世界主要国家商务谈判的礼仪			10		
	12	规范操作			5		
	13	爱岗敬业			5		
	14	团队协作			5		
	15	沟通表达			5		

主要参考文献

［1］罗元浩，孟祥越，吴健斌，等．人际沟通与社交礼仪［M］．北京：清华大学出版社，2020．

［2］史锋．人际沟通与礼仪［M］．北京：北京师范大学出版社，2020．

［3］陈向红，岳晓琪．新编现代商务礼仪［M］．北京：电子工业出版社，2019．

［4］金正昆．服务礼仪教程［M］．5版．北京：中国人民大学出版社，2018．

［5］吕艳芝，徐克茹．商务礼仪标准培训［M］．4版．北京：中国纺织出版社，2019．

［6］靳斓．营销人员商务礼仪与沟通技巧［M］．2版．北京：中国经济出版社，2018．

［7］理雅格．管理沟通：职场专业技能与商务技巧［M］．5版．刘平青，陈洋，译．北京：机械工业出版社，2017．

［8］许湘岳，蒋璟萍，费秋萍．礼仪训练教程［M］．北京：人民出版社，2012．

［9］张守刚．商务沟通与谈判［M］．2版．北京：人民邮电出版社，2016．

［10］孟文燕，徐姗姗，王常红．商务实用礼仪［M］．北京：中国书籍出版社，2015．

［11］金正昆．当代公关礼仪［M］．北京：高等教育出版社，2012．

［12］宋晓霞．关于商务礼仪课程思政改革的研究与实践［J］．现代交际，2021（6）：28-30．

［13］尹双．中国传统礼仪教育与商务礼仪课程教学融合探析［J］．名家名作，2018（6）：37．

［14］张艺．论商务沟通课程的互动式教学方法运用［J］．三峡大学学报（人文社会科学版）．2017（S1）：239-240．